网络谣言传播对大学生的影响及其应对策略

邓　飞　韩丹丹　著

湘潭大学出版社
XIANGTAN UNIVERSITY PRESS

图书在版编目（CIP）数据

网络谣言传播对大学生的影响及其应对策略 / 邓飞，韩丹丹著. -- 湘潭 : 湘潭大学出版社，2024.2
ISBN 978-7-5687-1405-1

Ⅰ. ①网… Ⅱ. ①邓… ②韩… Ⅲ. ①互联网络－谣言－传播－对策－研究－中国 Ⅳ. ①D669.4

中国国家版本馆 CIP 数据核字（2024）第 051701 号

网络谣言传播对大学生的影响及其应对策略

WANGLUO YAOYAN CHUANBO DUI DAXUESHENG DE YINGXIANG JIQI YINGDUI CELÜE

邓飞 韩丹丹 著

责任编辑： 丁立松
封面设计： 张丽莉
出版发行： 湘潭大学出版社
社 址： 湖南省湘潭大学工程训练大楼
电 话： 0731-58298960 0731-58298966（传真）
邮 编： 411105
网 址： http://press.xtu.edu.cn/
印 刷： 长沙印通印刷有限公司
经 销： 湖南省新华书店
开 本： 787 mm×1092 mm 1/16
印 张： 10.5
字 数： 219 千字
版 次： 2024 年 2 月第 1 版
印 次： 2024 年 2 月第 1 次印刷
书 号： ISBN 978-7-5687-1405-1
定 价： 58.00 元

前　言

党的二十大报告指出："要加强全媒体传播体系建设，塑造主流舆论新格局。"这一论断为我们指明了未来网络思想政治工作的方向以及网络主流舆论新格局构建的重要路径，充分体现了我们党对塑造网络主流舆论新格局的准确把握。网络的发展与繁荣为主流舆论传播创设了一个无比之大的平台，并开启了一个前所未有的新空间。当前网络已经完全渗透到我们生活的各个方面，网络在无感知地影响着人们的价值观念，网络媒介向人们传递信息、给人们提供娱乐，既能让人们高兴，也能让人们产生困惑，有时它还会挑战人的知识，消解人的理智，其中，在网络诸多负面影响中，最需警惕的是网络谣言，网络谣言对主流舆论的冲击是客观存在的，这种客观存在及其发生需要我们以更加理性的思维、更加精准的视角去审视，只有如此才能为维护清朗的网络空间奠定基础。近年来，一些社会热点事件中网络谣言乱象频出，严重扰乱了网络秩序。净化网络环境，打击网络谣言，需要广大网民共同努力。青年学生是网络的主体，加强青年学生的网络文明教育、网络安全教育，提升广大青年学生理性思考的能力，提高他们的防范意识，激发他们自主自觉抵制网络谣言的责任意识，对共建清朗网络家园意义重大。

本书立足于网络谣言传播的特点、表现以及一般规律，帮助学生认识网络谣言传播的机理和危害，了解网络谣言的治理历史，了解校园中的网络谣言传播现状，增强学生应对网络谣言的能力，培养学生识谣辨谣的思维；引导学生以更加理性的行动助力网络清朗空间建设。本书第一章、第二章及第六章部分内容由长沙卫生职业学院韩丹丹老师撰写，约60 000字，在此表示感谢。本书是2022年湖南省高校优秀思想政治工作者项目（湘人才发〔2022〕14号)、湖南水利水电职业技术学院校级科研团队建设项目、湖南省社会科学成果评审委员会课题“数字时代高校网络意识形态阵地建设研究”(课题编号:XSP2023FXC166)成果之一。由于时间仓促,再加之作者写作功底和理论知识水平有限,书中难免存在错漏之处,如有不当,敬请批评指正。

作者

2023年6月10日

目 录

第一章　网络谣言的概念、特征及其与网络舆情的关联性

第一节　网络谣言的概念

一、当网络遇上谣言

谣言，在现代汉语中指没有事实根据的消息。谣言传播并不是现代社会所特有的现象，《吕氏春秋》有云："听言不可不察，不察则善不善不分。善不善不分，乱莫大焉。"意思是指对听到的话，需要详细考察，否则，善与不善就分不清了。善与不善分不清，就会造成很大的混乱。《后汉书》中也曾记载："诗守南楚，民作谣言。""谣言"在此处有歌谣、颂赞的意思。在古罗马时期，西方人将谣言视为有许多舌头、许多眼睛，且生着灵巧双翼，走路迅速的怪物，人们将这个怪物视为"传闻女神"，并给它取名为"法玛"（Fama）。随着社会持续发展和不断进步，尤其是各种信息传播媒介的出现，谣言也在发生着变化。[①]

谣言的出现既是社会问题，也是人的思想问题，而且因为媒介环境的变化，谣言反而越来越复杂，不同学者对谣言的界定也有所区别，加之西方关于谣言的研究著述被引进国内的过程中，"rumor"一词也被译为"谣言""流言"和"传言"等词语，其定义众说纷纭，甚至有学者认为"谣言"与"流言"不用区分，这就使得本来就难以界定的谣言概念更趋复杂。[②] 纳普将社交圈子作为谣言的研究环境，认为谣言是一种"未经官方证实，与当前时事有关，意在使人相信并广为流传的宣言"。[③] 奥尔波特和波斯曼、彼德森和吉斯特、埃德加·莫兰等都与纳普观点相对一致，主要把谣言定义为"没有事实依据"的言

---

① 刘建明，王泰玄等．宣传舆论学大辞典［M］．北京：经济日报出版社，1993.

② 雷霞．谣言：概念演变与发展［J］．新闻与传播研究，2016，23（09）：113.

③ Robert H Knapp. A Psychology of Rumo［J］. Public Opinion Quarterly，1944，8（01）：22-37.

论，这一观点也与《现代汉语词典》中的定义大体一致，即没有事实根据的消息。[①] 我国国内传播学、情报学等学者，如王国宁、刘建明、苏萍、胡钰等，认为谣言是没有根据的、虚假的、未经证实的信息。此外，还有一部分学者认为如果将谣言等同于虚假的信息或者未经证实的信息，过于简单且片面，法国的卡普费雷则在谣言的未经证实性之外加上了"非官方性"的特征[②]。加里·阿兰·费因（Gary Alan Fine）也指出："虚假并非谣言的界定标准。谣言可真可假。其根本特征是区别于精确性的不可知性。"[③] 我国学者王绍光在美国学者凯斯·桑斯坦《谣言》一书序中也写道："在西文中，'谣言'是指在人群中传播的未经证实的说法，它可能为假，但也未必不真。"[④] 在《辞海》中谣言被视为"没有事实根据的传闻；捏造的消息"。[⑤]

网络在某种程度上赋予了谣言新的特征，网络拓展了传统时代谣言口耳相传的维度与模式，谣言生成与传播的环境也发生了变化，且得益于网络媒介的传播优势，网络谣言发生和传播速度更快。2004 年，巢乃鹏、黄娴撰写了《网络传播中的"谣言"现象研究》一文，从现有文献来看，算是相对较早关注网络谣言的学术文章，该文从谣言传播的基础出发，认为网络谣言是谣言的一种表现形式，其特点同样与一般性谣言无差异，之所以称之为"网络谣言"只不过因为其发布及主要传播过程是通过网络进行的，即在网络这一特定的环境下，网络使用实体以特定方式传播的，对网民感兴趣的事物、事件或问题的未经证实的阐述或诠释。[⑥] 在这一论断中，前半部分是关于网络环境以及网络使用者的描述，类似于定语，而后半段则是使用了清华大学胡钰教授在《大众传播效果：问题与对策》一书中关于谣言的界定："谣言是一种以公开或非公开渠道流传的对公众感兴趣事物、事件或问题的未经过证实的阐述或诠释。"[⑦] 顾晓燕从网络谣言和网络流言之辩出发，进行了细化的探讨，认为："谣言指一种没有根据的虚假陈述；流言指一种未经证实的陈述。网络谣言指产生或传播于网络的一种没有根据的虚假陈述；网络流言指产生或传播于网络的一种未经证实的陈述。"[⑧] 在一定层面上回答了"谣言""流言"和"传言"差异性问题和模糊性问题。四川省社会科学院焦扬在关于网络谣言的研究中，从拉斯韦尔的"5W"模式出发，认为："谣言是暂时缺乏事实根据，却在一定人群中传播蔓延着的信息，而网络谣言与传统谣言的根本不同在于传播渠道的不同，是借助现代网络技术、在各种网络媒体新媒体的互动交流平台上进行发布转载传播的谣言形式。从逻辑学角度来看，'谣言'实际

---

① 汉语大辞典（缩印本）[M]. 上海：汉语大词典出版社，1997：6668.

② [法] 卡普费雷. 谣言：世界最古老的传媒 [M]. 郑若麟，译. 上海：上海人民出版社，2008：8.

③ 周裕琼. 真实的谎言：抵制家乐福事件中的新媒体谣言分析 [M]. 北京：中国人民大学出版社，2011：1000.

④ [美] 凯斯·桑斯坦. 谣言 [M]. 张楠迪扬，译. 北京：中信出版社，2010.

⑤ 巢峰. 辞海 [M]. 上海：上海辞书出版社，1999：1158.

⑥ 巢乃鹏，黄娴. 网络传播中的"谣言"现象研究 [J]. 情报理论与实践，2004 (06)：586-589+575.

⑦ 胡钰. 大众传播效果：问题与对策 [M]. 北京：新华出版社，2000：114-115.

⑧ 顾晓燕. 网络谣言与网络流言：因模糊性而凸显出审慎应对的重要性 [J]. 新闻界，2012 (08)：38-41.

是‘网络谣言’的属概念，而‘网络谣言’则是明确了以网络为工具的‘谣言’种概念，因而对于‘谣言’已有的研究成果，同样适用于‘网络谣言’。”[①]

二、谣言公式与网络谣言公式

从人类社会发展过程来看，人类最初语言的出现标志着传播活动的开始，也正是如此，很多学者认为传播包括了人类全部社会活动，人们之间的物质交流、语言交流等都是传播的重要内容，因此在社会科学学者视角中，他们始终坚持把传播看作是人类社会交往活动，认为传播活动被赋予了社会化的意义，是一种人类社会化过程的活动。[②] 在哲学家的视角中，他们始终坚持将传播看作是物质产生新意义的重要途径，认为传播本身在物质交换中起到了重要的作用，此外，他们还认为传播是动态化的过程，信息是动态呈现的，是处于不断变化过程中的传播，在每一次传播结束和新意义产生之后，传播就会进入新的意义制造环节，并不断为了新意义的产生进行自我调适。在传播学研究者的视角中，他们始终坚持将传播看作是传播学的根基，在他们对传播思考和审视的过程中，认为传播是信息的传播，是信息的扩散，包括组织传播、人与人之间的传播以及群体传播，传播的内容是信息，传播活动是为了进行信息传达与传递，从而填补信息空白，获得信息认知。[③] 虽然不同学者对传播的界定不同，但是我们可以发现传播的共性因素，即人、媒介、信息，网络谣言的本质仍然是一种信息的传播，只不过与其他信息传播不同，网络谣言的传播有自己的特点。

虚假的信息在人与人之间、群体与群体之间通过一定媒介方式传播便是谣言传播。关于谣言的传播，在历史上比较著名且具有一定影响力的研究学者是美国社会学家奥尔波特和波斯特曼，他们于 1947 年正式向世界提出了谣言公式：$R=I\times A$（谣言的杀伤力＝信息的重要度×信息的不透明程度）[④]。在这个公式当中，揭示了影响谣言产生和传播的两个因素：一是事件的重要程度，二是事件的模糊性。谣言产生和事件的重要性与模糊性成正比，这两个因素会影响普通民众对事件真伪的判断。从奥尔波特和波斯特曼所提出的谣言公式中，可以看出谣言的发生通常与多数人所关心的，且涉及切身利益的问题密切相关，来自正式渠道的信息不足、状况的不确定性，都会推动人们通过非正式渠道寻求信息，这便为谣言的产生提供了温床，为谣言的传播提供了可乘之机。1953 年克罗斯通过加入传播者即人的因素来进一步完善该公式，并提出了：$R=I\times A\times 1/C$，这里的 C（critical ability）表示的是“人的判断能力”，说明谣言的能量有多大，既取决于真实信息的透明度，也取决于受众的判断水平。印度心理学家巴萨德发现“不安感”是谣言的重要推动力，并用“关联度”和“不确定性”代替了公式里的两个变量“重要性”和“暧昧性”，

① 焦扬．网络谣言研究［D］．成都：四川省社会科学院，2014.

② 姚喜君．传播与意义的构建——关于“传播”定义的再思考［J］．当代传播，2009（02）：22.

③ 赛弗林・J. W. 坦卡特．传播学起源、研究与应用［M］．陈韵昭，译．福州：福建人民出版社，1985.

④［美］奥尔波特．谣言心理学［M］．刘水平，梁元元，黄鹂，译．沈阳：辽宁教育出版社，2003.

进一步修正了谣言公式，提出 R＝I×A×U（流言流通量＝与问题的关联度×社会成员的不安感×环境的不确定性）。“关联度”是指社会成员与谣言信息所涉及问题的关联程度，人们与该问题关系越密切，越有卷入谣言传播的可能，即通常情况下，谣言是从关系最密切的群体中滋生和蔓延开来的。“不安感”强调的是谣言发生和传播的心理条件，其中包含对事件未来发展的解释或忧惧。“不确定性”既是指环境的不稳定状态，也是由于权威信息渠道不通畅导致的信息紊乱。[①]

网络谣言在某种意义上是谣言的不同表现形式，但是因为网络信息传播所具有的虚拟性、开放性、便捷性等，也影响着谣言的形式和内容的呈现形式，在一定程度上决定了网络谣言传播的特质。以麦克卢汉为代表的媒介环境学派认为人们不能忽视媒介在传播活动中所发挥的重要作用，某种程度上，媒介谣言是一种变异的舆论，“媒介构成了人类生存其间的知觉环境，它在本质上就是向我们呈现着的世界”。[②] 人们利用网络媒介进行信息交换，当某一重要信息呈现出不确定状态时，这时公众形成的看法便有可能偏离事实本身，谣言便极有可能产生和传播，作为传播媒介的网络更类似于一个放大器，和传统媒介相比，它不再局限于是一个技术载体或工具，仍然存在很多特质因素，比如网络谣言传播的速度（Velocity）、传播的群组化或群体化（Group）、传播中心的多点化（Center），上述三个因素在现实谣言传播或者传统媒介传播中，也可能会有一定的呈现，但是并没有像在网络中那样，特质异常明显。比如，网络传播速度可以用即时性、同步性来描述，人们可以在同一时间内，即时获取有关事件或主题的信息，通俗来说，就是相比其他媒介，谣言在网络中的传播更快，同时传播的群组化或群体化使得受众群体更精准，传播中心的多点化让交互更加容易，网络中的交互是多向、多点、多元的，是去中心的，谣言的二次传播更加迅速。因此，根据谣言在网络中的特质变化，可以在谣言公式基础上，推演出网络谣言的公式：R＝I×A×V×G×C（信息的重要度×信息的不透明程度×网络谣言传播速度或转载数量×涉及群组关注数×传播中心数），例如，当一件非常重要且模糊的事件仅在 1 个群内传播，且转发次数只有 2～3 次时，舆论领袖（中心点）也只有 1 个，那么网络谣言杀伤力相对较低，而当上述数字变成 100 时，就有可能成为网络热点事件，成为热搜事件或关注事件，在门户网站会排在热门搜索榜单前列，谣言曝光度会继续扩大。

2022 年 6 月，“唐山烧烤店打人”事件引发关注热议，事件发生第 9 天，因为受害者迟迟没有现身，网上某用户发布的一条“唐山被打女子有一个还没到医院就去世了，另外两个在 11 日和 12 日也去世了”的谣言关注度超过 1 000 万，最高达到 1 600 万，微博中超过 30 000 个用户转发或者传播了相关谣言，热搜榜持续了 3 天（图 1-1）。8 月 29 日警方辟谣的热度最高也才达到了 240 多万，远远不如谣言的关注度。类似的事件还出现在了 2022 年 8 月，一则“乐山大佛‘真身’全部露出”的消息登上网络热搜，引发网友关注和

① 雷昊霖. 网络媒介模糊化传导与谣言治理［N］. 中国社会科学报，2020-07-16.

② ［加］麦克卢汉. 理解媒介——论人的延伸［M］. 何道宽，译. 南京：译林出版社，2011：71.

热议，在微博上，该谣言话题阅读次数达到了 6.7 亿，有 1.7 万次讨论。这说明事件的重要性在网络谣言传播中的影响度不是唯一的，有些时候并不对谣言本身的传播造成影响，因为除了事件重要性之外，还有群组、流量（关注度）等因素，这属于网络谣言的特异性之一。

微博热搜搜索引擎
本站累计人气值 1447502 关于 v0.5

唐山打人　搜索一下

该ip118.250.29.236剩余可用关键词/时间查询次数：8次

下载数据　建议反馈　点我防迷路　增加次数　热搜专业版　更多功能

点击进入热搜专业版，可查看更多平台数据

关于[唐山打人]的 热搜存档 (56)

选择日期	主持人	在榜时长(分)	最高排名	热度	时间	每分钟记录一次
#唐山打人案一审宣判# 社会	央视新闻	721	1	12338227	2022-09-23 22:42	详情 走势
#唐山打人案主犯陈继志一审被判24年# 社会	央视新闻	18	34	212229	2022-09-23 12:56	详情 走势
#唐山打人案将于23日公开宣判# 社会 唐山市	四川观察	650	11	197529	2022-09-23 10:49	详情 走势
#唐山打人案今日公开审理# 社会	凤凰网	504	1	186539	2022-09-14 08:24	详情 走势
#妇女报评唐山打人事件保护伞被查# 社会	中国妇女报	455	25	114250	2022-08-30 07:36	详情 走势
#唐山打人案主犯保护伞被查# 社会	中国新闻网	531	2	3523632	2022-08-29 18:33	详情 走势
#唐山打人案被害人讲述监控死角经过# 社会	中国新闻网	211	17	431712	2022-08-29 17:12	详情 走势
#唐山打人案2受害女子已出院# 社会	中国新闻网	385	4	2423935	2022-08-29 15:59	详情 走势

（图片来源：微博热搜索引擎）

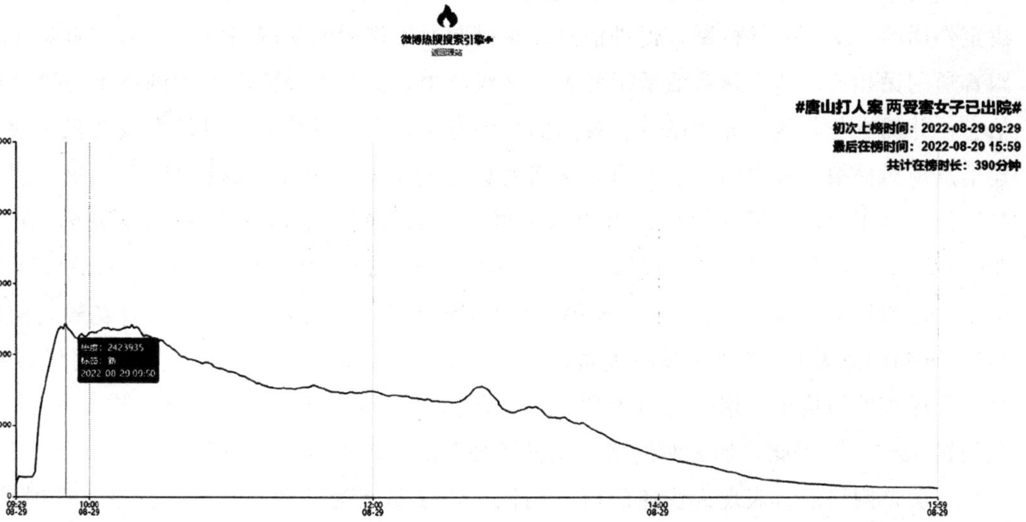

（图片来源：微博热搜索引擎）

图 1-1　“唐山烧烤店打人”事件相关微博热搜数据

三、网络谣言的特征

首先，网络谣言表现为群体极化性。群体极化并不是网络独有的现象，但是却因为网络的原因，功能得到了放大，在网络中变得更加明显。群体极化现象理论最早是由社会心理学家詹姆斯·斯通纳于1961年提出的，他通过实验研究发现，在群体决策情境中，个体的意见或决定，往往会因为群体间彼此相互讨论，而产生群体一致性的结果。群体极化作为一个社会学概念，与心理学和金融市场上常见的“羊群效应”（从众效应）以及信息学上讲的“信息级联”均有一定的联系。美国芝加哥大学法学院教授桑斯坦（Cass H. Sunstein）在《网络共和国：网络社会中的民主问题》一书中正式提出了群体极化这一概念并给予学术定义，指出群体极化意味着群体成员的观点会可预见性地朝着成员们先前倾向所指示的更极端的方向前进，正如极端主义者那样，群体成员在他们先前倾向的方向上变得更加一致。美国心理学家萨拉凯·拉尔在研究中发现，“群体极化”现象不仅存在于现实中，而且同样存在于网络中。当时互联网尚未普及，因此概念中的群体意为实体群体。在互联网普及后，帕特里夏·华莱士（Patricia Wallace）在《互联网心理学》中指出网络中的群体极化现象更加突出，约为日常生活中面对面交流时的两倍多，在此影响下的互联网更易诞生冲突性的意见。①

在网络社交平台当中，群体极化现象比较严重，主要与网络群体有关，即网络群体多是兴趣、爱好、价值观偏向趋同的用户组成的，在网络群体中的个体并不清楚自己在群体中的权利和义务，他们只是凭借着个人倾向性在发表言论、观点、看法，而在群体中起到决定作用的是信息领导机制，促进信息领导机制发生作用的是网络群组中的“意见领袖”，跟普通网民相比，他们通常活跃于各类社交媒体中，擅长于分析及解读网络上纷繁复杂的信息，并拥有与其他人分享讯息、观点的强烈意愿，有针对性的信息转发或意见传递，构建信息传播框架，吸引网民注意力，从而对舆论的走向产生突出的影响。② 如果“意见领袖”使用不正确、虚假的信息来引导网络群体，那么便会加速网络谣言的传播，在2022年4月，上海网信办发布了《关于进一步查处网络圈群造谣行为的公告》，仅在1个月时间里，已累计对“汪老师 yyds”“兄弟情深姐妹谊长”“上海娱乐群”“六月花号之前赴后继”“五湖四海聚魔都”“壮哉我大黄浦”“上海丽人”等78个网络群组予以封停，对46名首发谣言的微信个人用户予以处罚。公安部门已对造谣者采取刑事强制措施25人，行政处罚48人。③ 因此，加大对网络“意见领袖”的管理和引导十分重要。

其次，网络谣言表现为快速的可复制性。快速是因为转载、转发、分享是即时性的，

---

① 赵云霄．微博群体极化现象的生成、扩散与规制［D］．济南：山东师范大学，2021.

② 蔡骐，曹慧丹．变迁中的传播赋权——网络意见领袖崛起原因探析［J］．武汉科技大学学报（社会科学版），2015（04）：161-166.

③ 上海网信办：累计封停78个涉疫谣言网络群组［EB/OL］．百度，https://baijiahao.baidu.com/s?id=1733078026322147426&wfr=spider&for=pc,2022-05-17.

可复制性是指可以仿制，即针对某件事的谣言可以以技术翻拍、更换角色、变换地点等方式，将同样的细节、同样的内容用不同的方式在不同的地点展现。比如，每年高考期间，丢失准考证的网络谣言比比皆是，到处是让大家帮忙寻找的信息，而且流传之广不只在一个地方，每一次谣言内容大同小异，澎湃新闻在 2020 年 7 月份进行了一次统计，2020 年至 2022 年，“杨贵兰”“刘明炜”和“刘明婷”丢准考证次数最多（图 1-2）。其实，很多事情，搜索一下就可以知道了。如果你上网搜索一下“杨贵兰”“刘明炜”和“刘明婷”丢失高考准考证，你会发现他们中，高考准考证丢失时间最长的是“刘明炜”，时间长达 10 年以上。

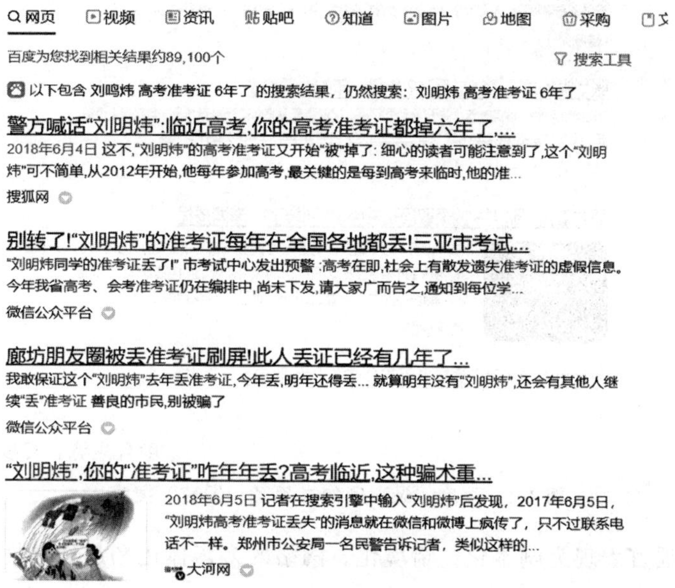

（图片来源：百度搜索）

图 1-2　百度“刘明炜高考准考证 6 年了”搜索详情页

那么为什么会有人每年都发布这些谣言呢？这些网络谣言的炮制者、传播者一般会利用公众的好奇心和同情心，发布诸如丢失准考证等谣言，在这些谣言中，往往都会留有电话号码，这些电话更有可能是诈骗电话，也有可能是吸费电话，贸然拨打，很可能产生高额通话费用，少则几元、多则几百元的话费莫名其妙地会以信息咨询费等方式被扣除；此外，这些谣言中，也有可能故意留的他人电话，让好心人大量拨打，干扰他人正常生活。其实类似的谣言还有“某某的录取通知书丢了”“某某的银行卡丢了”等，比如上文中提到的“杨贵兰”不仅丢了准考证，还丢过录取通知书，通过百度检索发现，丢失录取通知书的谣言信息就多达 100 多万条（图 1-3）。

（图片来源：百度搜索）

图 1-3　百度“录取通知书丢了　谣言”搜索

最后，网络谣言表现为剧本化、情境化。网络的多媒体化和超媒体性使得网络谣言有多种呈现方式，有文字有图片，有时甚至还有视频，网络的多媒体性让谣言更具剧本化、剧情化传播的特点，更加难以辨别真伪。比如 2022 年，山东一所高校因为“为爱冲锋的勇士”火出天际，连续多天刷屏，吸引了数千万网友热议，网传消息称，“为爱冲锋的勇士”在青岛打工，挣钱全部交给妻子，让她在山东服装职业学院安心上学，结果妻子在学校里竟然又与他人谈恋爱。小伙子知道后，怒骑单车狂奔三天三夜，赶到学校后，想向妻子讨要个说法，结果遭到保安阻挡，于是翻越学校围墙，在学校里赤足狂跑，嘴里还大叫着妻子名字。小伙子当时面容憔悴，衣衫褴褛，很快吸引了数百人围观，后来被保安制服，扭送去了派出所。此事件发生后不久，网络上便出现了与该事件相关的多个谣言，包括男主骑行三天三夜到妻子的学校、妻子亲口承认出轨等。男女主的好友、同学和各路知情人士透露，这些谣言当中，大部分都是在事件基础上进行的剧本化或者剧情化的捏造，看似是真实，但是却让人一头雾水，这些谣言汇集在一起之后导致大家对此事误判，引发网络上的炒作行为①。之后更让网友不能接受的是，有人冒充他们二人进行炒作和直播带货。经过记者的采访了解，从当事人口中得到了些许的事实真相，“为爱冲锋的勇士”一事，事实真相就是一场闹剧。② 在这场事件当中，不少网民都参与到了“为爱冲锋的勇士”谣言剧本的创作当中，就因为他们看到了视频、画面以及一些来自方方面面的信息，很多网友甚至开启了二次创作，包括给为爱冲锋的勇士写诗，有的为其赋文，有的将事件的人物画进漫画，而且还有一些网友随意蹭热点，在事发校园门口开启了直播……影响十分恶劣。

第二节 网络谣言的变迁史

一、我国网络史上的第一个谣言

1994 年 4 月，时任中科院副院长的胡启恒专程赴美拜访主管互联网的美国自然科学基金会，代表中方重申接入国际互联网的要求，当月 20 日，中国实现与国际互联网的第一条 TCP/IP 全功能链接，成为互联网大家庭中的一员；同年 5 月 15 日，中科院高能物理研究所设立国内第一个 Web 服务器，推出中国首套介绍高科技发展的网页，后更名为“中国之窗”，成为中国利用国际互联网发布信息的主要渠道之一。③ 中国联入世界的互联网，但是在刚开始的几年时间里，因为上网设备、网络费用都较为昂贵等限制，“上网”并没有大规模、大范围地在国内普及，现有资料显示，在《第 1 次中国互联网络发展状况统计报告》中，截至 1997 年 10 月 31 日，全国能够上网的计算机设备数 29.9 万台，全国除了宁夏、西藏等地没有网络用户之外，上网用户约 62 万，分布在其他省份，其中北京占到 36%，比例最高，青海、新疆比例最低，均为 0.1%，上网用户低于 1%的省份共计有 10 个（见表 1-1，数据来源：第 1 次《中国互联网络发展状况统计报告》），大部分用户是通过拨号上网，我国 WWW 网站数量仅 1 500 个。

---

① 记者调查：泰安“为爱冲锋的勇士”是场闹剧！当事人开直播道歉［EB/OL］. 齐鲁壹点，https://baijiahao.baidu.com/s? id=1750532003795101193&wfr=spider&for=pc,2022-11-26.

② “为爱冲锋的勇士”直播道歉：没有炒作没有带货［EB/OL］. 齐鲁晚报，https://www.qlwb.com.cn/videoDetail/20412642.html,2022-11-25.

③ 中国互联网的 25 年［EB/OL］. 中华人民共和国国家互联网信息化办公室，http://www.cac.gov.cn/2019-10/19/c_1573013728702836.htm,2019-10-19.

表 1-1　1997 年上网用户比例分布表

北京	上海	天津	重庆	河北	山西	内蒙古
36%	8%	1.6%	0.7%	2.5%	0.6%	0.3%
辽宁	吉林	黑龙江	江苏	浙江	安徽	福建
2.9%	0.9%	1.4%	5.9%	3.7%	2%	2.8%
0.7%	4%	2.8%	6%	1.8%	8.3%	1.3%
海南	四川	贵州	云南	西藏	陕西	甘肃
0.3%	2.4%	0.4%	0.8%	0%	1.2%	0.5%
青海	宁夏	新疆				
0.1%	0%	0.1%				

由于当时互联网上网用户数量不像现在这样多，且很多商业网站的社会影响力较低，自媒体技术也不成熟，彼时的网络谣言基本上处于自生自灭的状态，即便是有，网络谣言也仅仅在一个非常小的圈子里传播，出了这个小圈子，其影响力也会急剧减弱。根据现有文献记载，互联网历史上第一个网络谣言，是 1998 年出现的假新闻“中国第一个网上葬礼”。① 1998 年两则以《网上葬礼，为美丽哭泣》《伊人去，茶室温馨如旧》为题的文章在湖北和辽宁两地很有影响的报纸刊出，该文讲述了湖北省孝感市一位才华横溢的花季少女张清仪，幼时张清仪为自己的哥哥送伞遭雨淋患病，10 多年来她勇敢地与病魔作斗争，写下了大量精美的古典诗词。她先是以“马哥”为名上网聊天，后以“女儿身”在网上闲聊栏目“温馨茶室”当主持人。其间，她忍受病痛的折磨，给网友写了大量的信件，把快乐和温馨带给了他人。她的才华和热情赢得了众多网友的心，以致当她死在键盘上时，全国各地的网友悲痛万分，设立了一个“悼念清仪”的网址，为她举行中国第一个网上葬礼，还有网友不远万里，到孝感烟灯山公墓去凭吊她。当时国内较为著名的《知音》杂志以及文章人物所在地的《孝感日报》记者纷纷想要找到“张清仪”，但是最后发现并无此人，记者后到邮局登记入网办公室查询，在当时 800 多个个人网户中，没有以张清仪或张清峰名义登记的。记者几番波折想要寻找这个人的存在，调查结果得出，这是一篇假新闻。而造假者是谁却难以定论。类似的事件还有 1998 年发生的某家电台栏目主持人为一个声称患血癌的女孩“虹”做了一个特别节目，并在互联网上设立主页进行现场直播，共有 5 万多人登录，留下了 7 350 封信。但最后水落石出时表明“虹”并没有身患绝症，她这么做只不过是觉得好玩，想试一下社会上到底有多少善良真情。②

通过上述两个网络谣言案例可以看出，在互联网并不普及的当时，网络谣言仍以个别

① 殷贤彬. 追踪“中国第一个网上葬礼”——一则假新闻的曝光始末 [J]. 新闻记者，1999 (06)：24-26.
② 殷贤彬. 慎待“网络新闻”[J]. 新闻通讯，2000 (06)：49.

不负责的媒体炮制的假新闻为主，这也从一定层面上反映出，网络对新闻真实性的冲击影响很大，网络很容易成为虚假新闻传播的重要渠道，这主要与网上信息发布者缺乏基本的新闻伦理道德观有关。从新闻传播的价值论来看，往往能够引起新闻从业人员注意并引用的网络消息，其价值应该是重大的、有社会影响的，然而，在上述两个典型的网络谣言中，网络却忽悠了新闻媒体一把，这些看似真实的、有重大新闻价值的网上信息，不过只是网民们随手捏造或者演绎出来的故事。

上海复旦大学新闻学院张涛甫分析了 2002 至 2012 年十年间的假新闻，发现其中大部分假新闻“出自特约记者、自由撰稿人、实习生、通讯员，甚至无署名作者的文本占了不小的数量，出自实习生之手的假新闻，可能由于业务能力不济，造成新闻真实性的失守；而特约记者、通讯员、无署名作者可能因为责任不到位，缺乏刚性约束，这些人可能会心存侥幸，蒙混过关”。① 当时我国的互联网发展才刚刚起步，对网络的监控、监管和治理还有不足，辟谣力量主要以有良知和责任心的新闻媒体记者和编辑为主，在传播学中，他们也常常被称为“把关人”，因此，辟谣队伍力量的不足、机制化建设水平还不高都是当时打击网络谣言传播的制约因素。在互联网发展初期，传播虚假新闻已成为当时传播业的一个严重问题，在此大背景下，有些网站片面地追求眼球效应，在转载新闻编辑新闻的时候，对一些明知道来源不确实的新闻仍采取先发了，再说不行再撤的侥幸心理；一些网站为了获得新闻首发权或早发权而忽略了对新闻真实性的监控，还有一些网站为了获得轰动效应而对原始的新闻素材随意删改编辑，甚至使最终的成稿和原有的事件发生了相当大的出入。

二、从新闻谣言到社交平台谣言

伴随着网络技术的发展和国内上网用户人数的增多，网络中除了假新闻之外，还出现了其他形式的网络谣言，而且在传播范围上，也开始呈现出从小论坛向全网散开的趋势。2010 年 6 月我国网民数量达到了 4.2 亿人，互联网普及率首次超过 30%，可以说，无论是从总体数量来看，还是从增长速率来看，我国互联网开始真正地走向大众，互联网成为真正意义上的大众媒体，而且一些门户网站在这个时期发展壮大，吸引了数量庞大的网民，例如朋友圈、百度贴吧、天涯论坛以及当时面向大学生的人人网等都是很受网民追捧的社交方式，各类社交媒体让每个人都成为信息发布者，这让我们有了更丰富的信息来源，当然，这也意味着会有不少虚假信息混迹其中。比如，在当时那个年代，网上流传着这样一句话：“微信微信、微微相信”，朋友圈不生产谣言，但却成了谣言的搬运工。谣言和鸡汤、代购一起，被调侃为微信朋友圈的“三宝”。“比尔·盖茨遇刺”“奥巴马送朝鲜

① 张涛甫. 十年百条虚假新闻的样本分析——《新闻记者》“年度十大假新闻”评选十年分析报告之一 [J]. 新闻记者，2011（05）：4-9.

iPhone”“别针换别墅”等是这一阶段网络谣言的典型案例，其中最火的便是“秦志晖”案。

秦志晖，网名“秦火火”，他在3年多的时间里和自己的同事创下制造并传播3 000多条谣言的记录，因而被网民称之为“谣王”，最终于2014年被判处为期3年的有期徒刑，成了史上第一个因为网络造谣而被定罪的人。[①]

秦志晖等人组成网络推手团队，伙同少数所谓的“意见领袖”，组织网络“水军”长期在网上炮制虚假新闻、故意歪曲事实，制造事端，混淆是非、颠倒黑白，并以删除帖文替人消灾、联系查询IP地址等方式非法攫取利益，严重扰乱了网络秩序，其行为已涉嫌寻衅滋事罪、非法经营罪。秦志晖捏造损害他人名誉的事实在网络上散布，造成恶劣社会影响，严重危害社会秩序；编造虚假信息在网络上散布，起哄闹事，造成公共秩序严重混乱。其行为已经触犯了刑法，应当以诽谤罪、寻衅滋事罪追究其刑事责任。

从秦火火网络造谣案来看，这一时期，网络谣言典型的形式从假新闻开始向社交平台转向，且呈现出一定的组织化、预谋化、追名逐利化。虽然网络谣言呈现出了新形式、新特点，但是网络谣言的本质仍然是一样的，都带有虚伪性、欺骗性、私利性、煽动性等。同时，秦火火因网络造谣被定罪，也进一步说明了网络言论自由的底线与边线，如果跨越法律边线，就有可能需要承担民事侵权责任，如果越过法律底线，则就面临被依法追究刑事责任的现实（其中至少可能涉嫌三种罪名，即侮辱罪、诽谤罪、诬告陷害罪）。[②] 随着网络社交互动平台的出现和发展，网民拥有了更多的网络话语权，话语权是法律赋予网民的言论自由的权利，也正因如此，网民更应该履行好相应的义务，并且也应该在打击网络谣言方面贡献一分力量，因为，网民是那些谣言的最终受众群体，网民可以通过“转发”“转载”“评论”等方式参与其中，网络谣言能否“兴风作浪”，很大程度上取决于网民的态度，如果网民能够对未经推敲的可疑信息有一定的怀疑意识，遇到任何道听途说的信息不偏听偏信，不随意评论、转发，那么网络谣言也就不会有滋生的空间和二次传播的可能。

三、从社交平台谣言到短视频社区谣言

短视频凭借碎片化、娱乐化、个性化的特点成为当下最受欢迎的产品及营销手段，贡献着流量、消费用户注意力及时间。短视频社区并不是什么新鲜概念，而且通过移动社交媒体分享、传播自己拍摄的短视频，也并非什么新鲜事情，比如，我们常用的音乐创意短视频社交软件——抖音、火山视频、快手等，都属于短视频社区平台。短视频社区的产生

---

① 网络名人秦火火案今宣判 公诉方认为可从轻处罚［EB/OL］. 中华人民共和国国务院新闻办公室，http://www.scio.gov.cn/m/zhzc/8/5/Document/1368484/1368484.htm，2014-04-17.

② 2014年度人民法院十大刑事案件［N］. 人民法院报，2015-01-06.

是伴随着移动社交媒体技术的发展而出现的比群组、朋友圈更高级别的一种社交形式，之所以用更高级别来形容它，主要是基于短视频社区脱离了纯粹的工具应用本身，在功能、定位、价值等各个方面均实现了转型，功能更具有复合性，将普惠、科普、普遍社交、用户的自然生长作为定位，满足了多数群体对信息的价值寻求和自我价值的展示，体现了内容与用户之间的规模效应，比如，当用户达到100 000人时，那么1分钟就有可能产出100 000万个作品，这就好比一个信息链构成的庞大社区，既有了网络传播速度，同时也给了用户更多的选择权。

此外，智能手机、5G网络技术、融媒体技术的发展以及移动流量成本的降低，使得记录和表达的门槛大大降低，大大提升了短视频传播的时效性、到达率及趣味性，让更多的人能够走到哪里，拍到哪里，拍到什么，就上传分享，将现实生活搬到了网络之上，让每一个参与到短视频社区活动中的人都能通过他人所拍摄的视频作品看世界、看社会、看差异、看文化、看家乡等，短视频平台已经具有了社会连带意义，比传统的文章、图片等更具有影响力，改变了人们的生活和交流方式，短视频内容生产门槛低、传播速度快，同时以其工具性、社交性、碎片化征服了许多用户。以抖音为例，根据数据统计，“2022年抖音用户数量8.42亿，日常活跃人数7亿。热点视频播放量每月高达4 000亿，而每月被创作出来的热点视频数量突破百万。其中，社会、娱乐类最为聚焦，而在如此庞大的内容数量背后，是抖音热点正在与用户生活形成紧密连接”。[①] 中国互联网络信息中心（CNNIC）发布的第50次《中国互联网络发展状况统计报告》显示，截至2022年6月，我国短视频的用户规模达9.62亿，占网民整体数量的91.5%。

短视频虽然成为全民式参与、全场景渗透、多垂类涉猎的媒介社会化方式，但是，我们也应该看到任何事物的两面性，短视频社区也有着其自身的弊端：“网络短视频社区的空间生产是短暂的、无意识的、松散的、稍纵即逝的，这样的空间生产很难形成稳定的社会关系。”[②] 因此，谣言传播也不可能全靠短视频的技术来完全杜绝，因为“有视频也可能是假象”，短视频社区平台中传播的谣言凭借视频素材的强力视觉冲击性，往往更有蛊惑性，如果说以前的谣言尚属“基础版本”，视频类谣言则可称为“高阶版本”。2017年短视频市场规模达到57.3亿元人民币，同比增长183.9%，这一年被称为短视频爆发元年。[③] 也就是在这一年，短视频类网络谣言也开始呈现出了逐年增长的趋势，不少谣言采用1分钟以内的视频形式传播。2017年7月，一段“姚明吸毒被抓”的视频谣言在微博和微信中被热传，短短几秒视频中，姚明身穿灰色短袖衬衫、牛仔裤和白球鞋，双手一直背

---

① 金融界．呈现数据背后的温情，《2022抖音热点数据报告》出炉［EB/OL］．百度，https://baijiahao.baidu.com/s?id=1752969974953213311&wfr=spider&for=pc,2022-12-23.

② 王长潇，王丹敏，张冰君．网络短视频社区的空间生产与身份认同［J］．教育传媒研究，2022（01）：20-25.

③ 短视频从登场到“称王”的十年变迁［EB/OL］．澎湃，https://m.thepaper.cn/baijiahao_20345197,2022-10-18.

在身后，身旁簇拥着大批身穿制服的人员。这条谣言瞬间引爆网络，但上海辟谣平台第一时间查证发现，该视频拍摄的是姚明 6 月 27 日在四川绵竹观看全国青年篮球锦标赛的场景，被别有用心之人利用，以讹传讹。2018 年，网络流传一段假双黄蛋的制作视频，获得数万点赞。后发现，这其实是一种名为“水宝宝”的玩具；“汽车行驶过程中忽然飘浮，方圆 5 公里被封锁”的网络谣言，也只是一段通过后期特效软件制作出来的短视频。之后的年份中，还有“高铁工程误挖暗河致洪水滔天，120 多名工人来不及逃命”“比个手势就能发出报警求救信号”“手机辐射把玉米变成爆米花”等。这些谣言让人防不胜防。通过数据统计，短视频类网络谣言不实信息主要集中在突发公共事件、知识科普、社会民生等领域，因其造谣成本低，所以形成和传播的过程更为复杂，包括摆拍演绎、主观“臆测”、道听途说、蹭热点、仿冒他人、罔顾事实、以讹传讹等。

因为短视频本身只有几分钟，它所传达的信息并不全面，为此，面对任何信息模糊的短视频或者不确定其中内容真假时，我们需要保持定力，要具备一定的防谣和辟谣意识，即查看视频画面与音频的同步性、视频的完整性。“视频谣言”同期声往往比较模糊，通常不能完整介绍事件全过程，没有拍摄时间、地点，或者仅有部分时间、地点等元素；细节经不起推敲，通过视频的发布渠道，视频中人物的方言、穿着、文字表达习惯、气候情况、地理环境等更多细节都可以帮我们完成信息真伪的辨别。只要多花一点工夫，就不难发现其中端倪，“张冠李戴”是这类谣言的通病。更重要的是，对这类视频要提高警惕，不轻信、不转发。

第三节　网络谣言与网络舆情

一、网络舆情与网络谣言关联度很高

网络谣言易引发网络舆情，网络舆情易滋生网络谣言，网络谣言与网络舆情相互影响、相互作用，在网络媒介中二者的耦合关系日益凸显。① 网络舆情发生必须要依托一定的事件展开，而这些事件中的人、事、物等知名度、不可调和的矛盾、新奇性、稀缺性等会让在普通人眼中看似平常的事情，变得有聚焦性。如普通人的打架事件和明星之间的打架事件的关注度并不相同，但是如果是普通人打架造成了伤亡，因为事件的严重性、不可调和的矛盾等，热度、关注度也可能会超过明星之间的打架事件，所以能否成为网络舆情，需要综合分析，不能只片面的考虑一种因素。但是，也正因为网络舆情是以一定的事件或者事态为对象展开的，事件本身也有可能并不真实，而不真实的网络舆情事件背后，

① 敬菊花．论网络谣言与网络舆情的耦合关系［J］．学校党建与思想教育，2017（04）：52.

多半是想要通过炒作，提高自身被关注度。

2017 年 8 月，为救丈夫扛水泥的“水泥妹”火遍全网，她励志的形象感动了非常多的人，无数人拿出自己微薄的工资去帮助“水泥妹”。“水泥妹”每天白天在工地干活，晚上回家就开始直播，在直播间不断地给自己立人设卖惨哭诉，称自己的丈夫癌症晚期，但自己并不想放弃，自己的孩子还小，希望他有个完整的家，更是声称自己每天要扛将近一百吨的水泥，网友听着她的辛酸经历很是揪心，刷礼物的、打赏的，在“水泥妹”的直播间不断上演，看到巨大“商机”的“水泥妹”，开始不间断地直播，更有一些商家看到她直播间里的十几万粉丝量找到她，希望她能带货。从那以后张方方再也没去过水泥地，成了某平台上的“带货小达人”。

谁知没过多久却来了一个大反转，关于“水泥妹”真实情况的信息被曝光，其实真实事件并非是她的丈夫得了肺癌，而是肺病，但通过这个张方方获得了赚钱的灵感，于是她找到了一家网红公司，自己编造了剧本，对自己进行了包装。于是，丈夫身患癌症，不离不弃的“水泥妹”就出现在了网民们的眼前。

2018 年 11 月，新华社就此事进行了微评：“你骗人的样子真丑!”从家庭、年龄均造假，到通过编排“悲情”故事博取同情的“水泥西施”，一些网红披着假面出现，干着牟利的事情，折射出直播圈的乱象。轻松娱乐一下本无伤大雅，但靠造假、恶搞、亵渎等来博眼球、赚流量，毁掉的不仅是自身形象，更会污染网络环境。直播平台应是真善美的传播地，不该成为歪风邪气的集散地。用依法管理和严格自律让直播回归正道，才能展现生活的美好。(图 1-4) 也正如网友评论就此事所写到的：“拿谎言去回答谎言，得到的一定是谎言。”在信息飞速发展的时代，靠视频红利挣钱无可厚非，但“君子爱财，取之有道”，用正当途径挣到的钱是干净的，靠欺骗挣来的钱，到最后只会被揭穿，脚踏实地地干活，清清白白地做人，不论贫穷与否，你都是幸福的。① 虚拟人设的崩塌，让原本的美好道德以及优良传统竟演化成商业赚钱的工具，正如网友就此事件所评论的：“如果按照这样的情形蔓延下去公德何在人心何在，就像之前小品上经常上演的，人倒了可以扶，心倒了扶起来就很难了。”通过此事件可以看出，把真相混杂在谣言之中，把谣言又混杂在舆情之中，让人们丧失对真相的辨别能力，加剧了社会恐慌和信任危机，网络谣言对网络社会人们的冲击也很大，很容易让人们失去安全感。

---

① 布衣说事.“水泥西施”一次扛四袋水泥，骗局被揭穿，丈夫顶不住舆论离婚！[EB/OL]. 腾讯新闻，https://view.inews.qq.com/a/20220121A051KR00,2022-01-21.

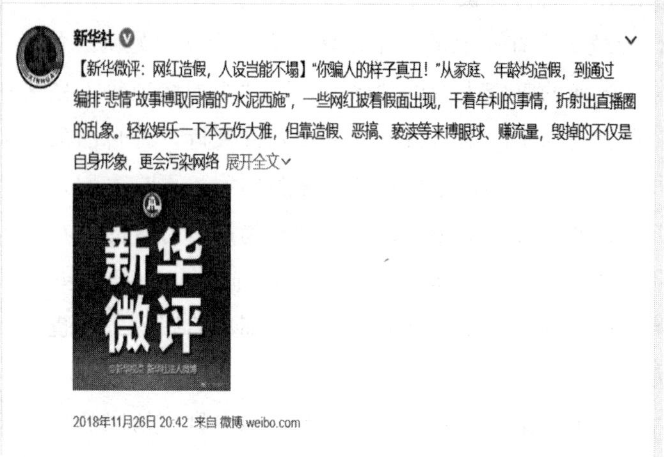

（图片来源：新华社官方微博）

图 1-4　新华社就"水泥妹"事件的微博评论

二、网络舆情在特定条件下容易滋生网络谣言

网络舆情指在网络空间中，不同网民群体对某事件的态度、看法、意见与评价，且关注度超过一定数量，涉及面广，矛盾凸显，不同利益主体在发表个人看法或者意见时，带有一定情绪和价值观的倾向性，网络舆情多以特殊或公共事件为核心，以广大网民情感、态度、观点的表达、传播与互动等为形式，以引导事件发展受到关注或改变事件的走向为目标的意见集合。不同类别的网络舆情事件因事件属性、涉事主体、利益归属、媒体引导等因素的影响，呈现出差异化的表现。网络舆情形成迅速，对社会影响巨大，其本质仍然是社会舆论的一种形式，是社会舆情在互联网空间的映射，是社会舆情的直接反映。一般来说，网络舆情多发生在突发事件、社会民生、治安法治、公共卫生事件、大学生就业等网民关注度较高的领域，上述领域一直是舆论话题高爆点、高关注点，如果不能及时应对和处理，往往容易被别有用心之人或敌对势力借题发挥，滋生网络谣言，引发出超出舆论事件本身的新矛盾，对社会公信力和网络秩序等都会造成十分巨大的破坏。

2018 年 5 月，河南郑州一空姐深夜打滴滴顺风车时遇害，此事件曾轰动全国，一度上升为热点事件，关注度破亿，当时确定嫌疑人是一名滴滴司机，身上携凶器，作案后潜逃，警方发布了悬赏 100 万元寻找嫌疑人，在悬赏令发布没过几天，便有网传视频称已抓获空姐顺风车遇害案嫌疑人，视频中一个貌似嫌疑人的男子流着鼻血，背景声中有警笛声，并有旁白称："大家看一下，嫌疑人已经被抓了！100 万到手，兄弟们。"后经河南网警通过官方微博辟谣，经与当地公安机关核实，此人还没有到案，并确定视频中的男子与本案毫无关系，但在该视频发布期间，点击量最高达到 3 亿 6 000 万（图 1-5），这类谣言因依托人民关心的热点事件而得到大规模传播，通过选取相似元素如"警方逮捕画面"

“空姐乘车”，再编造符合案情的信息，属于典型的借题发挥、添油加醋形成的谣言。[①]

（图片来源：人民网公众号）

图 1-5　“空姐顺风车遇害”案相关谣言搜索次数

三、网络谣言有时也会激起网络舆情

网络谣言在特定条件下与网络舆情是相互影响的，网络谣言总是围绕人们最为关心的话题展开，在某种条件下能够引发情感共鸣，极易调动网民情绪，转化为强大的网络舆情攻势，甚至是线下群体性事件。网络谣言能够激起网络舆情，主要是指网络谣言作为网络舆情的触发因素，是导致舆情产生的催化剂。在信息爆炸时代，网民身处过量、更新过快的信息海洋中，网络谣言要想迅速聚焦网民注意力，必须与社会热点问题特别是民生问题息息相关。[②] 2023 年，一名 IP 属地上海的网友杜撰的江西萍乡天价彩礼帖子引发全网热议，发帖的人自称是上海本地人，父母都是上市公司高管，前女友江西萍乡人，两人在海外留学时认识相恋，在谈婚论嫁阶段，由于女方知道男方家比较有钱，提出 1 888 万彩礼的要求，男方表示难以接受，最终分手。因此事涉及城乡差异乃至“地域歧视”等热门话题，引发网络关注，热度达到了约 380 万（图 1-6）。但经过警方调查发现，这一事件从头到尾都是虚假内容。

---

① 孝金波，王晨羽．这些是近期最大的谣言！第一条被搜索了 3.6 亿次［EB/OL］．保定网警巡查执法，https://baijiahao.baidu.com/s? id=1606955435188794134&wfr=spider&for=pc，2018-07-25.

② 敬菊华，彭春霞．论网络谣言与网络舆情的耦合关系［J］．学校党建与思想教育，2017（08）：52-54.

微博热榜存档-每分钟更新

官方上榜规则说明

1888万彩礼 | 选择日期 | 查询

话题	主持人	分类/位置	在榜分钟	最高排名	热度	时间	操作
#人民网评杜撰1888万彩礼#	人民网	社会	94	27	138975	2023-01-14 09:24	详情 走势 话题页
#知乎永久封禁1888万彩礼作者帐号#	澎湃新闻	社会	493	1	2878704	2023-01-13 23:26	详情 走势 话题页
#律师解读1888万彩礼事件谁担责# 新	西部决策	社会	24	30	203412	2023-01-13 18:05	详情 走势 话题页
#疑似1888万彩礼帖文作者致歉#	新浪新闻	社会	294	6	996116	2023-01-13 14:14	详情 走势 话题页
#1888万彩礼帖文作者算造谣吗# 新	手机上的新浪	社会	43	28	185379	2023-01-13 10:51	详情 走势 话题页
#江西萍乡民政局回应网传1888万彩礼#	澎湃新闻	社会 萍乡市	274	2	1136249	2023-01-12 22:49	详情 走势 话题页
#1888万彩礼#			133	1	3795192	2023-01-11 14:22	详情 走势 话题页

（图片来源：微博热搜索引擎）

图 1-6　“1 888 万彩礼”相关热搜在榜数据

此事件让人不禁想到了 2016 年“上海女孩逃离江西农村”“回乡不能上桌吃饭 城里媳妇掀桌子”的网络谣言。一位女性网民在某网站发帖《有点想分手了……》，并配发图片，称自己来自上海，春节前去“男朋友”家乡江西过年，被第一顿饭“吓一跳”而逃离(画面中房间昏暗、卫生较差等)，经过相关部门调查，“上海女孩逃离江西农村”事件为虚假内容。为什么此类网络谣言可以引起人们的关注，成为网络热点话题？上海辟谣平台的评论可能为我们找出答案：“此类网络谣言，锁定了社会问题中的某些痛点，并有意识地抓住一些地域歧视、突破公序良俗的关键词，模仿亲历者的口吻，通过集纳极端事件和故事细节增强可信度，借此来获得公众的共情、调动公众的情绪。”①

通过对比“上海女孩逃离江西农村”和“1 888 万彩礼”两篇网络谣言文贴，可以发现两者均采用的是“彩礼＋女性＋地域”的话题关键字组合激起网络情绪，但是相比 2016 年“上海女孩逃离江西农村”的网络谣言，2023 年，我们的网友多了几分理智，其中有网友跟帖说：“那个新闻出来我就知道很大可能性是假的。因为男人或女人都不是‘傻子’，按文中说的，女的是留学回来的不可能提出这样要求，还有能拿出1 000 多万彩礼的得是豪门吧！豪门只有男方提要求根本没有女的提要求的份，根本不符合逻辑。很多人信是因为看东西不过脑子，人云亦云。”（图 1-7）还有的网友批判了造谣行为，认为网络谣

① 上海辟谣平台．快评丨引爆全网的高价彩礼谣言背后，又是一场流量的狂欢［EB/OL］．百度，https://baijiahao.baidu.com/s?id=1754961315415236698&wfr=spider&for=pc,2023-01-13.

言屡禁不止的原因是造谣成本太低了，导致小作文盛行，无论再离谱都有人信。还有网友认为道歉并不足以从根源上解决问题，要用法律杜绝网络造谣行为。也有人表示文章内容很假，一看就不真实，是虚构的，身边没有一个是天价彩礼，同时号召对待网络造谣行为不仅要从每一个人自身做起规范言行，还要加强管理、建立处罚机制。总之，在这次事件中，多数网友表现出了良好的信息判断能力，对凭空捏造、夸大其词、制造噱头的“天价彩礼”谣言进行了批判。

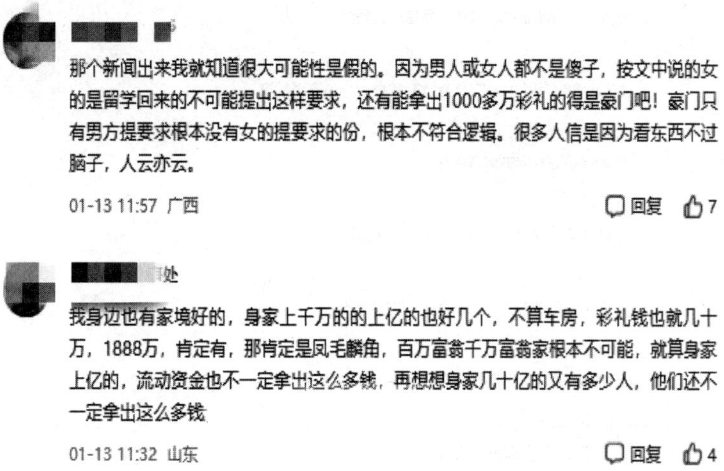

（图片来源：百度贴吧）

图 1-7　“1 888 万彩礼”事件网友评论

而且，在这次网络谣言事件应对中，相关部门主动介入和澄清的速度也大有提升，“上海女孩逃离江西农村”的网络谣言首发帖是 2021 年 2 月 6 日，被官方辟谣时间为 2 月 21 日。“1 888 万彩礼”网文文贴 1 月 11 日关注量陡然激增，成为网络热点话题，引发网络舆情，而被官方辟谣时间为 1 月 12 日，平台也主动作为，1 月 13 日，将谣言发布者的网络账号永久封禁，大大缩小了谣言发酵、炒作的空间，同时，人民网发布评论：“按照国家网信办发布的相关规定，在此事件中，无论用户还是平台都应担责。网络信息内容生产者不得散布谣言，扰乱经济秩序和社会秩序，这是底线要求。网络信息内容服务平台应当抵制不良信息，应该加强本平台网络信息内容生态治理，这也是底线要求。”（图 1-8）在 2022 年 8 月，农业农村部、中央组织部、中央宣传部等多个部门就联合印发了关于《开展高价彩礼、大操大办等农村移风易俗重点领域突出问题专项治理工作方案》的通知，治理目标包含要有效遏制高价彩礼、人情攀比等陈规陋习，其中治理的重点便包括了宣扬低俗婚恋观，索要、炫耀高价彩礼，媒婆、婚介等怂恿抬高彩礼金额，彩礼金额普遍过高等问题。

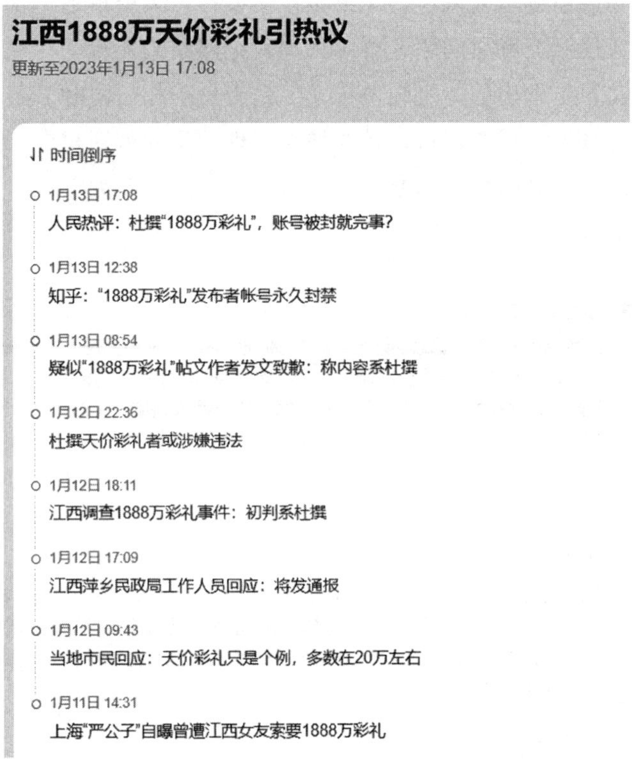

（图片来源：百度热点事件脉络）

图 1-8　“1 888 万彩礼”事件脉络梳理

四、网络谣言与网络舆情的反作用

网络谣言与网络舆情之间相互影响除了上文谈到的正向关系之外，还有可能呈现出负向关系，即反作用关系，反作用关系是此消彼长的状态，在两者相互影响的过程中，通过反作用力，可以让对方很快地被澄清，这一点在上文“1 888 万彩礼”的网络谣言案例中也有所体现。当一个网络舆情事件能够及时得到澄清，那么关于此网络舆情的任何谣言都会消退，减少不必要的争论和冲突，如果疏导及时，那么网络舆情就会朝着正向、积极、向上的方向发展，也会有助于网络舆情的消退，网络谣言也就会不攻自破，所以，真实、及时、合理、有效且权威的澄清事实、回应网民诉求非常关键。因此，要进一步畅通网络热点事件的澄清渠道，在事实澄清过程中，要加强过程控制：一是强化相关调查部门和新闻媒体信息公开意识；二是要掌握好信息公开的时机，提升信息公开的质量，信息公开内容的模糊和粗放不仅不能抑制猜测和谣言，而且还会导致网民更多的猜测，甚至引发更多的谣言；三是要正面回应各种猜测和质疑，澄清网络谣言，控制网络舆情，并通过新闻发布会、征求意见座谈会等形式主导议程设置，快速有效地处置事件才能达到信息公开的目的。[①] 只有及时发现谣言、及时调查真相、及时公布信息才能更好地将谣言扼杀在摇篮里，如此一来便能提升辟谣的及时性，让网络谣言成为网络舆情事件变为不可能，同时还能够提升官方相关部门的权威性和公信力，推动网络舆情事件消解，治理网络谣言乱象，净化网络生态。

第四节　网络谣言的传播机制

一、网络谣言以贴合网民的文化品位需求的“生动性”语言博取人们的情感支持来获得传播

网络信息传播实际上是对以比特（byte 字节）为单位的符号“编码与解码”的过程，不同的符号可以进行自由组合，不同的组合方式就会产生不同的结果，从这一层面上来看，网络为人们自有的想象力、创造力搭建了无限的立体空间。网络符号的“解码”过程是人们根据已有的知识、文化，对网络中的一切符号信息做出系统的、形象的、逻辑的表述。信息“编码与解码”在网络谣言传播中扮演着重要的角色。谣言依托网络信息的编码过程，可以使得信息在得到有目的的加工之后变得更为符合网络信息“解码”的需求，“编码与解码”的最终结果，便是形成了诸多生动的网络热词，例如“为了你的家人，请一定要看”“含着泪看完”“感动中国 14 亿人口”等，通过诉诸亲情、诱导大家以爱心之名传播谣言，这类型式的网络谣言通常“只讲感情，不讲逻辑，思想偏激，甚至企图用一句话总结人生哲理，一个故事概括整个人生”。[②] 网络传播打开了一扇想象力之门，这一传播特性符合当前大多数网民的文化品味需求，满足了大多数网民的猎奇心理，为此，我们要有自己清醒的判断，保持独立的思维。此外，这类善用“生动性”语言博取人们的情感支持的谣言，往往会借助于真实事件来扩大影响，即在真实的成分中混入虚假的内容，真的东西是真实存在的，但假的却是被编写者杜撰添加上去的，通过谣言炮制者自己臆想中的情节来煽风点火，人们往往会在接触谣言内容后产生同情、愤怒、恐慌等情绪，从而忽略了理性思考和批判。

二、网络谣言以人们对社会发展的美好期望的“煽动性”口号影响人们的认知进行传播

在新媒体环境中，网络谣言的内容更具煽动性，这种“煽动性”主要体现在三个方

---

① 敬菊华，彭春霞. 论网络谣言与网络舆情的耦合关系［J］. 学校党建与思想教育，2017（08）：52-54.

② 5 个常见网络谣言传播惯用伎俩［EB/OL］. 澎湃新闻，https://m.thepaper.cn/baijiahao_20589191，2022-11-03.

面：一是对人们就某一热点事件所形成的错误认知进行煽动，极容易对人产生误导，危害巨大。在诸多热点事件中，网络谣言一旦出现，其唯恐天下不乱的目的昭然若揭：或望风捕影，夸大事实；或断章取义，歪曲事实；或杜撰虚构，伪造事实，推出一个个耸人听闻、似是而非的谣言。不管是以“亲眼所见”吸引眼球，还是打着“还原历史”的幌子，其目的都是要搞乱世道人心，不仅“惑众”，更欲“祸国”。[①] 网络谣言容易对人们在日常生活、学习、工作中通过实践所获得的正确认知产生动摇。二是对人们就某一热点事件的不满的情绪表达进行煽动，以传播谣言煽动紧张情绪、制造恐慌。三是对人们就某一热点事件的不满的行为表达进行煽动。随着网络虚假信息的泛滥、网民自身错误认知与不满情绪的积压，如果在一定时间与范围内不能够及时对它们进行疏解，必然会引发人们在网络中形成巨大的舆论压力，并将网络舆论影响从网络引入到现实社会之中，极易对正常的社会秩序造成不良影响。

三、网络谣言以对热点事件描述的“逼真性”对人的精神及心理造成冲击，激发人们的风险感

谣言本身就是一种不确定性的反映，当人在面对自己不确定性的事物的时候，出于畏惧或出于安全性考虑，便会“激发人们的‘风险感’，继而促进了负面情绪的产生”。[②] 网络谣言的“逼真”是带有欺骗性的。网络谣言的“逼真性”的实现就在于网络谣言传播者在捏造、炮制虚假谣言信息的时候善于把握网络大众的猎奇心理，或对一些信息素材随意进行拼接与组合，或传播者自己根据已经发生的事情添油加醋、添枝加叶，有些网络谣言的炮制者为了骗取网络大众对他们所编造出的各种谣言的信任，他们总会尽可能地提出一些“虚假”的证据来，比如假借“某某亲自经历”“某某亲眼看见”“某某用手机拍摄下了全部过程”“某某部门的权威人士说”等。此外还有一些网络谣言炮制者通过大量运用技术手段合成照片、剪辑视频、文图虚构等手段，让网民真假难辨。这些看似“真实”，实际却又很模糊，这种感觉在隐隐约约中欺骗了网络大众的逻辑思考，在一定范围和时间内能够得到社会的认同，如果网络谣言炮制者所制造的信息恰好又符合某些人的心理与情感需要，那么在这部分网民中网络谣言将会被放大，甚至会出现倍增式的分裂传播。

四、网络谣言的“隐蔽性”与网络传播的复杂性助长了网络谣言的扩散

首先，网络谣言在爆发之前具有较强的隐蔽性，这就加剧了监管部门对谣言信息的监控难度，网络谣言的隐蔽性主要体现在其采用的方式上，如捏造数据、嫁接图片、假借权威、偷换概念等。还有一些网络谣言被裹上了娱乐性的外衣，很难发现其中的利益动机，在传播上利用了转发或仅仅是为了说而说的方式，例如，有的网络谣言经常会使用“出大

---

① 须警惕政治谣言：一些人不仅惑众更欲祸国［N］. 人民日报，2014-08-11.

② ［德］埃利亚斯·卡内提. 群众与权力［M］. 冯文光，刘敏，张毅，译. 北京：中央编译出版社，2003：66.

事了”“震惊”等耸人听闻的标题和带有极具偏激性的词汇。其次，网络谣言传播的形成过程是阶段性的，但是由于人们对热点事件本身关注度较高，再加上因网络的传播是多点到多点联动的网格结构，所以网络谣言传播在数量上的增长具有突发性。最后，意见领袖也是促进网络谣言传播的重要因素，在传播学中，意见领袖是指在人际传播网络中经常为他人提供信息，同时对他人施加影响的“活跃分子”，他们在大众传播效果的形成过程中起着重要的中介或过滤作用，由他们将信息扩散给受众，形成信息传递的两级传播。

五、网络谣言“多级化”促使信息获得不平衡，造成“信息鸿沟”

网络的多级化是指网络信息传播过程中所形成的群体、组织以及人与人之间的等多种分层方式，经常活跃在网络中的专业人员、新闻媒体工作者、网络大V、Up主等都占有着较多的信息数据量，与普通网民之间形成了鲜明的“信息鸿沟”，所谓“信息鸿沟”就是指不同群体掌握信息量的差距，是“知”与“不知”的差距。由于普通网民上网时长、上网目的、上网专业化等都不如专业人士，为此，他们在网络中获取信息的渠道比较单一，就会促成其对专业人士、网络大V等群体的信息依赖，如果再加之网民的受教育程度较低，或者是其本身的信息辨别能力较低，都极其有可能被不法分子以及过度追逐利益的运营平台编造的各种虚假信息所迷惑和利用，成为二次传播者。

此外，网络谣言的多极化在传播中还显示出了它独特的“叠加性”，具体来看，包括了三个方面的叠加，其一是谣言属性叠加，被赋予了经济属性、文化属性以及社会属性等。其二是网络谣言的内容叠加。往往一个内容事件会衍生出多个不同的网络谣言，这些谣言虽然看上去是涉及的不同事件的不同方面，但是在网络谣言炮制者的手中，它们是相互可以联系在一起的，想方设法放大谣言，对社会造成严重影响。其三，网络谣言的影响具有叠加性。纵观已经发生的网络谣言事件，它产生的影响是多重的，除了会对国家与社会稳定产生影响外，还会间接地冲击人们的主流价值观。

第五节 网络谣言的“黑”与“灰”

一、网络舆论的“三地带”说

2015年，习近平总书记在全国党校工作会议上就指出：“思想舆论领域大致有红色、黑色、灰色‘三个地带’。红色地带是我们的主阵地，一定要守住；黑色地带主要是负面的东西，要敢于亮剑，大大压缩其地盘；灰色地带要大张旗鼓争取，使其转化为红色地带。”“地带”在《辞海》中为“区域、范围”之意，最常见于地理、生态等研究之中，具有鲜明的物理环境和限定含义。此外，地带被用于政治学和法律等学科之中，比如“法律与道德中间地带”。网络是党的意识形态工作和宣传舆论工作的重要阵地，是最新主战场、最聚焦的前沿，在网络舆论场中，同样也有红色、黑色、灰色“三个地带”。

唱响网络主旋律，守住网络“红色地带”。严守“红色地带”，固其根本，深入推进习近平新时代中国特色社会主义思想的“三进”工作，讲好中国故事，传播好中国声音，增强社会主义意识形态对网民的吸引力和感染力，增强网民思想上的幸福感和获得感。网络红色地带是符合社会主义核心价值观的网络思想舆论和行为活动的主阵地。要坚持移动优先策略，建设好自己的移动传播平台，管好用好商业化、社会化的互联网平台，让主流媒体借助移动传播，牢牢占据舆论引导、思想引领、文化传承、服务人民的传播制高点。在网络意识形态工作中，应坚持扎根网络原生态，借助网络优势，将意识形态工作同网民喜闻乐见的形式相融合，加强“有底气”“接地气”“聚人气”“有朝气”的网络内容建设，提高网络舆论阵地的亲和力、吸引力、传播力、影响力。守住“红色地带”，需要在网络中积极践行社会主义核心价值观，弘扬优秀传统文化，坚持讲好中国故事、传播好中国声音，使网民汲取中华优秀传统文化营养、找准革命文化的精神动力、把握社会主义先进文化的价值理念、增强文化自信。

敢于亮剑作斗争，消灭网络“黑色地带”。网络“黑色地带”是与社会主义意识形态和社会主义核心价值观相违背的网络负面思想舆论和行为活动的聚集区。一方面，要坚持马克思主义指导思想不动摇，巩固马克思主义的指导地位。在网络信息时代，要积极应对网络信息中各种非马克思主义错误思潮，以富有中国特色、网络特色和网民喜闻乐见的形式积极传播马克思主义，不断增强马克思主义意识形态在网络中的凝聚力与吸引力。如可以通过网络视频、音频、图片、文字等形式加强马克思主义思想理论的宣传普及活动，形成网上强大舆论声势和浓厚舆论氛围，打牢思想基础。另外一方面，必须敢于向各种网络负能量亮剑，要向网络中存在的假丑恶、假善良、假和气、假仁爱等亮剑，特别是要向“恐怖主义、分裂主义和极端主义”亮剑，向“中国威胁论”“中国崩溃论”亮剑，向“丑化和歪曲中国共产党、中国人民”的言论亮剑，真抓实打，以抓铁有痕的力度，向“黑色地带”宣战，还广大网民天朗气清的思想净土。

强化法治化治理，转变网络“灰色地带”。“灰色地带”介于“红”“黑”之间，特征不明显、性质不明确、影响难判断，游离在法律法规的边缘。网络“灰色地带”是现实社会中的灰色地带向网络空间的延伸，现实社会中的“灰色地带”和网络空间中的“灰色地带”往往相互渗透。从形成根源上看，网络“灰色地带”是网民心理诉求与网络技术发展等因素共同作用的产物；从空间场域上看，网络“灰色地带”是指处于网络红色地带与网络黑色地带之间的第三地带；从表现内容上看，网络“灰色地带”游离于法律法规、伦理道德之外；从形式来看，网络“灰色地带”以网络荤段子、网络炫富、网络恶搞等为主；从本质属性上看，网络“灰色地带”是一种网络亚文化。面对网络“灰色地带”，要充分利用网络信息传播的优势，不断探索与网络相适应的、系统的、动态的、多维的、多向的意识形态工作理念与方法，不断探索意识形态工作与网络信息传播之间良性互动的规律，从而不断提高网络意识形态安全工作的有效性。应把握好网上舆论引导的“时、度、效”，时是指时效，在网络社会中，只有对舆论及时作出回应，才能够牢牢掌握住网络舆论引导的主动权；度即审时度势，要学会对网络舆论中的信息进行准确判断，在网络引导话语权和网络舆论中寻找到“最大公约数”，这是进行网络舆论引导的关键；“效”即是指效果评估，这是对舆情走势进行透彻分析的前提。要引导“灰色”向“红色”转变，团结一切可以团结的力量，要坚持“因事而化、因时而进、因势而新”，建立“大教育、大宣教、大思政”格局，推进治理体系和治理能力现代化，从精准定位、精准研判、精准施策等方面建立监管、治理、引导机制，系统构筑转变通道。

二、黑色地带中的网络谣言

网络黑色地带类谣言，从宏观层面来说，包括一些污蔑、抹黑、诋毁国家和政府的谣言，以网络政治类谣言为例，网络政治谣言不同于一般的谣言，网络政治谣言是一种负面性质的、消极的网络政治表达，这类谣言多见于国外某些敌对势力的宣传网站，包括BBC、《纽约邮报》等媒体，政治动机是网络黑色地带谣言生成的重要动因，长期以来，这些西方媒体与反华势力热衷于搞“政治优先”和双重标准，挖空心思歪曲抹黑中国政府，对中国推出的任何一项政策举措都要进行恶意攻击，炮制和炒作涉华谎言，或捕风捉影，或夸大事实，或空穴来风，或断章取义，或歪曲事实，或胡搅蛮缠，有的在看似正经的报道里“挟带私货”，有的则是“离大谱”一眼假，这些无耻行为的背后是其根深蒂固政治偏见的充分暴露。比如中国大力倡导的“一带一路”倡议，在一些西方智库媒体的解读之下，就变成了翻版的“马歇尔计划”来炒作中国“威胁”论。

从微观层面来看，网络黑色谣言具有隐匿性，在我国网络实名制全面实施之前，大多采用虚拟账号（“马甲”号）进行违法犯罪活动。2015 年 3 月 1 日起，国家互联网信息办公室发布的《互联网用户账号名称管理规定》（以下简称《规定》）正式施行，对互联网信息服务提供者、使用者的服务和使用行为等做出规范，规定互联网信息服务提供者应当按照“后台实名、前台自愿”的原则，要求互联网信息服务使用者通过真实身份信息认证后注册账号，自此，有效地减少了一些网络黑色谣言的发生。但是，一个问题的解决也就意味着其他问题的出现，当我们在畅游网络时，你或许常看见一些所谓的回收（短期租借）微信、咸鱼、QQ、微博等账号的信息，面对回收一个账号几百元的诱惑，不少人都会有想出售自己账号的想法，但是，当你把这些实名账号出售的那一刻起，你就有可能协助犯罪、成为骗子的帮凶，这些账号的实名信息始终是你自己，但是发布信息的内容却不经过你，你失去了对这些账号的实际控制权，那么别有用心之人理所当然地将这些账号挪作他用，肆无忌惮地发布各类虚假信息，甚至用来实施犯罪。而结果就是，账号后期可能会被冻结、盗用，直接损害自身及亲友的切身利益。

早在 2015 年，我国《刑法修正案（九）》中就增设了帮助信息网络犯罪活动罪。第二百八十七条之二第一款规定，明知他人利用信息网络实施犯罪，为其犯罪提供互联网接入、服务器托管、网络存储、通讯传输等技术支持，或者提供广告推广、支付结算等帮助，情节严重的，处三年以下有期徒刑或者拘役，并处或者单处罚金。因此，面对回收（短期租借）账号等信息时，一定要加强防范意识，妥善保管好自己的各类软件账号信息，切勿因为贪图小利而输掉自己的人生，一旦触犯了法律，最终都将会受到法律的制裁。

三、灰色地带中的网络谣言

灰色地带的网络谣言更模糊、更泛在、更流变。

所谓模糊性，主要指边界相对模糊。因为灰色地带作为夹在网络红色与黑色地带之间的中间地带，与“红”“黑”两大地带相互接壤，密切关联。部分网络灰色地带或者具有相对明显的偏向性（偏红或偏黑），或者在不同程度上同时拥有“红”“黑”两大地带的表面或内在特征。这意味着网络灰色地带的边界实际上总是与网络红色或黑色地带边界紧密交织，短期内无法轻易划分清楚，从而凸显了其模糊性。

所谓泛在性，是指网络灰色地带在互联网环境中广泛存在。这一属性可以从空间和时间两大维度来理解。一是空间维度的泛在性，即网络灰色地带广泛存在于网络空间各大领域，如上文提到的网络社交领域、网络新闻传播领域和网络文艺娱乐领域等。二是时间层面的泛在性，即网络灰色地带已经并将长期存在于虚拟世界当中。它伴随着中国互联网的产生而产生，且在可预见的未来仍将持续存在并逐步演化。

所谓流变性，即网络灰色地带易伴随其环境的发展变化而发生快速演变的特性。流变性主要由内部与外部两大诱因共同作用所致。从外部诱因来看，网络灰色地带归根结底建立在网络软、硬件技术的基础之上，它总是伴随着网络技术的发展而发展。由于网络信息技术自诞生至今一直处于快速迭代的进程中，网络灰色地带自然随之快速发展与演变。从内部诱因来看，网络灰色地带作为“红”“黑”地带之间的中间地带或临界地带，事实上具有过渡性，相较而言，其性质呈现出非稳定状态，因而容易发生流变，极易向网络红色或黑色地带转化。

网络灰色地带谣言的表现形式主要有三种，第一是“抢热点，搞噱头”，即通过“断章取义、惯性思维、贴标签”等形式，为了抢占头版头条，就会有平台挖空心思、不择手段，再加上不明所以的网民跟风起哄，这种现象变本加厉，比如重庆万州公交车坠江事故从矛头指向小轿车女司机到指责乘客素质低下，舆论完全反转。微博、微信以及直播为主导的自媒体时代，前所未有的传播速度催生助长了网络浮躁情绪，面对一张图片、一条微博、一段视频、一个身份，相当一部分网民往往提前预设现场，对孰对孰错匆下结论。第二是“博眼球、刷流量”，即通过夸大其词、渲染情绪、一味猎奇等方式，获得高关注量、高点击率、高点赞量，网络媒体传播内容的可靠性、真实性、客观性相比纸质媒体、电视媒体较低，甚至不少舆情事件的谣言就来自网络，加上依托技术手段，网络信息编排灵活，文字更具煽动性，对不少网民产生了误导，促使受众有意识或无意识地被影响。第三则是舆论的“墙头草”效应，即盲目跟风、不仔细甄别就加以传播，尤其是一些缺乏判断力和辨别力的网民，很容易就被谣言牵着鼻子走，甚至加入造谣的行列。

第二章　网络谣言的影响、形式及其传播速度

第一节　网络谣言影响的迁移

一、网络谣言严重影响国家安全

网络作为新兴发展的“舆论场”，每分每秒都在进行着无数信息的交换，网络在我国发展尚不足半个世纪，却以前所未有的速度实现了从计算机到智能媒体的过渡与融合，其发展势不可挡。网络的快速发展让人们对于信息传播、诉求表达、社会交往、思维习惯等都产生了新的变化，人们越来越被网络的“大数据”“微表达”等网罗其中，网络信息爆炸所蕴含的能量也是深不可测。2022 年，俄罗斯和乌克兰之间的冲突备受世人关注，随着俄乌冲突的展开，网络信息空间里也并不安静，假新闻、假消息随处可见，网络信息战的表现就是捏造不真实的信息，传播虚假信息。比如在俄罗斯和乌克兰发生军事冲突之前，各种消息满天飞，最早是美国言之凿凿地宣布俄军 2 月 16 日开战，但俄军做出了一个撤军动作，随后 24 日又突然进入乌克兰。“战局开始之后，更是各种真假消息大混战。俄军过去的各种排练演习镜头被当成俄军的行动在网上疯传，其他国家的战争视频也被张冠李戴安在乌克兰战场上，甚至乌克兰自己的防空导弹击中民房，也被说成是俄军空袭。”① 互联网技术的发展及短视频的流行为各国利用“宣传”“虚假情报”与“心理攻势”等手段谋求战场优势提供了空间。

除了战争之外，涉及食品安全类、企业生产经营等方面的网络谣言也有着非常不好的影响，很多企业备受其害。2017 年，网络中流传了一个关于“塑料紫菜”的谣言视频，

① 《这就是中国》第 141 期：俄乌冲突中的网络信息战［EB/OL］. 百度，https://baijiahao.baidu.com/s?id=1732215558577613905&wfr=spider&for=pc,2022-05-08.

视频中有人从一包买来的“紫菜”中取出几块泡在水里，说撕不断、嚼不碎，还有腥臭味。随即，相关部门和多家媒体针对“塑料紫菜”谣言进行了辟谣，“塑料紫菜”事件逐渐平息，但谣言爆炸式传播给行业带来的损失却无法弥补，资料显示，当时全国多地超市的紫菜纷纷下架，65 家紫菜公司的产品卖不动，谣言影响还迅速蔓延至产业链上端，紫菜的收购价格从之前的每吨约 8 万元下降至每吨 3.5 万元，还有 18 家经销商遭遇退货，退货金额达 468 万元。[①]

2022 年各大网络平台开始显示 IP 地址，网络平台中很多主要以发布国外某地的风土人情视频的账号，如“小××在日本”“人在美国刚下飞机”“我在×国生活的每一天”“人在×国”等 IP 地址显示在辽宁、上海、成都等国内地址，其中不乏拥有上百万乃至上千万粉丝的账号，网友称之为翻车、人设崩塌等。其实上述账号大部分都是之前去过国外，或者时不时有出国计划的人，比如“在英国的露娜”现在改为了“露娜在英国的留学生活”，该账号用户使用者实为专注于低龄私校留学申请的公司账号。显示 IP 地址，就像照妖镜，照出了网络上的魑魅魍魉，照破了网络上的虚假信息，对网络有序发展起到了一定的保护作用。而且，在 IP 地址显示功能上线后，一大批网络谣言中的别有用心的“节奏党”被挖了出来。

从技术上来看，在网络社会，网络开放性加速了信息的传播范围，依托网络，世界上的不同国家构成了密切联系，相互交织的“信息网”，不同思想观念、民族风俗、文化形态等在网络中相互交融与碰撞；从文化角度来看，网络促进了世界不同国度文化的交流与融合；但是从网络发展过程来看，网络发源于美国，在网络的普及与技术革新的过程中被深深地打上了美国文化霸权的特点，全球 13 个顶级服务器（即根服务器）中，有 10 个在美国，2 个在西欧，1 个在日本，以美国为代表的资本主义思想价值体系通过网络信息传播，有形或者无形地影响着信息接收者的价值观念。由此可见，网络不仅仅是一种信息传播的技术手段，更是一个充满着思想交流碰撞与意识形态斗争的战场。

二、网络谣言威胁到社会和谐

建设和谐社会成果不易，建设网络清朗空间更难，“众多网络媒介共同支撑起了相当成熟的信息交流公共领域，虽然给个体创造了更为自在的舆论环境，同时也相对弱化了一定的自我理性和真实理性”。[②] 一些网民或组织出于政治或经济目的、出于泄私愤或扰乱社会秩序的目的、出于好玩或提高自己网络知名度的目的等，单独地或有组织地，主动地或被动地传播、散布形形色色的虚假信息和网络谣言，[③] 网络谣言多次扩散，在各种谣言乱

---

① “塑料紫菜”谣言使紫菜销售、加工和养殖受影响［N］. 工人日报，2017-06-27.

② 赵志朋. 以网络谣言的传播观察从众心理的发展趋势——基于疫情期间的讨论［J］. 牡丹江师范学院学报（社会科学版），2020（05）：74-84.

③ 田惠凤. 网络谣言的社会危害及治理对策研究［D］. 石家庄：河北师范大学，2012.

象之下，掩盖了事实真相，对公众的认识造成严重的误导，对现实社会信任体系有一定的冲击，加剧了信任危机。一方面，网络谣言的炮制者善于利用网民的心理弱点，迎合网民内心的不安全感和不确定性，编造散布极具蛊惑性和危害性的谣言，引发社会危机。另外一方面，网络谣言对社会冲击的另一个表现就是善于利用负面信息冲击社会，通俗的表达就是“喜欢泼脏水”或者总是试图用“坏消息效应”不断瓦解事情真相，用大量的、频繁的、不间断的各种坏消息放大社会问题，用各种负能量让公众产生不良感受，即使那些不幸没有发生在自己身上，但是公众依旧会感觉到焦虑和难过，加重个人焦虑抑郁，甚至会产生社会黑暗的错觉，不仅严重威胁社会稳定，而且会让人们对所处的社会失去信心，给群众生活、社会稳定带来了不同程度的负面影响。

三、网络谣言会干扰个体判断

网络谣言可以混淆真相，把假象混杂在真相之中，让人们自以为了解了真相，却又对真相产生怀疑，从而彻底丧失了对真相的辨别能力和意愿。在传播学中有一个经典的理论——沉默的螺旋，该理论由德国学者伊丽莎白·诺埃尔-诺伊曼提出，即如果一个人感觉到他的意见是少数的，他会倾向于不表达出来。它描述人们害怕孤立而产生的趋同心理：人们在表达自己的想法和观点的时候，如果看到自己赞同的观点，并且其受到了广泛的欢迎，那么人们将会下意识地“笃定”自己的观点是“大众化”的并且“自我确定”其为“正确、合理的”；反之，如果人们并未看见自己赞同的观点，或者说即使看见了但是没有多少人支持，甚至遭受了不少人的抨击、辩论，那么人们将选择保持沉默不发表自己的观点。沉默螺旋效应具有双向性，与反沉默螺旋理论相对。它是当代传媒学中的一种非常重要的社会心理。① 沉默的螺旋理论发展至今，在各种传播事件分析运用中，仍然有很大价值。

在网络传播的过程中，媒介形式发生了巨大变化，虽然去中心化、虚拟性等因素对该理论产生了一定的消解作用，但我们不难发现在网络传播中依然存在沉默的螺旋现象，两个字足以说明网络谣言中能够体现出该理论的关键点——转发，因为谣言本身的形成就是一个集体行动，它的精髓在于多数人或者在短时间内一起转发，从谣言易感人群的特点来说，他们对网络谣言大多持有“宁可信其有，不可信其无”的心理，信其有与信其无之间的博弈过程很奇妙，就如同人的大脑中思维纠缠，这时大多数人的意见便起到了决定作用，因为个体的不确定性的社会心态、泛化的弱势心态、从众与责任分散心态、逆反心态等，在网络谣言传播过程中，沉默的螺旋效应会更加明显。古代早有谚语告诫我们，三人成虎，众口铄金。

---

① 李一聪，李静. 网络谣言中的“沉默的螺旋”效应——从“抢盐”事件的解决中看微博对“沉默的螺旋”的削弱 [J]. 神州，2013 (34)：262，264.

网络谣言往往在线上和线下的共同作用下，走向关联化和序列化，在舆论环境的强化过程中，网络传播、人际传播叠加效应会更为明显，会引发更多的关注和新的谣言产生，会发生异化，比如各种同类事件的集中化呈现到一定程度后，会形成一种既定的认知框架，影响公众的道德判断和现实行为。

四、网络谣言中夹杂着违法犯罪

网络谣言经常与网络诈骗捆绑在一起，网络诈骗常与网络谣言相伴而生，诈骗手法也是千变万化的。在中国法学会“法治百科”中，认为网络诈骗是指以非法占有为目的，利用互联网采用虚构事实或者隐瞒真相的方法，骗取数额较大的公私财物的行为。2022 年 9 月，第十三届全国人民代表大会常务委员会第三十六次会议通过了《中华人民共和国反电信网络诈骗法》，进一步明确了电信网络诈骗是指以非法占有为目的，利用电信网络技术手段，通过远程、非接触等方式，诈骗公私财物的行为。网络诈骗花样繁多，行骗手法日新月异，常用手段有假冒好友、网络钓鱼、网银升级诈骗等，主要特点有空间虚拟化、行为隐蔽化等。根据现有资料显示，目前，公安机关梳理了 8 大类，共计 60 种网络诈骗的手法（文末二维码），其中与网络谣言相关的多以通过微信、微博等社交工具发布各种虚假活动为主，引诱用户参与进行诈骗。如发布虚假爱心传递将虚构的寻人、扶困帖子以“爱心传递”方式发布在网络上，引起善良网民转发，实则帖内所留联系电话是诈骗电话；还有发布“点赞有奖”信息，要求参与者将姓名、电话等个人资料发至社交工具平台上，套取足够的个人信息后，以获奖需缴纳保证金等形式实施诈骗；或者通过社交媒体发布病重、生活困难等虚假情况，博取广大网民同情，借此接受捐赠等[①]。网络诈骗与网络谣言之间既有联系，又有区别，两者的性质和危害不同，网络诈骗是一种经济违法犯罪行为，危害更大，网络谣言多属于行政法违法行为，但是严重者，也涉及刑事违法。

扫一扫二维码详细查看“60 种通信网络诈骗手段”

---

① 锦州网警巡查执法. 60 种通信网络诈骗手段大合集！［EB/OL］. 百度，https://baijiahao.baidu.com/s? id=1746442081146215129&wfr=spider&for=pc,2022-10-12.

第二节　网络谣言的视图化

一、当造谣披上视图处理技术的外衣

什么类型的网络谣言最难判断？用一句网络热词来解释，便是“有图有真相”的网络谣言，在网络技术发达的时代，有图也不一定有真相，随着以 Photoshop 为代表的图片编辑软件的普及，图片造假变得屡见不鲜，你所见的不一定是真实的，这一类网络谣言往往通过图片编辑的方式，杜撰失实信息，误导网民认知。对于很多网民，哪怕是专业人士来说，鉴定出照片编辑的痕迹是很难的，当造谣者将这些经过编辑的照片用于某起“罗生门”事件当中时，会使事件更加扑朔迷离，这是因为与文字文本的叙述能力相比较，视频图片传播借助于实拍手段，更具有“将‘模糊性’生成为‘真实’幻象的叙述力量，若一旦被谣言利用则更具欺骗性”。[①]

首先，以图像技术处理方式还原“现场”所呈现的网络谣言，利用了满足网民现场感的心理诉求以及对事实真相了解的需要，以逼真的场景使人们信以为真，以图像或视频的生动感、现实感实现对网络谣言的传播，类似的手法还有视频剪辑、AI 合成等，这种类型的网络谣言多出现在微博、微信、抖音、小红书等热门社交平台上，且日渐盛行。2021 年 1 月 17 日，大庆市微信朋友圈和微信群中出现一张核酸检测呈阳性的图片，经调查，此为杜尔伯特蒙古族自治县网民刘某为博眼球将自己的核酸检测结果编辑后上传到网上。类似的谣言层出不穷，2022 年 11 月 30 日，羊城晚报社网络发布公告指出，有人恶意编辑图片，假冒羊城晚报官方微博之名，发布“本次奥密克戎病毒正式更名为新型冠状病毒感冒”等不实言论，造成恶劣影响。[②]（图 2-1）

① 孟威. 辨识网络谣言：“有图”未必“有真相”［EB/OL］. 环球网，https://society.huanqiu.com/article/9CaKrnJW177,2016-06-20.

② 有人恶意 P 图假冒媒体发布不实言论［EB/OL］. 腾讯网，https://new.qq.com/rain/a/20221201A06SYE00，2022-12-01.

（图片来源：腾讯网）

图 2-1　羊城晚报辟谣声明

其次，有些网络视图的谣言往往比较粗糙或者是可以用模糊来形容，制作很是粗糙，局部夸大、不及其余，普通人平素接触很少，无法分辨，难免猜测夸大。比如在关于俄乌战争的相关谣言中，2022 年网络上曾流传出“突发！乌克兰发生大爆炸！”的视频，在该视频中，远处一座楼宇顶部浓烟滚滚，隐约可见火光，几秒后，猛烈的爆炸几乎填满整个天空，令人不由担忧，普通人看到类似模糊的画面后（图 2-2），很难辨别真伪，经过记者考证辟谣，网络上流传的大爆炸视频为 2020 年 8 月黎巴嫩贝鲁特港口区发生巨大爆炸时的视频。[①] 此外还有一些造谣者将 2020 年 5 月俄罗斯胜利日阅兵仪式举行前的飞行彩排视频进行了剪辑，并配上了“俄罗斯战机编队，低空掠过乌克兰上空”的文字，造成了战争的紧张感。

最后，这些经过技术处理的网络谣言个性色彩比较强，它们或为用户原创，或为媒体极端化“用户”意识的呈现，通过画面做出情感暗示，直观场景更易于引发移情效应，常在短时间内调动起观众的冲动情绪。

① 为何你总是被这种“网络谣言 2.0 版本”忽悠？[EB/OL]. 澎湃，https://www.thepaper.cn/newsDetail_forward_16969131,2022-03-04.

（图片来源：央视新闻）

图 2-2　假视频“乌克兰发生大爆炸”爆炸画面来源

二、视图类网络谣言鉴别指南

图像作为信息技术的重要载体，在其逐渐取代文字传播的过程中，产生了多种多样的表现形式，如短视频、表情包、动态图、动画创作等，在这些形式的背后有着共同的本质特征——“图像符号”，即短视频、表情包、动态图等图像无论其形态如何变化，它们存在的共同意义就是通过“图像符号”对信息进行传播，在这一过程中，作为主体的人对图像的认知、表达、理解以及再传播等发挥了重要的作用，由此而催生出的图像时代表达方式与机制等，又对人的思想塑造与价值观形成等有着重要的影响。

任何网络谣言总会有它的蛛丝马迹可以追寻，顺着蛛丝马迹，拨开云雾也只是时间的问题，一般来说，只需要通过一些图片和视频网络类谣言的共性特征，便能将真相看得真真切切。

图片和视频类网络谣言特征一：故意撇开细节，以不明确或者不清晰的信息虚化真相。视频或者图片类型的网络谣言经常冠以“最新消息”“此消息让人震惊”“爆料”等标题吸引人的眼球，但是却没有对事实描述的基本要素，故意虚化或模糊事情的关键点，包括时间、地点、起因、人物、矛盾点等，乍一看，可能会让人瞠目结舌，但是往往这些所谓的信息却经不起推敲。比如，2022 年，在某音平台上有用户发布了一条关于自热米饭大米不是真正的大米的视频，视频中谈道：“自热米饭里的米吃起来口感不对，是由于里面的米是用各种原料兑在一起，做成大米的形状，不含大米成分。”在该视频评论区甚至有网友跟帖说自热米饭的大米是塑料颗粒制作的，但凡是有点经济常识的人都知道，塑料颗粒是工业原料，价格比大米贵得多，商家不可能做出当大米来卖的赔本买卖。实际上自热米饭的主要原料就是大米，只不过它的工艺是将大米蒸熟之后再打碎，用机器挤压成型出来再风干，经过二次加工，以便只要加热几分钟就能食用。

图片和视频类网络谣言特征二：多使用低画质、重叠画质、截取图片或者视频的某一个区域或者片段。在信息技术快速发展的当今，1 080 P 的高清视频和图片基本上已成为拍摄设备的基本配置，很多智能手机的摄像头像素都能达到，甚至一些高端手机可以达到 4 K（2 180 P）摄像，但是网络谣言使用的视频或者图片往往画面模糊，截图也残缺不全，有些视频甚至没有同期声，全靠配音、字幕。

图片和视频类网络谣言特征三：画面往往以超出常规的可接受程度为主，文字耸动。网络谣言为了追求传播的广度，会毫无顾忌地使用与现实有巨大反差的刺激画面和耸动的文字，捕获人的猎奇心理。

图片和视频类网络谣言特征四：为了达到一定目的，故意将电影、游戏等出现的画面拼接在一起，造谣者移花接木、张冠李戴、故弄玄虚，经常将其他图片用于谣言中，以佐证其谣言的真实性。我们可以通过“识图搜索”工具，如百度识图、谷歌识图等来识别，例如 2015 年时，赵本山被“PS 入狱”的网络谣言就是网友通过百度识图成功辟谣的，类似事件还有 2019 年的贵州“虐童”事件（图 2-3）。

（图片来源：《人民日报》微博）

图 2-3 人民日报官微辟谣贵州“虐童”事件

三、转发不用“赶时间”

从谣言初始传播到急剧减少大多只需要几个小时，为此，面对未经证实、来源不明和不确定的信息，我们应该多一些理性思考和冷静判断，提高辨识力和鉴别力，要能够区分什么是“鲜花”，什么是“毒果”，切忌盲目跟风转发与单纯情绪发泄。当你在网络上看到低画质、重叠画质、截取图片或者视频的某一个区域或者片段时，就要多思考一下这些画面的真实性，因为谣言的一大特征即“模糊”，常常会语焉不详，有意掩盖，为此，我们要多关注消息发布的主体，尽可能与官方发布、权威媒体等进行比对、求证、思考相关事件的具体细节，面对颠覆认知的事件，若一时无法做到主动辟谣，也可以采取冷处理的办法，先不要忙着“义愤填膺”或“抱打不平”，不要太“赶时间”地转发，否则很有可能你就成了网络谣言传播的“二传手”，不妨让自己静一静、等一等、再等等，因为谣言始终是谣言，经不起时间的考量，时间会戳穿一切谣言和谎言，只要稍等一段时间，谣言一定会露出其本相。

第三节　网络谣言常用话术

一、“震惊体”话术

网络谣言的“震惊体”话术，往往表现在谣言本身的标题上，经常会使用“删除前速看”“震惊”“不看后悔”“致命”“太可怕了”“惊天秘密”“天呐”“惊动”“史无前例”“绝无仅有”等词语，并时常用感叹号结尾，用语夸大，通过这些关键词唤起谣言易感群体的恐惧情绪，恨不得用标题就把人给吓死，有种语不惊人死不休的感觉，例如“太可怕了，晚餐绝不敢贪吃了”“震惊！面包蛋糕上的肉松竟是棉花做的”“恐怖！有人用塑料做大米”“太恐怖了！不要再买合格菜了，因为它100%致癌”，通常来说，这些都属于标题党的经典手法，“震惊体”话术无非就是撕开了人们这一心理防线的漏洞，让恐慌焦虑的情绪肆意蔓延。[①] 2021年7月，广东增城警方抓获了一个制作“标题党”虚假推文引流变现的网络黑产团伙。该团伙自3月份以来，在微信公众号上推送发布“标题党”推文1 300余篇，其中谣言文章600多篇，总计浏览量超500万，获利约30万元，他们推送发布的“万分紧急！广州明日一个不留！”“广州危急！明日戒严封城”等谣言，在部分群体中快速扩散，导致哄抢物资，开始确实只有部分老年人在抢，但后来会发现商场、超市里面也同样聚集了许多来抢菜买米的年轻人，其中很多人倒也未必是受此类新闻的蛊惑，只是受到从众心理的影响，看大家都在抢，自己也就顺势加入了排起的长队中。焦虑情绪一旦存在，就仿若盖过了新闻本身的真实与否。造成极其恶劣的社会影响。[②]

二、“诱导式”话术

一般来说诱导式话术多采用转发抽奖等方式呈现，这种方式多暗中藏有骗局。网络上关于转发信息参与抽奖活动的信息多而杂，抽奖奖品多以吸引人且价格昂贵的品牌的手

① 邢妍妍．要有不被谣言带乱节奏的定力［N］．光明日报，2021-11-07．
② 察言观社．“震惊体”是典型“低级红高级黑”［N］．深圳特区报，2021-11-08．

机、无线耳机、笔记本电脑等产品为主，这类假信息，通过抓住网民的博彩心理，在微博或者微信转发信息之后，称网民为抽奖幸运用户，可以任选一样价格不菲的商品作为奖品，但需要自理快递费、手续费、保险费等各类名目的费用，有不少缺乏警惕心的网民被骗。2018 年，徐州、扬州网警通报："当地一网民刘某刷微博时，一个新浪图标的用户给他发了消息，称其在转发微博时中了大奖，并给他发来一个网页，只要把名字输进去，就可以查看是否中奖。刘某发现自己中了一台价值 58 000 元的笔记本电脑，对方随后告诉他要想领奖先得给他们支付 1 500 元'保险费'，然后才能把东西寄过去，刘某将保险费打给对方后对方失联。"① 无独有偶，2020 年，宁波通报：网民沈某收到微博私信说她中奖了，但没说到底是什么奖品，只说 20 天后未领就视为主动放弃领奖。沈某马上向对方咨询，对方也迅速回复："恭喜中奖，现在可以获得翻倍返现机会，可以看我主页用户中奖参与流程和可参与额度，确定是否需要参与。"沈某打算选择额度为 5 000 元返 12 222 元的这一档，她完全没有防备意识，反而想着怎么给对方转账，因为支付宝限额，沈某扫对方发的支付宝收款二维码转了 1 000 元，后又用微信扫二维码转 4 000 元。后来对方又说这样还不如升级为 7 000 元返 22 222 元，沈某相信了对方，又用微信给对方转了 2 000 元，但稍后对方却说这一档次已经没有名额了，10 000 元返 22 222 元还有名额，于是沈某又在微信上转了 3000 元。第二天早上，沈某点开对方主页，发现这个用户已经不存在了，这才意识到被骗了。

另外一种诱导式网络谣言多具有道德绑架的特点，含有"快转发给亲友""中国人必转""转发后一生平安""转疯了""必转""百万人流泪""转到你的朋友圈朋友都会感激你""帮忙转发""99%的人都该看!""都转一下""看了快转"等字样。2022 年山东济宁贴吧、论坛、微信朋友圈等相继出现一则"黄河涯乡被偷三个孩子，临河庄丢失两个孩子，德州市区被偷五个孩子、宝马车在各学校门口抢孩子"的消息，在社交媒体中传播，引起广泛关注。网传信息描绘得"有声有色"，仿佛亲眼所见，不少网民跟帖表示非常恐慌。后经济宁市全媒体辟谣平台辟谣，该消息早在 2018 年就已在网络上传播，均被证实为谣言，后经过山东济宁警方查证，谣言中提到的黄河涯乡目前已不存在，同时文中涉及的人物身份也是虚构。② 2018 年，微信朋友圈中疯传一张小女孩在派出所里的照片，还附文字称"花园路派出所接收一名走失女童，孩子说不出父母电话和家庭住址，有认识的帮忙联系转发"。这张照片在山西、河南、四川等地都有传播，出现了多个版本。而根据四川自贡警方通报称"在自流井区东方广场看到一个走失小女孩，经简单了解，发现小女孩姓黄，7 岁左右，居住在沿滩新城小区，故将小女孩带至派出所求助"，民警在接警后于

① 转发微博参加抽奖的诈骗手段，你中招了吗？[EB/OL]. 扬州网警，https://mp.weixin.qq.com/s?__biz=MzIyMTAyODc2Nw==&mid=2652209449&idx=3&sn=6e3cc00c770752099169f1030f0458e3&chksm=8c2229d9bb55a0cf7a47667205e04bed28a4d6bd09cac15f1e488ce8901f4bda30beca8efba9&scene=27,2018-04-17.

② 有团伙专门"偷小孩""挖内脏"？谣言！[EB/OL]. 济宁市全媒体辟谣平台，http://www.sdjubao.cn/slyy-bgt/7354.html,2022-11-22.

当日 16 时许寻找到孩子家长，并由其家长带回。

近些年，类似的“丢小孩”的网络谣言已屡见不鲜，每年也都有各大媒体和公安机关辟谣，但为什么还是会不断地有人转发，其实这类谣言就是利用了人们的道德感、责任感，因为这类网络谣言中常常除了“求转发”“帮忙转发”字眼之外（图 2-4），还涉及“孩子”“丢失”“器官”等扎眼词语，同样的文字，改变一下无关紧要的信息，模糊一下关键信息，人物和电话稍加改动，就变成了各地流传的各种版本的谣言，很容易引起恐慌和谣言扩散。

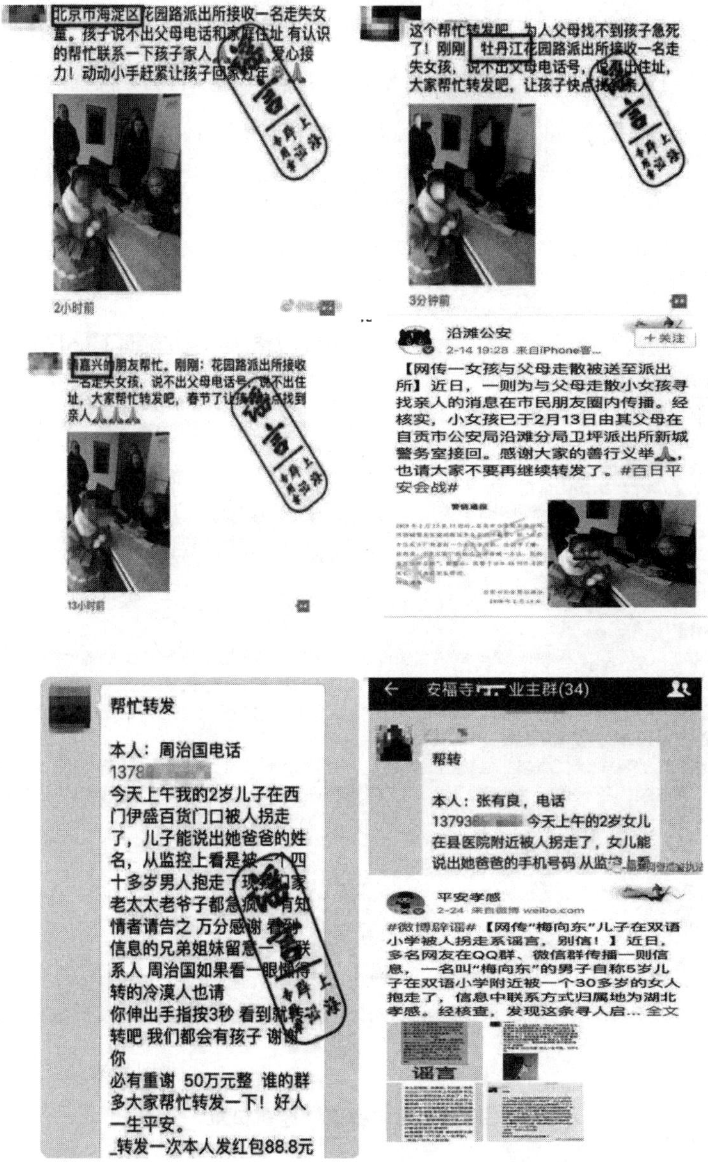

（图片来源：上海辟谣平台、微博）

图 2-4 屡见不鲜的“丢小孩”网络谣言

三、“敲警钟”式话术

“敲警钟”式网络谣言话术，在用词上多使用“警告”“警惕”“要疯了”“接下来很有可能”“提醒早做准备”“即将出现”“重大利好消息”“马上大爆发”“紧急通知”“神奇”“竟然”“王炸”等，这类话术在本意上具有提示、提醒的意思，多披着“正能量”的外衣，迷惑性更强，多出现在“食品安全”“治安安全”“自然灾害”“社会民生”“公共事件”等方面。2021年，有网民在网上传播一则所谓的“警告”内容，该“警告”（图2-5）称“有人挨家挨户分发口罩，说这是当地政府的新举措，要你戴上看看是否合适”，又称“口罩已经被加上了化学物质，会把你迷晕，一旦你被迷晕，他们就会开始抢劫你”。[①] 此类“警告”在疫情防控期间，接连在上海、山东、广西、河南、西藏等国内多地均有流传。

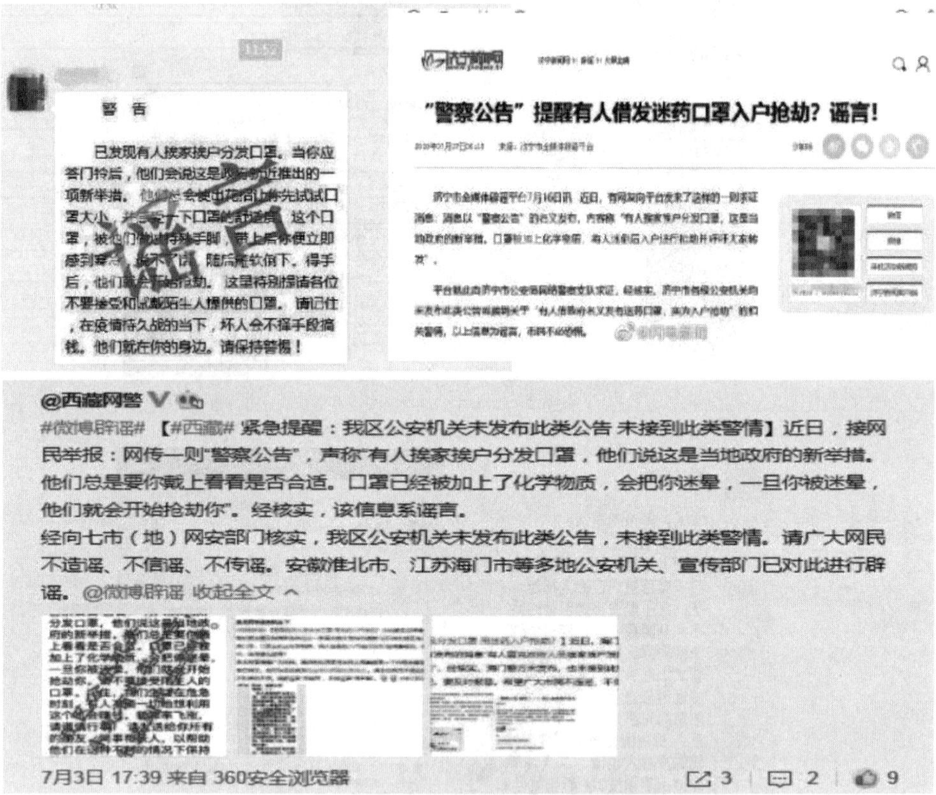

（图片来源：光明网、微博）

图2-5　官方辟谣“迷药口罩”

① 有网民在网上传播一则所谓的“警告”内容 长沙警方辟谣［EB/OL］. 百度，https://baijiahao.baidu.com/s?id=1707226013177302000&wfr=spider&for=pc，2021-08-05.

另外还有一种“敲警钟”的话术是采用图片编辑方式，将原本真实的图片中的信息进行技术处理，替换原图中的内容，以“提醒”的方式告知公众。2020 年 12 月，一网民将南京禄口国际机场在接机口处提示牌中的“请来自四川省成都市郫都区的旅客主动到此申报登记”内容改成了“请来自四川省成都市的旅客原路返回”，并在网上进行传播，引起热议，激化矛盾。经过对比真假两图来看（图 2-6），虽然该造谣者将真图中的汉字内容进行了修改，但是英文却没有改动，要么是有鱼目混珠之意，故意不改，要么是英文水平太差，不会改，无论是什么原因，对于细心、严谨的网民来说，这属于典型的破绽。

（图片来源：澎湃新闻）

图 2-6　南京禄口机场真假提示牌

这种仅改动原图文字信息的谣言，比微信朋友圈里的纯文字信息谣言更逼真，提示板周边的环境是真实的，提示板的位置也是准确的，如果有网民还恰好从旁边路过，还会形成此处确实有提示板的印象，即使他对提示板上的文字信息没有太留意，他也会对谣言的图片深信不疑。网络谣言的形式越来越复杂，从简单的网络帖文到附带视频和图片，再到各种网络图文、视频技术加持，导致越来越难以分辨。

四、“链接式”话术

一些网络谣言还善于使用第三方链接技术，将虚假信息恶意链接在图片、广告、信息弹窗之中，而“虚假网站”便是这类谣言信息的载体，这类谣言的炮制者多为实施网络诈骗的嫌疑人，他们通常通过仿制官方或者银行等“虚假网站”，并发布一些事关公民权益、利益的信息弹窗，让网民点击，从而实施犯罪行为。比如 2022 年 12 月，中华人民共和国民政部官方发布了“近期各地出现了仿冒民政部官方网站的虚假网站。假冒网站上出现了在线申请2022工资补贴声明等弹窗，请网友不要相信此类假冒网站宣传的信息内容”的提示（图2-7）。此诈骗套路通常为，假借民政部往期发布的通知，制作仿冒页面，并在假冒界面增加弹窗，诱导群众点击弹窗，输入个人敏感信息，进行诈骗活动。

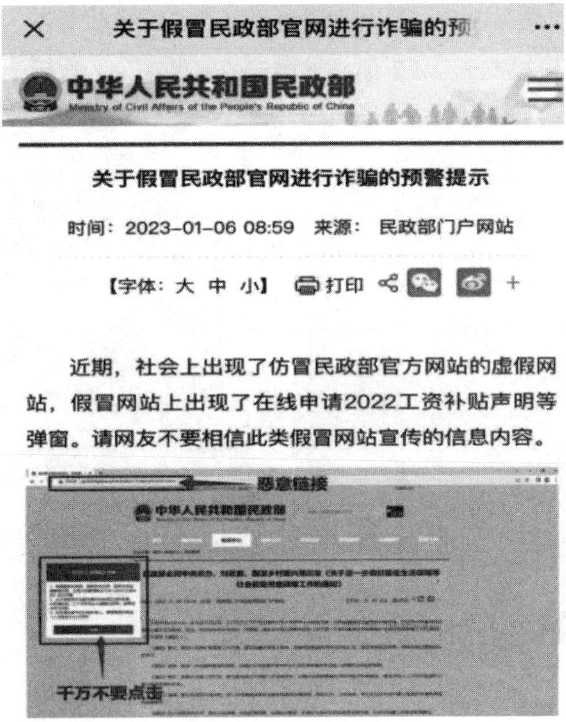

（图片来源：中华人民共和国民政部）

图2-7 民政部打假防冒网站

近年来，类似采用网络谣言恶意链接实施诈骗的不止一例，例如收到邮箱发来的“补贴50元/天”“补偿”等链接都是近年来出现的链接式谣言信息，大多数情况下，链接的后台会收集网民个人信息、银行卡信息，之后便会通过发送验证码等方式，盗刷银行卡。这类诈骗以网络谣言为载体，这类谣言又多与事关个人利益的“发放补贴”等相关，很多人认为有利可图，就放松了警惕，所以把信息填写进对方提供的网页里提交，中招了还浑然不知。今后再收到此类消息时，应该先跟相关部门进行核实，不要随便提供个人信息、银行账号信息、短信验证码等，防止被骗。此外，还有一些网络谣言为了躲避网络监管，特意对文字进行加工，比如0（数字）用O（字母）来代替，文字之间用空格（间隔）或标点符号隔开，文字内容采用简体字与繁体字组合等，总之，看上去文字很别扭。

此外，在很多手机应用App里也有一些隐藏的链接，这类链接冠以“广告”出现，但是提示的字体或者“广告”两个字非常小，非常具有误导性。比如在某应用的推广视频中，新人下载浏览器就有机会领取最高68元的大红包，然后在视频中，68元的红包赫然出现在一台手机屏幕上，领取成功，但是如果仔细观察便会发现，该推广视频非常具有诱惑性，一是要求从视频下方链接下载才能赚钱；二是非常小的“广告”两个字在视频的最左下角（图2-8①），而且在视频和文字分割线处，有两段故意让人看不清的文字，字体小且和推广视频中的人物服装有了撞色，如果不仔细或者放大去看，很容易忽视。这两行字的原文是：内容仅为广告创意，具体金额以活动规则为准，请勿充值转账。近年来，涉及虚假宣传的相关案例非常之多，通过黑猫投诉平台查询，涉及红包、小红包等关键词信息多达14万多条。还有一些“领”红包的推广视频，除了诱导用户下载App之外，还要求用户充值会员，2023年1月，深圳网警巡查执法、柳州网警巡查执法、新疆网警巡查执法、山东荣成警方在线等官方账号，均发布了“红包类”诈骗预防提醒，在红包类诈骗中，经常使用的话术就有“领红包，充话费”“送钱”“现金礼包”“AA红包”“666、888、999等高额红包”“邀新人，赢红包”等，一旦打开，不是植入病毒就是跳转外链，就入了骗子的圈套（图2-8②）。

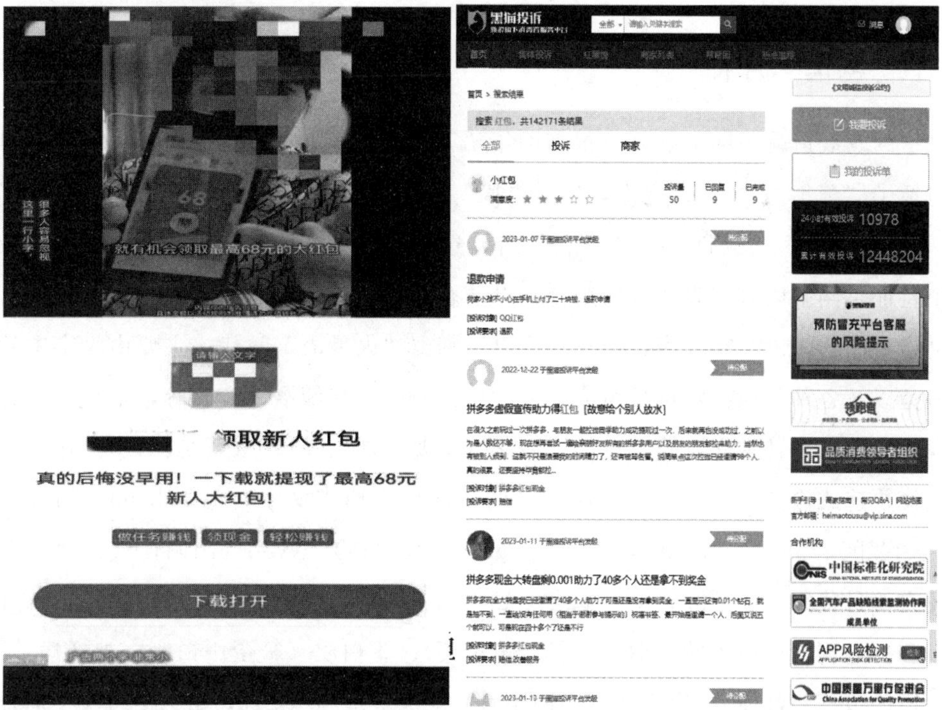

（①图片来源：某音App弹窗广告截图、黑猫投诉平台）

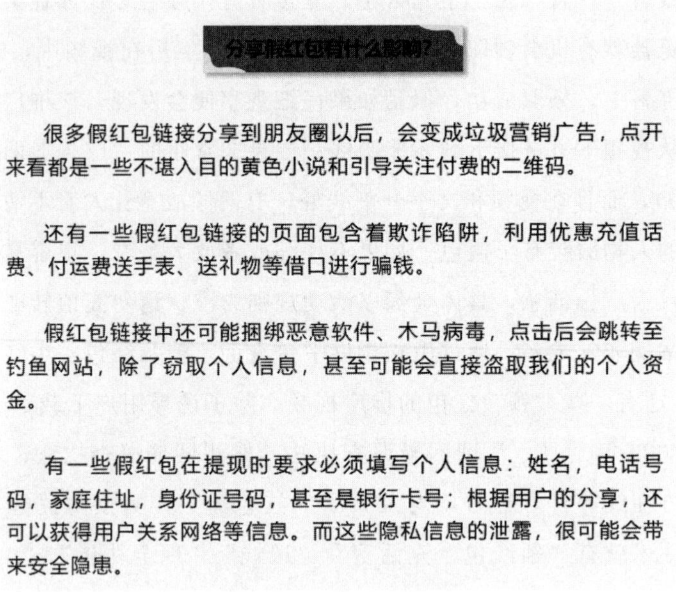

（②图片来源：深圳网警巡查执法官方账号）

图 2-8　App 领红包“广告”及警方提醒

五、“密语”话术

网络的发展造就了网络语言，很多网络语言具有时代性和故事性，如 2019 年网络热词就包括了“美年达”“黄台之瓜，何堪再摘”“鸡腿姑娘”“我太难了”“位面之子”“芒果人”“明言明语”“SSFD”“雨女无瓜”等，这些网络语言被使用只是其次，当前最主要的一个特征是网络语言与表情包的结合，以动态图等形式来展示网络语言的内涵。

网络中的“密语”有很多，最早的可以追溯到“火星语”时代，主要由汉字中的繁体字、偏旁以及各种其他特殊符号组成，有时还会使用一些俚语、方言等，常见用于各种账号的昵称、签名和日常交流等，比如表酱紫（不要这样）、9494（就是就是）。还有一些则是为简便快速或偷懒或装可爱，取注音中的声母代表原本文字，例如 hsbd（胡说八道）、rmb（人民币）、nbcs（nobody cares）、yyds（永远的神）、yygq（阴阳怪气）等，更为复杂的还有符号代字，如“99，3q，偶会＋U!”（意思是：“舅舅，我会加油的!”）。此外，还有一些拆分词，如白骨精（白领＋骨干＋精英）、蛋白质（笨蛋＋白痴＋神经病）、理都懂（你说的道理我都懂）、你懂的（心照不宣）等。2022 年 12 月，由《语言文字周报》评选出的“十大网络流行语”新鲜出炉，栓 Q、老六、PUA、冤种、小镇做题家、“退！退！退!”、某某刺客等成为很多公众的日常口头禅，如果经常不上网的人，可能会有点不知所云。比如“刺客”原指“用武器进行暗杀的人”，“某某刺客”的产生与认知隐喻有关，一些外表普通、未明码标价的高价商品，就像刺客一样具有隐藏性，在结账时以远超预期的价格突然“刺”消费者一剑，使其钱包和心理都受到了伤害。如“雪糕刺客”“水果刺客”等。“某某刺客”突出了事物带给人的刺激与不适感，也反映了大众消费心态的转变，对“某某刺客”要敢于说“不”，进行抵御。[①]

从上文中可见，我们的网络生活与我们的现实生活越来越密切，网络流行语言的背后总能在现实生活中找到影子，它已成为一种网络独特的精神文化现象，在产生原因上既有对现实生活的批判，也是对特定社会情绪的宣泄，或褒或贬，或正或负，都是不同群体面对不同热点事件的群体感受，之所以在某一时间段内能够成为一种潮流，其中价值共识、情感共鸣的作用不可或缺。在众多网络流行语之外，还有一种网络语言要特别警惕，那就是“饭圈黑话”，饭圈，即粉丝对自己所属的追星群体的统称，而他们中的一部分人却在网上使用侮辱性语言、捏造事实，去主动贬低其他明星。北京互联网法院发布的《“粉丝文化”与青少年网络言论失范问题研究报告》指出[②]，饭圈创造了很多独特的交流语言，如本命（指的是自己最喜欢的那一个偶像）、私生饭（特别关注偶像的私生活，甚至会跟踪、偷窥、偷拍明星的生活日常）、路人粉（对某个偶像有好感，但是并不能算粉丝，心态就像是路边打酱油经过的）、wlsw（外来生物，贬义词，讽刺某个人不合群）、墙头（除了本命之外，自己也有好感的明星，但不会像对本命那样付出）、控评（粉丝控制评论，抢占舆论高地，把好的评论点赞、回复或者搬运，使其上热评，对不好的评论要么不理睬，要么举报）等（图 2-9），“饭圈”粉丝群体在网上互撕谩骂、应援打榜、造谣攻击等问题屡见不鲜，主要存在 5 类乱象行为：诱导未成年人应援集资、高额消费、投票打榜等行为；“饭圈”粉丝互撕谩骂、拉踩引战、造谣攻击、人肉搜索、侵犯隐私等行为；鼓动“饭圈”粉丝攀比炫富、奢靡享乐等行为；以号召粉丝、雇佣网络水军、“养号”形式刷量控评等行为；通过“蹭热点”、制造话题等形式干扰舆论，影响传播秩序行为。[③]

此外，在移动互联网时代，图像文本“密语”还经常以网络表情包的方式呈现，依托社会热点实现更新换代。网络表情包通常以简洁、有趣的图片承载复杂的信息和内涵，受众更易识记和理解，它适应了现代社会人们的交流需求得以广泛传播。表情包文化悄然兴起，作为新兴的流行话语体系，网络表情包借助即时通信软件，已成为大众在日常工作和

① 陈俊余. 2022 年度“十大网络流行语”新鲜出炉［EB/OL］. 光明网，https://m.gmw.cn/baijia/2022-12/17/1303227341.html,2022-12-17.

② “粉丝文化”与青少年网络言论失范问题研究报告［EB/OL］. 中华人民共和国国家互联网信息办公室，https://m.thepaper.cn/baijiahao_5292496,2019-12-19.

③ 浙江开展“清朗·‘饭圈’乱象整治”专项行动［EB/OL］. 中华人民共和国国家互联网信息办公室，http://www.cac.gov.cn/2021-06/30/c_1626639177482348.htm? from=singlemessage,2021-06-30.

生活中信息传播的重要形式之一,[①] 它的更新速度快，在未来将成为一种文化输出，承载了年轻一代更多的交流需求，改变了人们的表达和交流方式，并对公众的网络交往和表达产生深远的影响。

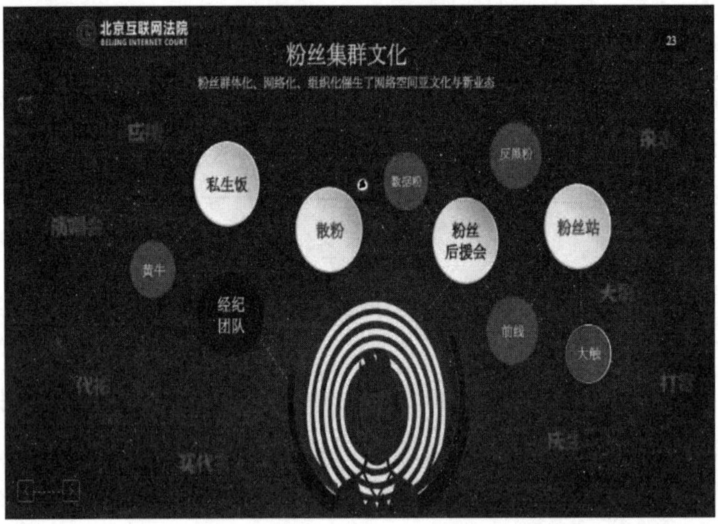

(图片来源：澎湃新闻)

图 2-9　粉丝集群文化

第四节　真相开始传播时，谣言已经跑了半个地球

一、网民猎奇背后的求知与探索

谣言一出，各种评论、跟帖、转发就会接踵而至，一个传播迅速的网络谣言，其背后都是谣言制造者对人心、人性的精准把握。人天性好奇，有猎奇的心理，正如“狗咬人不是新闻，人咬狗才是新闻”所言，人们更偏爱新奇的信息。易于传播的谣言契合了人类这种天性，那些虚假又新奇的信息，颠覆认知或引发认知冲突，更易引起注意，同时满足了人们的猎奇和八卦心理，这样的信息常成为谣言的来源。[②] 人们为什么会猎奇？关于这个问题，有很多种说法，目前比较流行且被大多数学者认同的是，人的天性——求知欲和探

① 陈世华，熊孟元. 网络表情包的传播特征与社会影响［EB/OL］. 人民网，http://media.people.com.cn/n1/2017/0824/c414002-29491875.html,2017-08-24.

② 昭德心理. 为什么谣言总是深得人心［EB/OL］. 百度，https://baijiahao.baidu.com/s?id=1703897450594235593&wfr=spider&for=pc,2021-06-29.

索欲。

自从地球开始有了人类，人们就在不停地探索，求知探索欲与生存欲可以称为人类自身生存和发展的两大内部动因，比如原始人开始探索使用火，以便自己能够生存，古代哲学家们探索的是人的终极——“我是谁，我要到哪里去，我和这个世界的关系是什么?”等问题；婴儿一出生，为了满足基于依恋需要的基本安全感，便开始了对周围世界的探索。求知欲和探索欲对人来说是很重要的精神需求，当人们开始懂得自己，认识自己，了解自己的认知和能力的有限性时，在面对未知、庞大、复杂且充满不确定性的世界时，求知和探索的欲望就是一件水到渠成的事情。

人们通常说，孩子的求知欲和探索欲要超过成年人，这是因为，面对未知，孩子自己就身处其中，看到的更多是憧憬，它们以最充分的形式被感受着，并预感它们能够实现，或至少和自己有关。网络的复杂性、多样性、不确定性的程度与现实世界相当，面对网络世界，我们多数人可能更像是孩子，每个人都在用自己或简单，或复杂的方法去探索网络。

网络谣言以其新奇性和爆炸性吸引公众眼球，因此，当人们在网上看到了新颖、新鲜、新奇的信息时，为了求证和探索信息，可能会转发给朋友、亲人，于是乎“谣言传播圈”就形成了，从一个点向周围的点散布，被散布的点又会成为传播点，就这样，人的求知、探索成为网络谣言传播的帮手。相对于网络谣言，辟谣本身又是对同样的信息进行澄清，在某种程度上可以说是“老话题”了，是“过时了的信息”，对于很多人来说，没有了新鲜性、新奇性，之前本就过度的关注和传播，已经让人们产生了信息疲劳，辟谣信息关注度也不像网络谣言那么高。

二、网络谣言传播的技术推动

网络的特性在促进谣言传播方面“功不可没”，自有网络以来，各类网上谣言就不绝于“眼”，有的怪诞离奇，有的愚妄可笑，有的耸人听闻。但这些谣言最终是“昙花一现”、相继被揭穿“现形”，有的肇事者还被公安机关依法处理。从某种程度上说，网络谣言的产生与网络的某些特性有关。平等性，使得每个人都能成为消息发布者；虚拟性，让谣言有了快速传播的“通道”，毕竟，伪装身份、不用负责、难以溯源等让人们可以肆无忌惮。网络世界的虚拟性，将人从现实世界中剥离，把人带入了一个自主、自在的全新空间，在这个空间中，通过“比特”（计算机专业术语，是信息量单位）形成了数字化存在物，其中就包括网络谣言，也是“虚拟人”在“虚拟空间”的“虚拟实践”产物。网上虚拟生活在某种程度上不受现实生活中社会关系的限制，例如，在青年学生喜欢的各种网络游戏中，他们不仅可以自由选择职业，同样也可以当老板、当明星，而且，在网上交友聊天由于不直接接触，都会展示自己最好的一面，甚至有人会装出优秀的一面。网络的虚拟性使网民的身份被隐藏，似乎没有面对面的尴尬和对法律的顾忌，就可以为所欲为，作为虚拟的网络社会，其中的各类信息源是不确定和复杂的，因此很难形成一个具有中心作用的中坚意见；快捷性，使得一则谣言可能会一夜之间传遍世界；传播手段的多样性，更使论坛、聊天室、电子邮件、即时通信等经常被谣言制造者加以利用。凡此种种，网络谣言的快速传播便有了可能。

网络监测技术的不成熟性为打击网络谣言传播带来了难度，当前网络监测主要是通过锁定关键词等形式进行的，由于网络语言的不唯一性，比如，网络语言的数字化、符号化、图像化、融合性，会让谣言本身更加复杂，甚至会出现新的传播方式，正是这种互联网技术的不断发展，才使得“网络谣言这种长时间以文字为主要方式的传播形式，开始向图像化传播转型。图像传播从一开始对文字传播的辅助和补充，到现在已经成为信息传播的主要方式……图像不同于文字信息，它是一种空间性的传播符号，更容易表明含义，而且容易让信息接收者产生联想”。[①] 此外，再加上网络公关公司、网络水军等利益群体的存在，推红网络上的某人和某事件，或者以删帖、删新闻等方式为雇主进行危机公关，甚至以匿名的方式在网上诋毁、攻击对手等，让网络谣言传播的治理变得更为复杂。

辟谣相比谣言的语言表达，更注重结论，轻过程，这是辟谣的艰难之处。谣言往往通过不断重复，从而达到对受众的重复性记忆。但是，辟谣不行，辟谣要严格遵循正式宣布的固定形式，还要顾忌那些单纯为辟谣而辟谣可能引起的反作用，包括可能让不知道谣言的人了解谣言，或者让那些信谣的人坚信谣言，比如“微博辟谣多采用直陈结论和一段定性式叙事，而不详细介绍辟谣细节以及谣言的前因后果，难以判断其是实证调查还是简单推论而来，仅有结论而缺乏过程的辟谣是难以让人信服的。当前实际运用的辟谣叙事手法与受众的认可方式还存在一定误差”。[②]

三、网络谣言传播的群体力量

法国社会心理学家古斯塔夫·勒庞创作的《乌合之众》一书中指出，让人们相信谬误很简单，就是不断地重复，因为人们很难分清楚是熟悉还是真相如此，也就是我们常说的“随大众”“随大流”，即沉浸在群体中的每个人都会把自己的行为责任归因为情境，而并非自己的选择。人们会觉得“大家都这么干，那我这么干也是理所应当”。[③]

---

① 赵建东．网络谣言图像化传播的形式和特点研究［J］．传播力研究，2018，2（23）：247．

② 安萌．网络辟谣的文本构成与表达特征分析——基于微指数筛选鉴定的1400＋辟谣文本分析［J］．新闻研究导刊，2020，11（20）：71．

③ ［法］勒庞著．乌合之众［M］．戴光年，译．武汉：武汉出版社，2012．

群体表达感情的平台在互联网的时代有所改变，网络拓展了人们表达感情的方式，人们不再局限于或聚集在某个地方，现在可以随时随地在各个社交平台对某事发表自己的想法。这也意味着，人们接触的群体种类越来越多，网络谣言传播者们在群体中，以立场来选择相信，可谓群体立场就是真相，常识不重要，科学不重要，真相也不重要。《乌合之众》一书中描写道："群体盲从意识会淹没个体的理性，个体一旦将自己归于该群体，其原本独立的理性就会被群体的无知疯狂所淹没。"当个体遇见并融入了群体，个体的个性化特征便会被群体的思想所淹没，即："群体精神最需要的不是自由而是服从……他们容易被暗示、被误导，呈现出低智力化；相信并散播不实的谣言，也很容易情绪化，做事不计后果、肆意妄为……盲目、冲动、狂热、轻信是群体化的标签。"

四、网络谣言传播中的情感因素

一般来说，任何信息都带有传播者的情感和态度，有时候，网络谣言的传播就是情感动员的过程。有些谣言的传播并不单单是从一个朋友圈转发到另一个朋友圈，其背后，可能还有着"情感输出"。网络中的信息是轰炸式的，人们每天面对大量的信息，对能引起"共情"的信息更为敏感，也更能引起人们的注意，而网络谣言大部分具有能够引起"共情"的特征，毕竟，抓住人们眼球的关键是抓住人们的心，"共情"的网络谣言在信息洪流之中更容易凸显，也更容易激起人们的情绪，当"共情"的情绪占据了上风，激发起了人们的代入感，转发、分享便有了可能，有时候，某些谣言确实是用情感人。2020 年 3 月，一个男孩蹭网的视频在网上广泛流传，视频讲的故事发生在内蒙古呼和浩特，一男子发现自己家的 wifi 被蹭了，网速变得很慢，于是就改了密码。然后男子第二天从外面回家，在门口突然发现一张便签纸条和一袋子鸡蛋，只见纸条上面写着："叔叔，你家密码换了，我上不了网课，我爸爸妈妈都去当志愿者了，家里没安网线，这是我奶奶给你买的鸡蛋，希望你别嫌少。谢谢叔叔。"2022 年 5 月，这个梗第二次炒作发生在了上海，同样的故事、同样的情节、同样的台词，这些视频的炮制者甚至都懒得改动个别字句，直接简单粗暴地复制抄袭。即便这样仍然感动了无数善良的网友。有的人甚至准备给那个根本不存在的"蹭网男孩"捐款捐物，网友的善心再一次被利用。

还有一些网络谣言的炮制者会利用普通网民信息渠道不畅等，激发出人们对某些特定事件的恐惧，这类谣言多出现在自然灾害、公共卫生事件、战争等事件当中，这些事件与每个人的生存、生活息息相关，同时其危害往往又是不可见的，甚至超出了普通人的理解能力，面对这些事件中所隐含的未知凶险，大部分人都会产生恐惧感，当人们在面对这些危机事件时，为了在心理上做好预期，急需通过各种相关信息来建立起思想和心理上的防御机制，这时候，谣言可能就会变得日常化了，无时不在，无处不在。

除上述的案例之外，还有一类网络谣言善于利用网民的愤怒和怨恨情绪，愤怒和怨恨并不是单单指网民针对某件事情的愤怒或者怨恨，其中还包含了复杂的社会问题，比如教育、医疗、住房、收入等，在这些领域中，别有用心者很容易通过编造一些虚假信息，抓住社会不同群体的不满情绪，人们因共同的怨恨情绪集结成“道义共同体”[①]，“怨恨批评不会对内在价值和品质做出任何的肯定、赞赏和颂扬，仅是一味地否定、贬低、谴责”。[②]

---

① 解迎春. 谣言中的社会负面情绪与理由给定探究——以微信朋友圈为例［J］. 今传媒，2021，29（06）：23.

② 成伯清. 从嫉妒到怨恨——论中国社会情绪氛围的一个侧面［J］. 探索与争鸣，2009（10）：49.

第三章　网络谣言传播、制造主体及影响人群

第一节　都是谁在传播网络谣言

一、网络谣言账号

在网络发达、信息畅通的时代，很多人都喜欢通过网络平台分享故事、发表言论……第 50 次《中国互联网络发展状况统计报告》显示，截至 2022 年 6 月，我国网民规模为 10.51 亿，互联网普及率达 74.4%。进入互联网时代，我国网民迅速增长到“10 亿+”的超大规模。尤其是自媒体的兴起，人人皆可发声，网络空间俨然变成一个错综复杂的“信息大锅菜”，谣言也泛滥起来。数据显示，在 2022 年 11 月，微博、腾讯、抖音、快手、百度、哔哩哔哩、小红书、知乎、豆瓣等重点网站平台共处置传播网络谣言账号5 400 余个。这些账号大致可分为三种类型，一是境外媒体和境外社交平台；二是部分不法商家，他们为了污名化竞争对手；三是一些营销号，他们为了博取关注和流量。

根据上海市互联网违法和不良信息举报中心发布的数据显示：“2020 年上半年，上海举报中心及重点网站总计收到社会公众举报的各类违法和不良信息 280 万条。在传播方式上，主要来源于圈群传播，占比 91%，微信朋友圈已成为谣言的重灾区，容易在‘熟人圈群’形成链条式传播，而微博则成为谣言在公开平台传播的首选地。”

二、谣言账号的从属者

当下，几乎每个人的手机都安装了微信，微信给我们的生活带来了很多便利，尤其是微信群的建立，让群聊沟通方便不少，一个微信账号对应的是一个人吗？答案当然不是，通常是一个人拥有两个甚至是多个账号，但是，却有人利用微信群的便利，自编自演，自问自答，捏造一些不实信息。比如在 2022 年 9 月，网传“深圳明天宣布全市静默 3 天”，引发网民关注。经核，该信息不属实，经调查，是网民姚某某为博取关注，一人使用两个

微信号，以对话的方式编造了上述不实信息，并截图发送至微信群；网民李某某未经核实，将该截图加工后进行转发，造成大量传播。自问自答通常是微信引流的一种方式，一人以某个问题需求求助大家切入，还有图有真相，最后为了塑造一种权威感，创设出来一个具有某种身份的人，从而让其他人感觉不会是忽悠人，打消了大家的顾虑。

除了这种自编自演的网络谣言之外，还有一部分账号从属于“网络水军”（图 3-1），“网络水军”指的是在网络中针对特定内容发布特定信息的、被雇佣的网络写手，由最初简单的发帖“灌水”逐步发展而来。现在，“网络水军”违法犯罪活动的突出表现形式包括造谣引流、舆情敲诈、刷量控评、有偿删帖等。然而，受“流量经济”“粉丝经济”等因素影响，在社交平台群里，还是会出现类似这样的小广告：“招合作伙伴，教最新引流技术，单机日产三百粉，按计划去做保证日入 1 000＋”……“网络水军”相关违法犯罪活动仍屡打不绝、屡禁不止，有的“网络水军”为“养号”牟利，通过发布违法有害信息“造热点”“蹭热点”，意图操控或扰乱网上舆论秩序；有的利用炒作负面信息实施敲诈勒索，侵害群众合法权益；有的非法提供有偿删帖和刷量控评炒作服务，破坏市场经济和社会管理秩序。

图 3-1　网络水军

网络公关公司是“网络水军”的幕后老板，负责接收“客户”请求，策划组织网络炒作、有偿删帖等活动；“写手”熟悉网民心理，专职撰写、提供炒作素材；“水军”是网上炒作活动的具体实施者，以网上有偿发帖牟利，“网络水军”活跃在社交平台，甚至形成职业化的黑色产业链。近年来，随着国家打击力度的加大，此类现象已得到一定遏制。2021 年，公安部在全国部署开展“净网 2021”专项行动，依法严厉打击非法黑公关等

“网络水军”违法犯罪，依法关停“网络水军”账号620万余个。[①] 2022年6月，为回应社会关切，进一步遏制“网络水军”及相关黑灰产业的滋生蔓延趋势，切实维护网络生态、市场经济秩序和广大人民群众合法权益，公安部网安局在全国范围内启动为期6个月的依法打击整治“网络水军”专项工作。共侦办“网络水军”相关案件550余起，关闭“网络水军”账号530余万个，关停“网络水军”非法网站530余个，清理网上违法有害信息56.4万余条。[②]

三、网络谣言的二次传播者

胡编乱造、移花接木、断章取义等是造谣者惯用的手段和伎俩，以此达到蛊惑人心的目的。谣言猛于虎。不少人或许觉得，面对不确定的信息，宁可信其有、不可信其无，顺手转发是出自善意，殊不知，在自己无意的转发中，自己已经成为网络谣言的“二传手”。身在网络之中，每个人都是一个传播节点，多样的生成途径、多样的呈现形式，造就了网络谣言“二次传播”极大的灵活性。网络谣言的“二传手”是网络谣言的盲从者，他们对信息认识存在一些不足，在不考虑事情真伪的情况下，多会采用“复制粘贴”方式原文转载，盲目地进行传播扩散，造成谣言的二次传播。此外，网络谣言间隔一段时间之后，常常换着表述方式重复出现，而网民对这些事件跟风评议，容易陷入集体盲从状态，且对真伪不明的信息网民转发具有较大随意性，对信息真实性往往表现出冷漠、不关心态度。

除此之外，有些网络谣言是通过“三无”账号（没有实名认证、没有绑定手机、没有绑定邮箱的账号）发出的，在网络世界中，“三无”账户被掌握在某些平台公司或者个人手中，他们通过在P2P网络中建立多个伪造身份，利用节点之间的相互关系绕过信誉机制系统，而进行网络谣言的传播。僵尸用户造粉、水军引流刷单、网络马甲喷脏、山寨账号诈骗……在网络时代，互联网账号是用户身份的象征，违规、虚假的用户账号成为滋生互联网违法犯罪的土壤，“2012年9月，国家网信办就对一批冒充‘CCTV焦点访谈’和以知名媒体人士、知名节目主持人名义开设的4 000多个虚假微博账号进行查处关闭”。[③] 2022年国家网信办颁布了《互联网用户账号信息管理规定》，在就2015年3月1日施行的《互联网用户账号名称管理规定》基础上，强调“互联网信息服务提供者应当依照法律、行政法规和国家有关规定，制定和公开互联网用户账号管理规则、平台公约，与互联网用户签订服务协议，明确账号信息注册、使用和管理相关权利义务”。这一变化，无疑是我国这些年来网络实名制规定趋严的体现，随着该规定的实施，“三无”号得到了有效的治理。

---

① “净网2021”专项行动重拳打击网上突出违法犯罪［EB/OL］. 新华社，http://www.gov.cn/xinwen/2022-01/15/content_5668293.htm，2022-01-15.

② 公安机关2022年侦办“网络水军”相关案件550余起［EB/OL］. 中国新闻网，http://www.chinanews.com.cn/gn/2023/01-13/9934446.shtml，2023-01-13.

③ 王硕. 互联网用户账号名称管理规定6年后修订　网络实名制规定趋严趋细［N］. 法治日报，2021-11-11.

四、“打擦边球”的自媒体用户

自媒体准入门槛低、用户数量大，良莠不齐。一些自媒体账号通过仿冒、打擦边球的方式，发布一些博人眼球的视频内容，其目的就是获得更多的关注、更大的流量。在部分短视频平台或者资讯平台中，长期存在着“今日新闻社”“华中快报”“杭州新闻头条”“中央新闻联播”“营养快报”“科技快报”等名称的账号，看上去这些账号有模有样，很像一些媒体的取名风格，实则上全部是狐假虎威，打着擦边球，博人眼球，赚取流量。比如，在以下两张图（图 3-2）中，可以看出，真正的官方账号都会有一个标识，表示为官方认证，而一些账号名称中含有“新闻”“报”“在线”“要闻”“资讯”的自媒体，却没有官方认证标识，常以假乱真，引发舆情。资料显示，2022 年 3 月，周口市网信办依法处置“爱周口”“周口电台交通广播”两个违规自媒体账号。经核查，“爱周口”“周口电台交通广播”是个人注册的自媒体搜狐号，存在未经许可从事互联网新闻信息服务、关联冒用官方机构名称标识等违法违规行为，误导社会公众。[①]

（图片来源：抖音、今日头条）

图 3-2 真假官号如何区分——看认证标号

除了抖音、今日头条之外，2020 年焦点访谈报道还有一些网络平台也存在类似的“打擦边球”的问题，比如在新浪微博中，“人民通讯”冒充官方媒体账号，内容、简介、

① 李磊．这些账号长得太像媒体了！起名别打擦边球！［EB/OL］．新浪微博，https://weibo.com/ttarticle/p/show? id=2309404785103128888067,2022-06-27.

头像等都是在冒充新闻媒体，经过调查分析，它通过一些黑色产业链购买僵尸粉，粉丝有27万多个。该账号打着媒体的名号，号称能够为企业维权，实际上是为达到不可告人的目的。这些冒充媒体的账号本身对网络秩序有着极大的危害，比如新浪微博上一个叫作“深度news”的账号，注册主体是广州一家公司，粉丝数量有33万个，这个账号发布了多条屡屡被证实为假的消息（图3-3）。

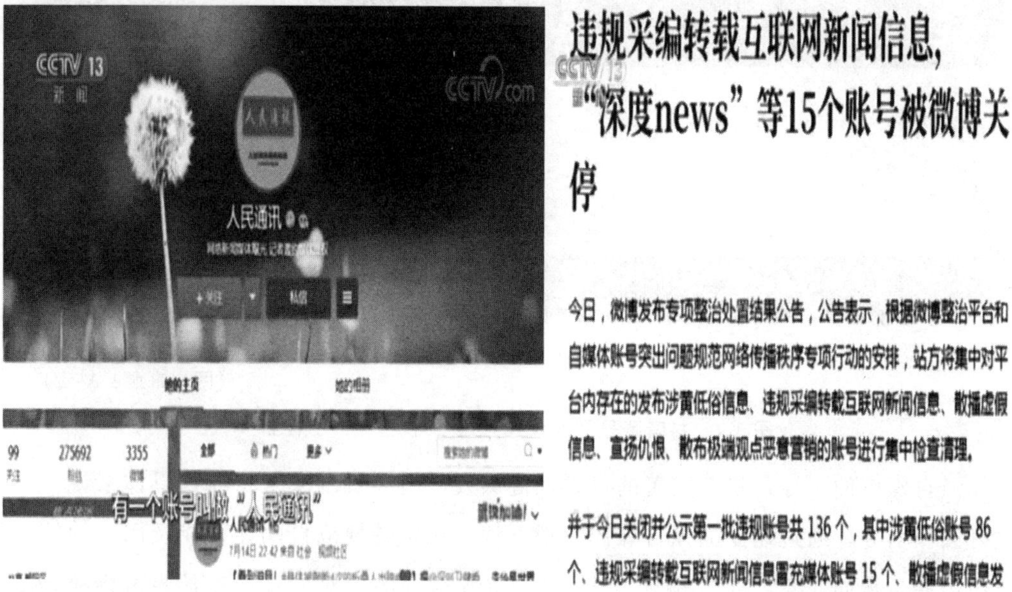

（图片来源：中央电视台《焦点访谈》）

图3-3　“人民通讯”等冒充官方媒体，发布虚假信息

为了规范互联网用户公众账号信息服务，2022年，国家网信办发布新修订的《互联网用户公众账号信息服务管理规定》，其中规定了一些违法违规行为，如：不以真实身份信息注册，或者注册与自身真实身份信息不相符的公众账号名称、头像、简介等；恶意假冒、仿冒或者盗用组织机构及他人公众账号生产发布信息内容。公众账号信息服务平台应当对违反本规定及相关法律法规的公众账号，依法依约采取警示提醒、限制账号功能、暂停信息更新、停止广告发布、关闭注销账号、列入黑名单、禁止重新注册等处置措施，保存有关记录，并及时向网信等有关主管部门报告。在《互联网用户公众账号信息服务管理规定》实施之后，平台对公众账号管理更加严格，关闭了一些账号，暂停了部分账号的信息更新，对仿冒、打擦边球的自媒体账号起到了一定的遏制作用。比如：抖音上的“新闻大爆炸”账号，粉丝数量有1.1万个，获赞2.6万次但是关注数量却只有15个，且账号中发布的视频均已删除；再有“快报在线”账号，也没有官方认证，粉丝数量1.4万个，获赞44.8万次，虽然在账号中多数短视频内容与国外一些政客相关，但已停止了更新

（图 3-4）。

（图片来源：抖音）

图 3-4　抖音账号“新闻大爆炸”“快报在线”被封

加强自媒体的引导，建立完善的自媒体健康发展引导机制非常重要，具体来说：一是要做好法律引导，通过建立加强自媒体传播立法，确定并规范自媒体行业及用户的信息传播法律边界，从而改变当前“删贴”“封号”等滞后性的应对方式；二是要因势利导做好对自媒体发展的文化引导，通过塑造一批榜样人物、主动设置主题、制作微视频作品等方式，强化社会主义核心价值观与自媒体融合，提升自媒体平台和用户的社会责任感，增强其明辨是非的能力；三是强化对新媒体发展的人才培养，新媒体从业者素质参差不齐，且学历、专业水平也差距甚大，因而通过加强新媒体从业人员的继续教育、业务培训，提升新媒体从业人员的信息媒介素养、法律意识和综合素质就更为重要，从而为实现自媒体坚持正确的舆论导向，促进自媒体行业健康发展奠定基础。2022 年 12 月发布的《互联网跟帖评论服务管理规定》（以下简称新《规定》）提出，对新闻信息提供跟帖评论服务的，应当建立先审后发制度，《规定》有助于解决跟帖领域乱象，对互联网跟帖评论服务的规范管理，维护国家安全和公共利益，保护公民、法人和其他组织的合法权益起到了重要作用。

第二节　谁更容易受到网络谣言的影响

一、从性别上来看……

2017 年 4 月，北京地区网站联合辟谣平台和腾讯较真平台通过对网络大数据分析、梳理，发布《谣言易感人群分析报告》，从性别上来看，女性比男性更容易相信谣言。数据显示，女性中的谣言易感人群占比 25.1%，高于男性，且女性中防骗高手的人群占比明显低于男性。（图 3-5）其实关于在性别上谁更容易受到谣言影响的调查，2015 年由中山大学组织的"辟谣大会"公布的调研数据显示，在微信、微博和新闻客户端等谣言的制造和传播中，男女作出的"贡献"极为不同，男性制造了谣言中的 83%，而女性只占 17%。不过，在谣言传播过程中，女性会相对更愿意传播。①

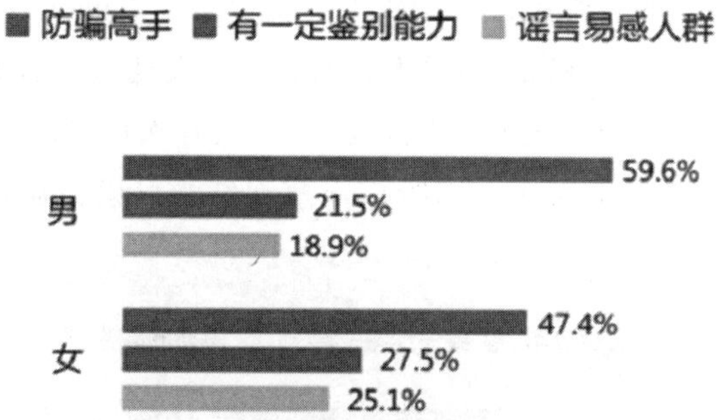

（图片来源：《谣言易感人群分析报告》）

图 3-5　不同性别对谣言的易感程度

为什么女性更容易传播谣言？可能会有人说，这与女性更为感性有关，这应该是一方面，毕竟张家长李家短的话题多来自女性，而且从生理学角度来看，因为大脑结构或者成长环境的差异，女性会比男性感性一些。但是，我们要从深层次去分析，要弄清楚女性自身的感性思维是如何在谣言中被激发的，单从《谣言易感人群分析报告》的调研数据中我们可以看出，女性对谣言的易感人群仅占到被调研女性的 25.1%，比例只是相对比男性高，这说明大部分女性仍然对谣言存有免疫力。

其实，不仅仅是女性，只要是人，都会有情感思维，而是否会受到谣言影响的关键是，自身的情感思维是否被某些谣言所激发或者强化，其中较为关键的是个体对于特定事件或者信息的敏感性。除此之外，不涉及情感的同化作用（记忆回溯）也可能是一种诱发

① 徐静. 数据显示 83%网络谣言由男性制造 女性更愿传谣 [N]. 广州日报，2015-04-02.

因素，我们生活中的刻板印象、主观偏见就是典型的表现，而这些与我们的生活经历、受教育经历、家庭环境等密切相关，比如每一个东北孩子，都会有一个“黄桃罐头”神保护，无论什么病，没有一瓶黄桃罐头解决不了的。人们会在日常生活中积累或多或少的未经深刻认识就加以认同的信息。在其中有很多就是谣言，他们的目的意在打破个人的认知，而这样的谣言就会加深下次出现信息中的事件的提前的主观偏见。[①]

二、从年龄上来看……

《谣言易感人群分析报告》显示，从年龄上来看，老年人和未成年人是谣言的易感人群，分别排在第一和第二位。（图 3-6）60 岁及以上的老人和未成年人超过三成都是谣言易感人群，他们对于谣言的鉴别能力低于其他年龄段的群体。而 60 岁及以上的老人和未成年人中防骗高手占比最少。2016 年微信官方后台的统计显示，每个月转发 5 条以上谣言的，80%是超过 50 岁的中老年用户。[②] 因为健康或者养生等需要，老年人多热衷于转发健康养生、食品安全等类型的文章或者短视频，在这些文章或者短视频中，有的很明显就是谣言，但是，大部分老年人信了，比如榴莲与牛奶同吃会中毒、古法食疗可以疏通血管、蒲公英的根可以杀死 98%的癌细胞、中老年人不吃肉只吃素可长寿等，尤其是当老年人学会了使用智能手机之后，转发消息给同龄人、给自己儿女变成了日常生活常态，除了转发之外，很多老年人也是这些谣言的真实践行者，甚至有人因此酿成了惨剧，有媒体曾报道，一位 86 岁的老太太患有高血压，因听信洋葱泡红酒可以治病的谣言停药，导致脑卒中发作。

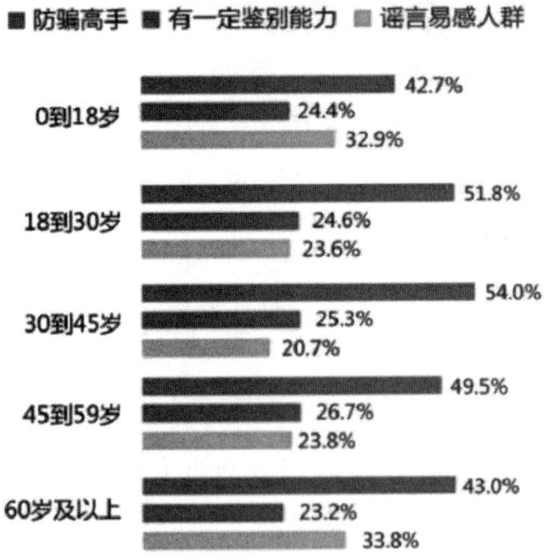

（图片来源：《谣言易感人群分析报告》）

图 3-6　不同年龄对谣言的易感程度

---

① ［美］奥尔波特．谣言心理学［M］．刘水平，梁元元，黄鹂，译．沈阳：辽宁教育出版社，2003.

② 家庭群里辟谣，你不能这么说［EB/OL］．澎湃，https://m.thepaper.cn/baijiahao_4895228,2019-11-07.

"中老年朋友圈的谣言毒鸡汤"为啥会在老年人的圈子里一发不可收拾，而且屡禁不止？综合来看，主要和老年人的认知、心理需求、思维定式等相关。首先，我们必须承认，人的认识能力会随着年龄的增长而呈现出下降和衰退的趋势，当这些重要的记忆、加工和推理能力变得越来越困难时，老年人可能会依赖一些可以简化心理加工、减轻认知负担的心理捷径来帮助判断事件和信息。"比如，老年人的来源记忆（source memory）能力可能会逐渐衰退，也就是说，他们对事件信息的来源会更容易遗忘。老年人在接触了谣言和不实信息后，他们很可能记住了谣言的内容，但是却忘了信息的来源，以至于难以辨认信息来源是否可靠，传言是真是假。此外，重复出现的信息对老年人也有着比较特殊的影响。研究者在实验中发现，标上'虚假信息'标签的信息如果多次重复出现，会使得老年人对虚假信息的内容更加信以为真。老年人对事件信息抓'重点'、忽略'细节'的特点可能会使得他们对各种谣言惯用的'震惊体'印象更加深刻。这样的特点可能也是大脑为了减轻认知成本而采用的方便经济的心理捷径。"①

其次，有学者指出，老年人成为受骗主体有精神空虚、从众心理、家庭等多方面原因。心理学家陈昊思在《社会正能量》节目中分析了中老年人这种行为，这背后最核心的东西就是内心的孤独感。他们渴望有儿女陪伴在身边，渴望儿女知道他们的生活，渴望跟上社会的节奏，而不是成为一个被儿女、社会抛弃的边缘人。前媒体人张敏有着长期的社会调查经验，接触过大量老人被骗的真实案例。他也认为："中老年人与子女长期分离，出现情感上的空虚，从而容易被人攻占，这种情感招数会让老人深信，甚至心甘情愿地掏钱被骗。"②

最后，老年人自身的网络素养缺失，也可能是容易受到网络谣言影响的一个原因。虽然当前社会的老年人接触网络媒体的时间较短，但是他们有着对网络媒体和对传统电视、报纸等一样的信任感，这种思维定式决定了他们很少会怀疑网络媒介中的信息虚假性，尤其是当这些网络信息中还有着一些"照片、图片"等信息时，老年人们更愿意用积极的情绪来对待，更愿意选择相信。提高老年人群体网络素养，帮助他们学会通过网络去证实图片来源和真伪的技巧，提高老年人群体辨别网络谣言的经验和能力，在老龄社会，意义重大。

三、从地域上来看……

《谣言易感人群分析报告》显示，从地区来看，农村地区谣言易感人群占比较高。数据显示，北上广等一线城市、省会城市以及非省会地级城市防骗高手占比较高。（图 3-7）

① 为什么老年人喜欢转发谣言？[EB/OL]. 易读心理，https://www.yiadc.com/i/25898.html,2022-02-21.

② 樊朔，王帝，周婉娇. 拿什么拯救被谣言蛊惑的父母？[EB/OL]. 人民网，http://media.people.com.cn/BIG5/n1/2017/0505/c40606-29255099.html,2017-05-05.

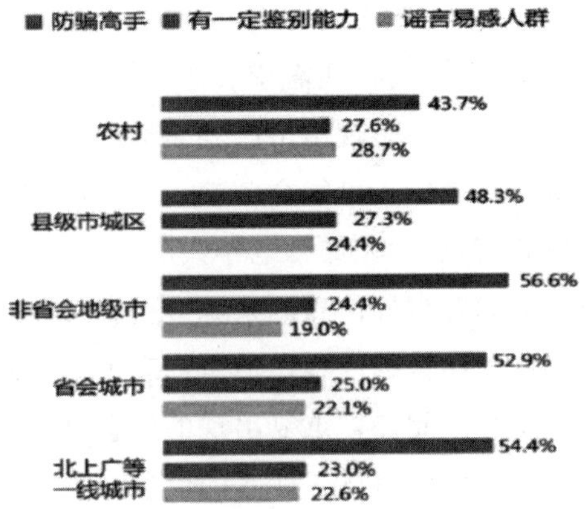

（图片来源：《谣言易感人群分析报告》）

图 3-7 不同地域人群对谣言易感程度

中央网信办、农业农村部、国家发展改革委、工业和信息化部、国家乡村振兴局联合印发《2022 年数字乡村发展工作要点》（简称《工作要点》）。《工作要点》指出，到 2022 年底，数字乡村建设取得新的更大进展。数字技术有力支撑农业基本盘更加稳固，脱贫攻坚成果进一步夯实。乡村数字基础设施建设持续推进，5G 网络实现重点乡镇和部分重点行政村覆盖，农村地区互联网普及率超过 60%。乡村数字经济加速发展，农业生产信息化水平稳步提升，农产品电商网络零售额突破 4 300 亿元。乡村数字化治理体系不断完善，信息惠民服务持续深化，农民数字素养与技能有效提升，数字乡村试点建设初见成效。第 50 次《中国互联网络发展状况统计报告》显示：截至 2022 年 6 月，我国农村网民规模为 2.93 亿，占网民整体的 27.9%；城镇网民规模为 7.58 亿，占网民整体的 72.1%，较 2021 年 12 月增长 1 039 万。①

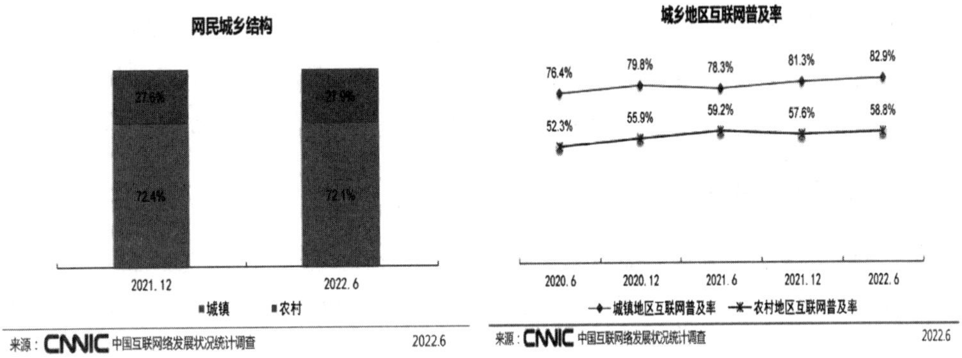

（图片来源：第 50 次《中国互联网络发展状况统计报告》）

图 3-8 网民城乡结构和城乡地区互联网普及率

① 第 50 次《中国互联网络发展状况统计报告》第 26 页 [EB/OL]. 中国互联网络信息中心（CNNIC），http://www.cac.gov.cn/sjfw/hysj/A091601index_1.htm,2022-08-31.

从上述数据来看，我国十分重视农村地区的互联网建设，但是相对城市而言，乡村互联网普及率仍然有很大提升空间。（图 3-8）农村地区互联网普及率相对不高，那么为什么农村地区却成了易受网络谣言影响的地区？一方面，非网民大都在村镇，信息来源单一。第 50 次《中国互联网络发展状况统计报告》显示："我国非网民规模为 3.62 亿，较 2021 年 12 月减少 1 966 万。从地区来看，我国非网民仍以农村地区为主，农村地区非网民占比为 41.2%，高于全国农村人口比例 5.9 个百分点。从年龄来看，60 岁及以上老年群体是非网民的主要群体。截至 2022 年 6 月，我国 60 岁及以上非网民群体占非网民总体的比例为 41.6%，较全国 60 岁及以上人口比例高出 22.5 个百分点。非网民群体无法接入网络，在出行、消费、就医、办事等日常生活中遇到不便，无法充分享受智能化服务带来的便利，其中无法及时获取信息，比如各类新闻资讯的比例为 23.6%。"① 另一方面，与农村的整体教育水平有关，农村地区目前多以老年人、儿童等群体为主，青年人相对较少，面对各种网络谣言信息时，老年人、儿童群体因为接受教育程度偏低或者真实的信息获取渠道缺失等，比如，《2021 年全国未成年人互联网使用情况研究报告》（以下简称《报告》）就指出，城市未成年人所受到的网课教育优于乡村未成年人，而农村地区中小学生对在线学习的偏好度相对较低。同时，城市未成年人受网络素养教育情况更好，而乡村未成年人没有接受系统性的网络素养教育，进行自我保护的意识也更低。② 因此，要弥合城乡未成年人网络素养鸿沟，加强农村地区，特别是留守儿童集中地区中小学校网络常识、网络技能、网络规范、网络安全等方面的教育。

四、从学历上来看……

《谣言易感人群分析报告》显示，从学历情况看，低学历人群更易相信谣言。数据显示，硕士及以上学历的人只有一成左右是谣言易感群体，而初中及以下学历的人中这一比例超过三成。（图 3-9）但是，当前的现实是怎么样的呢？根据 CNNIC 历年来的报告数据，可以统计出我国近 20 年网民年龄结构的变迁：2000 年，网民学历中，本科及以上占到了 41.1%，专科学历为 29%，高中/中专学历占 23.4%，初中学历及以下占 6.4%；2010 年，网民学历中，本科及以上占到了 11.4%，专科学历为 11.8%，高中/中专学历占 35.7%，初中学历及以下占 41.2%；2022 年，网民学历中，本科及以上占到了 9.3%，专科学历为 10.5%，高中/中专学历占 20.6%，初中学历及以下占 59.6%。可以看出，从 2000 年至 2020 年，20 年之间，随着互联网的普及，网民的平均学历有所下降。"一方面，这是件好事，网民学历比例越来越接近于人口结构，这代表着使用互联网的人越来越多了，遍布各行各业各阶层，互联网的使用门槛降低，不再是少数高学历人士的高级爱好。

---

① 第 50 次《中国互联网络发展状况统计报告》第 28 页 [EB/OL]. 中国互联网络信息中心（CNNIC），http://www.cac.gov.cn/sjfw/hysj/A091601index_1.htm,2022-08-31.

② 未成年人互联网普及率达 96.8% 城乡网络素养鸿沟仍待弥补 [EB/OL]. 中华人民共和国国家互联网信息办公室，http://www.cac.gov.cn/2022-12/19/c_1673088230837502.htm,2022-12-29.

从另一方面来说，由于网民素质的参差不齐，网络纷争变多了，各类网络乱象层出不穷，网络环境也亟须整改。”①

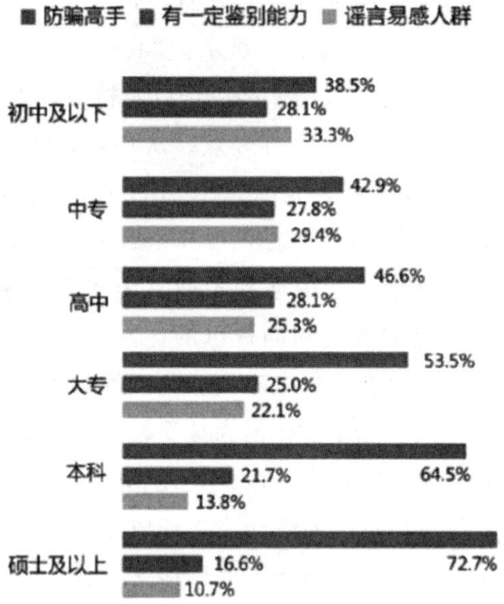

（图片来源：《谣言易感人群分析报告》）

图 3-9　不同学历人群对谣言易感程度

虽然从数据统计中，我们看到的是上网网民的学历逐年呈现下降趋势，但是现实社会中，我们却能感受到的是上学认字、读书的人越来越多，比如 2022 年高校毕业生就达到了 1 076 万，2023 年高校毕业生则达到了 1 153 万。可能有人会说，这不是与上文中所列举数据相矛盾吗？其实这并不矛盾：一是从整体来看，中国教育发展时间较短，虽然受教育人数在逐年增多，但也只有十几年时间，相比我国原有的人口基数，这十几年来受教育人数的增长难以望其项背。二是人们受教育程度与网民在网络中所表现出来的思考能力之间的关系并非唯一，比如，非高学历者“入网”，从一定层面上来看，体现了网络的包容性，让网络表达也更接地气、富有生活气；此外，如果高学历者本身人生观、世界观、价值观发生扭曲，可能网上和网下也不会言行一致、表里如一，网络造谣的发起者就有不少网络大 V，他们良知泯灭，责任感淡漠，仅仅是为了博眼球、赚人气，不问事实真相，信手转发、评论，在谣言传播扩散过程中起到极大的暗示作用，直接造成谣言的裂变式传播。还有不少明星靠着被网民骂累积热度，提升自己的商业价值，类似的怪事都和学历没有直接关系，所以，学历只是我们分析网络谣言易受群体的一个方面，并不起决定作用。网民自身的实践经历、生活经历、认知能力、判断能力等都需要纳入考量范围。

① 浙江 BOLE 品牌管理. 终于有一个不拖后腿的数据了，你上网超过人均时长了吗？［EB/OL］. 百度，https://baijiahao.baidu.com/s?id=1742762384219719958&wfr=spider&for=pc,2022-09-02.

第三节　警惕打着正能量幌子的网络谣言

一、打着正义旗号的网络谣言

“谣言”是个坏东西，但如果在前面加上某个修饰语，就会给谣言披上一层搅乱思维的迷彩，从而误导人们的是非判断，失去对谣言的警惕。比如“正能量谣言”，因为包裹着正能量的外衣，充满迷惑性，常能以正义之名招摇过市。所以，一定要警惕那种将某种单一价值凌驾于其他价值之上，或用某种单一价值排他性地论证正当性的漂白逻辑：虽然我要流氓了，但起码爱国啊；虽然我名声很坏，但我起码捐钱做慈善啊；虽然我说谎造谣了，但起码听起来很正能量啊。

谣言就是谣言，流氓就是流氓，欺诈就是欺诈，不会因为假以正义之名就能将丑陋和罪恶漂白，这是一个正派社会的基本是非。而在众多网络谣言之中，就有这么一些网络谣言喜欢打着正义的旗号，“披上民族精神、人格魅力、尊老爱幼、权威专家等‘正能量’的外衣，通过食品、安全、养生等‘正能量’话题内容迎合公众趋利避害的心理，利用网民的‘正义’‘温暖’‘情怀’的从善心理和核实意识的缺乏，大肆扩散、转发，其传播速度之快、波及范围之广，对自媒体生态、社会舆论环境、是非价值判断等均造成不小的负面影响”。[①] 正能量网络谣言很具有迷惑性和蛊惑性，寻找失踪孩子、爱心传递熊猫血、捡火车票、宠物认领等事件谣言多符合这一特征。

2023 年 1 月，有一条关于四川南充市南部县发生“人贩子偷小孩”的信息在社交网络平台广泛传播，网上传出的多段视频画面显示，一名男子被群众围堵在公路边的一处树林里，视频画外音称，男子在当地场镇上把两个孩子牵上就跑。另有网传视频称，男子在驾驶白色小车行驶途中与一辆红色小车相撞，因此被拦下。视频画面显示，有民警赶到现场，并将男子带走。经警方查明，此前网传视频中涉事男子王某通过社交平台与花罐镇女性杨某某建立联系。13 日下午，王某驾车接杨某某外出，不料被杨某某家长发现，家长驾车将王某两人逼停并当即报警，随后引发交通拥堵和群众围观，一些群众遂用手机拍摄现场上传网络，发布关于“人贩子偷小孩”的不实信息（图 3-10）。[②]

---

① 刘彤，许志强．网络“正能量谣言”的生成与治理［J］．中国出版，2018（08）：34.

② 警方回应“人贩子偷小孩”传言：系男子接女网友被对方家长发现驾车逼停并报警［EB/OL］．新浪网，https://news.sina.com.cn/c/2023-01-14/doc-imyaahwz9058674.shtml，2023-01-13.

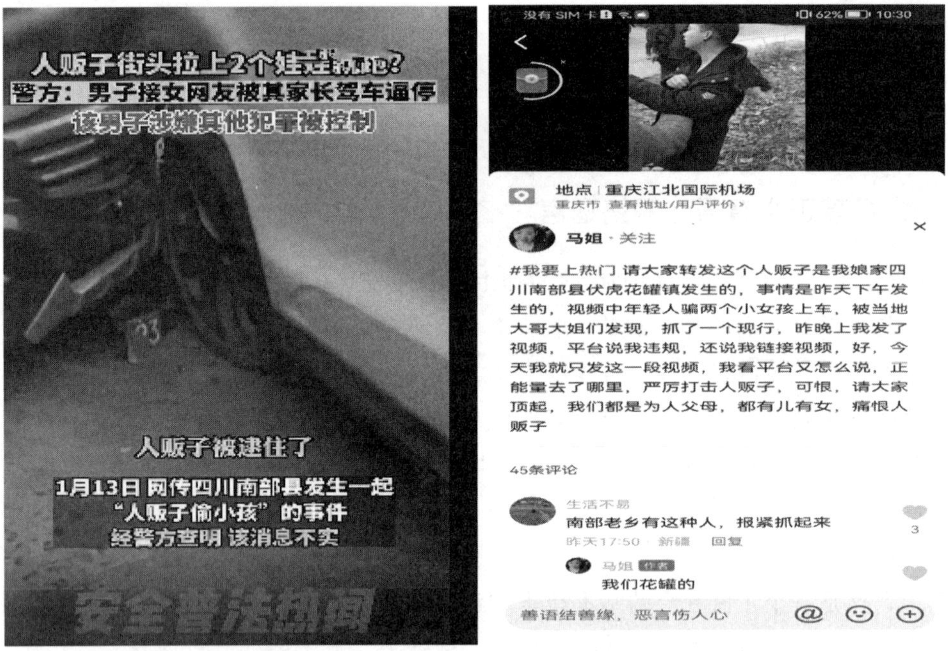

（图片来源：抖音截图）

图 3-10 群众拍摄所谓“人贩子偷小孩子”的视频

二、正能量网络谣言的传播机制

正能量网络谣言能够大行其道，有着其内在的发生机制，首先，正能量指人或事所散发出来的积极健康、催人奋进、给人力量和希望的效应，符合社会的公序良俗和公共价值认同。关于网络正能量谣言的话题讨论，并非今天才有，早在 2014 年，四川传媒学院刘彤在《光明日报》上，就发表了一篇《揭开网络“正能量谣言”的画皮》的文章，指出正能量的网络谣言是“利用网民的从善心理和核实意识的缺乏，大肆扩散、转发”。[①]

其实，正能量的网络谣言传播一般需要具备两个完整的条件。其一是来自网民对“真、善、美”的价值认同所构成的内在驱动力。正能量是“真、善、美”等信息的聚集产生的积极能量，个人人格的完善，包括动机、信念、理想等，必须要以一定的正向能量作为基础，一个人只有自己觉得生活是什么样，它才是什么样，但是，也必须要注意，网络正能量的运用必须要坚持客观、真实的原则，即通过微博等社交媒体所传播或发起的活动必须是真实的，不能虚构，否则会降低网络正能量的公信度以及影响力。其二则是来自外部的刺激因素，这种刺激因素包括网络言语构成的环境刺激、群体因素评价的干扰刺激等，微博等社交媒体中所承载的正能量信息就属于外在的正向刺激与积极影响，这种积极影响源自正能量在网络中所塑造的网络激励环境，微博等社交媒体的文本信息中所运用的很多文

① 刘彤. 揭开网络“正能量谣言”的画皮［N］. 光明日报，2014-12-27（010）.

字、图片、视频或通过微博等社交媒体发起的励志、乐观、公益等性质的活动等都能够让参与到其中的人们不自觉地被这种“美好”的氛围所感动。

三、正能量网络谣言的危害

正能量网络谣言会有危害吗？答案是肯定的，它除了具备一般谣言的危害性之外，比如，博取网民的爱心、同情心，获得流量和关注等，还具有特殊性的危害，那就是捏造出来的正能量越多，越会降低网络正能量文章或者消息的公信度以及影响力。对于自媒体来说，无论踩中哪一个都能在舆论场中引发讨论，造就爆款，但这一切都得是在真实的前提之下。2020 年 6 月高考结束后，随着各地高考成绩陆续出炉，几则“女孩考上大学跪谢父母”的短视频在网上引发热议。在一段视频中，穿着校服的女孩，哭着奔向一个戴着安全帽的男子，边说“爸爸，我考上了”，边跪地痛哭。再配上“百善孝为先”的文案和煽情的音乐，感动了不少网友。然而，在其他几段视频中，还是相同的故事，但爸爸则变成了“植物人”“捡瓶子”的人。不得不说，这类视频确实懂得迎合受众心理。“孩子感恩家长、寒门学子高中、父亲受苦受累仍支持女儿上学，这些都是从我们生活中来，且常被大家当作正面的典范。虽然该视频的目的是让孩子知道父母的不容易、感恩父母，但目的正当并不能掩盖其手段的不合理。‘真善美’的第一个词就是真，即便是传播正能量，也应该首先保证内容的真实，编造的正能量并不能称为正能量。如果本末倒置，不仅可能导致‘道德绑架’，还可能发生‘狼来了’的故事。”①

此外，部分涉及敏感事件和思想文化领域的“正能量谣言”，却有可能影响社会的稳定，传播错误的价值观。比如，在微信朋友圈中传播的“哈佛校训”“西点军规”等，表面看是“正能量”语境，背后却隐藏着西方意识形态的有意渗透。再比如“德国幼教专家解读”“美国××学会推荐”等帖文，不少也是利用部分国人崇洋媚外的心理去达到某种商业甚至是政治目的。② 近些年来，很多网络社交平台上有一些主播开始介绍国外生活、经历状况，但是，有部分视频内容针对性非常明显，他们通常会忽视或者不谈各个国家的实际情况，通过介绍一些如不加班、收入还高、物价低等来宣传国外多么好，在网上汇聚民怨，引起民众对国家发展进行批评，再或者通过片面或夸大的情况来引导那些受怨的民众进一步痛恨自己的国家，而将对美好国家及制度的向往转嫁到那些他们宣传的国家上。以抖音为例，比如有某主播 2022 年 10 月录制并发布了“在德国打工一小时可以买到点什么”的视频，在视频里，主播介绍，德国餐厅打工 1 小时约 12 欧元，然后他就去了超市，2.29 欧元可以买 10 个鸡蛋、200 g 一盒栗子 2.89 欧元、一根黄瓜 0.89 欧元……然后说工作 4～5 分钟就能买到等大概类似的话语表达，在评论区很多网民说“我们工作一小时一

① 袁秀月．“女孩考上清华跪谢父母”系摆拍，“正能量谣言”危害甚矣！[EB/OL]．中国互联网联合辟谣平台，https://www.piyao.org.cn/2020-07/29/c_1210725501.htm,2020-07-29.

② 刘彤．揭开网络“正能量谣言”的画皮 [N]．光明日报，2014-12-27（010）.

盒鸡蛋都买不到”“气人”“其实国内一小时也是 12 啊，只是单位不一样”等。关于这一视频，也有很多细心的网友发现，画面开始是意大利圣母百花大教堂的镜头，根本不是德国的标志性建筑物（图 3-11），而且，在这些类型的视频中，几乎不谈论国家国情的差异，比如德国国土面积为 35.8 万平方千米，人口约有 8 300 万，其人口规模相当于中国的四川省①，人均 GDP 为 4.3 万欧元。人口众多，十几亿人口要吃饭，是我国最大的国情，劳动力相对充足，而数据显示，德国则平均每年至少需要 11.4 万来自欧盟的移民以及 14.6 万来自第三国家的移民，才能解决劳动力供应不足来保证经济正常发展。

（图片来源：抖音）

图 3-11　网友上传的德国打工视频及评论区的辟谣

因为打着“正能量”的幌子，这些谣言虽然被揭穿了，但不会得到惩罚，甚至揭露真相者被指责“破坏正能量氛围”，所以这类正能量谣言也许比普通的谣言更可怕，对社会形成更深的伤害，因为人们意识不到那是谣言，或者不能自拔，宁愿生活在正能量谣言的谎话世界里，久而久之，谎言成了真理，常识反成了谬误。

第四节　利益驱动下的网络谣言

一、“流量经济”“粉丝经济”

谣言还能获利？在现实生活中确实不可能，但是网络社会就另当别论了，很多炮制网络谣言的人，可能他们的目的就是为了网络中的“流量”，毕竟“流量”在某种意义上来

① 国家统计局第七次人口普查数据显示：四川全省常住人口 8 372 万人，户籍人口 9 094.5 万人。

说也是一种“利益”，网络中的“流量经济”“粉丝经济”无处不在。网络经济讲求的是流量为王，一般来说，将图文、视频等内容发布到网站或者平台上，然后利用平台的推荐机制，发送给用户阅读，帖子的阅读量越高，点赞评论数据越丰富，作者能够赚到的钱也就越多，网络谣言的炮制者大多只有一个目的，那就是获得收益。以抖音为例，相关数据显示，抖音一百万点击量的价格因具体的投放要求而异，一般价格在 1 000 元至3 000 元之间，同时高点击率的抖音视频播放，还会带来个人运营账号的升值，这也是潜在的收益，因此很多新媒体账号的运营者，主要目标就是积累粉丝。

在互联网行业，有这样一个公式：用户＝流量＝金钱。实际上说的就是“流量经济”“粉丝经济”，流量通常指的是数据指标，如用户数量、粉丝数量、浏览量、访问量、页面停留时间、跟帖人数、关注人数、点赞人数等，流量的关键就在于推广方式和用户黏度①。网络谣言制造者制造吸引眼球和关注度的虚假信息，在此背后，有很大概率与“流量经济”“粉丝经济”有关。

在一个数字化、信息化、网络化的时代，流量经济凭借其信息产业属性与多传播平台，成为 21 世纪朝阳产业。根据网络平台的功能属性的差异，大体上可以分为 21 个种类：女性平台、交友类平台、宠物类平台、图片类平台、游戏类平台、房产类平台、招聘类平台、买卖类（电商）平台、音乐类平台、视频直播类平台、金融股票类平台、校园类平台、评论类平台、汽车类平台、二次元类平台、资讯类平台、生活服务类平台、创业类平台、娱乐类平台、知识学习类平台、美食类平台，而且随着互联网的发展，这些分类还会更加细化。谣言穿插于上述列举的各类平台中，其中视频直播类平台中的短视频是相对比较严重的谣言重灾区，2022 年 8 月 16 日，抖音在北京举办的“治理不实信息开放日”发布的统计数据显示，从 2022 年 1 月至 7 月，抖音已联合近百家媒体等机构处理 319 万条不实信息，打标存疑内容 90 万条。② 平均每月约有 45.5 万条不实信息。

众所周知，当前短视频是当下网民主流消费内容之一，一个普通的网红就能拥有几十万甚至上百万的粉丝。传统的营销模式很难产生粉丝，也很难创造出粉丝经济。短视频则不同，它比传统的营销模式更具有黏性，能够吸引用户，让用户变为粉丝，继而创造出粉丝经济。我们以大家都熟知的网红李子柒为例，她的粉丝数量最高时，超过了 1 个亿，订阅量 2 000 多万，李子柒作为美食类博主，除了依靠流量变现外，还打造了同名的产品，实现了多元化的收益。而为了吸粉、引流，传播网络谣言的案件也时有发生，比如 2022

① 用户黏度是指用户对于品牌或产品的忠诚、信任与良性体验等结合起来形成的依赖程度和再消费期望程度。用户黏度也指增加用户双方彼此的使用数量，就像我们大家在平时搞好两个人之间的关系一样。

② 抖音今年已处理 319 万条不实信息 希望“主动跑过谣言”[EB/OL]. 中国青年报，https://baijiahao.baidu.com/s? id=1741397500931907822&wfr=spider&for=pc,2022-08-17.

年有新闻报道，咸宁一男子为吸粉发布谣言信息被行政拘留，涉案嫌疑人为了满足虚荣心，提高自己抖音的关注度及粉丝量，编造虚假信息并上传到抖音平台，造成恶劣影响。[①] 为博眼球、蹭热度、引流赚钱，利用自媒体编造热点文章，恶意编造传播虚假信息，拼接炮制虚假视频。发布各种谣言信息，严重污染了网络环境，对社会秩序造成了隐患，相关事件在百度检索中，数据竟高达 116 万条之多（图 3-12）。总之，衡量自媒体的标准和底线，

（图片来源：百度）

图 3-12　百度“网络谣言吸粉”搜索详意情页

就是法律法规的底线，公序良俗的底线，弘扬社会主义主旋律的底线，维护网民合法权益的底线，以及信息真实性的底线。在不突破底线的前提下做好自媒体，才可以有持续性。

二、治理网络谣言要触及平台和资本流动

网络谣言可以以低成本换取高曝光的流量经济或粉丝经济，在经过大面积滋生蔓延之后，网络谣言不再是仅仅因为传播的技术手段和媒介在发生变化，而是有了新的底层结构——流量经济结构。在流量经济的驱使下，任何一种能够形成流量并在市场上变现的信

① 咸宁一男子为吸粉发布涉疫谣言信息被行政拘留［EB/OL］. 咸宁网警巡查执法，https://baijiahao.baidu.com/s? id=1750271468342281301&wfr=spider&for=pc，2022-11-23.

息，都有机会形成一个自循环。在这种自循环的机制下，除非切断流量经济的驱动机制，否则任何传统意义上的辟谣机制，都是无效的。对可以轻松获得上百万或者千万级别传播的谣言来说，原有固定化的官方渠道信息传播，很难与其在舆论场上竞争。“谣言不是一个个体，它是一个生态。”这个生态系统正在进行圈层化、流量化和深度碎片化，然后和市场嵌套，而这些趋势的背后是变现机制。想要治理网络谣言，不能只靠逐个澄清每个虚假信息，应该触及平台和资本的流动，否则所有的治理都会打在表层。复旦大学网络空间治理研究中心主任沈逸建议构建一个线上线下融合治理网络谣言的生态，从平台和资本的角度夯实两者责任，从而切断造成网络谣言扩散的底层逻辑。他指出：“这种治理需要真正意义上对平台的管控，以及触及牌照或影响核心利益的管控措施。同时，在治理机制上，传统意义上的实名制要落在实处。”①

其实，除了国家治理手段之外，面对网络谣言和不实言论，很多平台都有自己的管控措施，包括：后台设置违禁词，触发之后不予显示；建立发文或跟帖的审核机制；设置投诉举报、防骚扰、拉黑等功能。这些措施在管控网络谣言传播方面起到了一定的作用。2022 年 4 月 15 日，抖音、快手、小红书、今日头条、知乎等又进一步进行了治理网络谣言的措施优化，相继上线了“网络用户 IP 地址显示”这一功能，在境外可以显示国家，在境内则可以显示到省市，而且用户无法关闭，也就是说，IP 地址为强制显示项目，其目的就是打击网络造谣、扰乱舆论的现象。② 有了这一功能，在这些平台上发布言论，就有了一重约束和提醒，有助于减少冒充热点事件当事人、恶意造谣、蹭流量等不良行为，有助于维护真实有序的网络环境。

第五节　网络中的旧谣新传

一、旧谣能够新传的内在需求

一方面，追逐经济利益是网络旧谣能够新传的主要推动力量之一。中国作为网民人数最多的国家，互联网经济呈现迅猛发展态势，而“流量”则是互联网产品或服务的核心竞争力之一。部分网络平台或自媒体运营团队为获得更多流量、吸引更多眼球以攫取更大的

---

① 李诺一. 虚假信息蔓延、流量经济驱使 乌镇热议：网络谣言怎么治？[EB/OL]. 中国青年报客户端，http://news.cyol.com/gb/xwzt/articles/2021-09/29/content_6vzXVt7WE.html，2021-09-29.

② 抖音、快手、小红书等平台将显示 IP 属地 [EB/OL]. 网易，https://www.163.com/dy/article/H5ABVO850514CA4V.html，2022-04-19.

经济利益，传播网络谣言的案例举不胜举。此外，“旧谣”是最好的谣言素材库，相对于“原创”谣言，采用“旧谣”还可以大大地节约文案成本，只需复制粘贴就可以完成一次谣言的大部分文本编写，直接使谣言的批量生产成为可能。在传播过程中，所谓“新谣”与“旧谣”的相互映射则为降低其流通成本提供了先天优势。加里·阿兰·费因曾指出，集体记忆乃是冷却的谣言，“要想传播谣言或依谣言行事，唤醒对它的记忆是必需的”[①] 在众多谣言样本中，可以看到大部分只是换了人物、时间、地点，照样在朋友圈里广为传播和扩散，比如之前提到的在每年6月份高考期间，全国各地有相同姓名的学生丢失准考证等谣言，都是基于人们集体记忆和个人记忆的建构。“因为这些谣言都是似曾相识的、与原有观点相符或相似的信息。关于上次谣言的记忆是这次谣言传播的温床。”[②]

另外一方面，所有被广泛传播的谣言，一定是迎合了大众的心理。一般情况下，谣言的传播会和社会热点相关度、人们生活相关度呈正向关系，在网络传播环境下，网民对于上述两种需求更具有主动性——我有信息需求，即受众不只是传播信息的被动接受者和消费者，在现代网络传播中，受众的个性化特点日益凸显。而网民是有着各种特定的目的与需求的网络使用者，是网络传播社会的基础，那么网民的需求可以表现为显现的功能需求和内在的心理诉求这两个层面。[③] 显现的功能需求是指网民以信息通讯为基础的信息交流、视听学习、业务办公、购物休闲等，而内在需求则更倾向于内在心理诉求，包括了自我价值实现、网络人际关系平衡、自我认同、心绪转换和环境监测等。随着互联网技术的发展，相比外显需求，网民的内在需求正在逐渐趋于强势，这主要体现在以下几个方面：第一，网民对信息的透明度越来越重视，多数网民在突发事件出现后，希望及时地掌握事实真相，如果官方媒体没有及时公开信息，那么抖音、B站、微博、小红书等信息门槛低、传播速度快的平台就会成为网民知情权获取的重要渠道，而这些抖音、B站、微博、小红书等往往对信息缺乏准确判断，很难做到事实真相的高度还原和准确传播，因此容易使网络中小道消息、谣言泛滥。第二，网民的自我表达和话语权意识越来越强烈。第三，由于大多数网民个体差异大，利益立场不一致，教育程度参差不齐，缺乏足够的甄别能力，不同的判断会使得某些热点问题争论不断，引发更大的关注。

二、“旧谣”很难被一网打尽

由于个别谣言具有季节性、时令性，且并没有造成不良的社会影响，也不具有澄清的

① 朱飞虎，焦庆争．微信平台“旧谣新传”现象的分析与治理［J］．齐齐哈尔大学学报（哲学社会科学版），2019（06）：48-50.

② 蔡立媛，张金海．蝴蝶效应：微信谣言的传播机制［J］．当代传播，2016（06）：72-75.

③ 刘梦．浅谈网络传播情境中中国网民的需求［J］．文艺生活·文海艺苑，2015（07）：246.

价值和意义，所以，在面对这些网络谣言时，辟谣也常常会有一种无力感，导致这一部分谣言可能会长期存在。例如“手指上的月牙越多，就代表你越健康”“食物相克吃死人”“穿秋裤会丧失抗寒基因”“酸性体质的人易患癌”等等，在这些谣言中最早的可以追溯到1935年，“2020年11月26日央视新闻报道（图3-13），早在1935年，我国科学家、中国营养学会创始人郑集教授，就在民间传言较广的184对所谓‘相克食物’中，选择了当时最为流行的14对食物，分别开展了人体试验和动物实验，结果无论是人还是动物，一切正常。2018年央视315晚会，也辟谣了‘食物相克’说法。专家以螃蟹和柿子举例，表示螃蟹与柿子在人体胃液中，螃蟹中的砷不会转变为砒霜。过度关注食物相克，会影响我们摄入食物的多样性，‘食物相克’传言是站不住脚的”。[①]

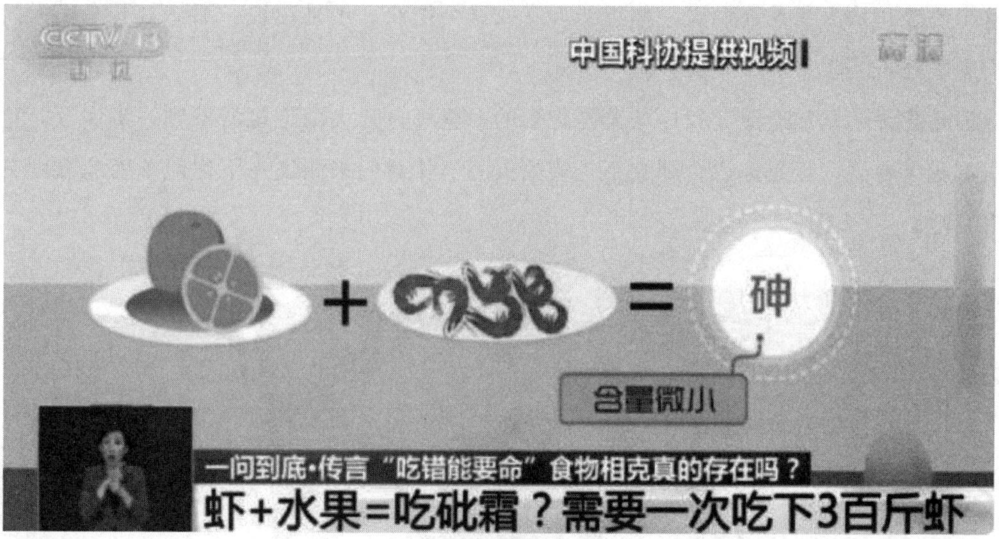

（图片来源：央视新闻）

图3-13 央视新闻对“食物相克”谣言的报道

关于食品谣言，传播总会有规律，每到特定季节到来的时候，总会有一些从前流传过的谣言被重新翻出来，又被套上新马甲热炒一番。在当今，类似的谣言，如柿子和牛奶一起吃产生结石、豆浆和鸡蛋一起吃影响吸收、虾和橙汁一起吃砒霜中毒等，还是会经常出现在朋友圈或者微信群组当中。“食物相克”的说法，屡屡被辟谣，但很多人就是深信不疑；此外，辟谣信息相比谣言来说，在表述上大多采用严谨、严肃的叙述风格，一旦谣言信息过于有趣或者能够让人们产生一定幻想，那么辟谣信息就会显得平淡，没有任何吸引力，无法引起人们的关注，也很难把人们从沉浸于网络谣言幻想中拉回到现实。另外，因

① 北京市公安局网络安全保卫总队．都辟谣85年了，“食物相克”还有人相信！[EB/OL]．https://baijiahao.baidu.com/s?id=1684949436949658575&wfr=spider&for=pc，首都网警，2020-12-02.

为辟谣需要耗费一定的人力、物力，比如在前文提到的“塑料紫菜”谣言，为了反驳这个谣言，可能需要把市面上不同类型的、规格的紫菜都要找出来，然后，需要经过专业人员通过火烧、水泡、手撕、试吃以及和塑料对比着做实验等不同方式进行“证伪”，最终才能得出科学的结论。

三、无中生有的“旧谣”无法被证伪

20 世纪的美国天文学家、科幻作家卡尔·爱德华·萨根（Carl Edward Sagan）曾提出一个理论，即“我车库里有条喷火龙”（图 3-14），大体意思如下：

“假如我跟你说：现在在我家的车库里面有一条会喷火的飞龙！这个时候，你非常怀疑这个说法，认为我是在说谎。你想要拆穿我这个把戏。于是你说：那你打开车库大门给我们瞧瞧吧！

但是我说：非常遗憾，我这条龙是隐形的，就算打开大门你也看不到，事实上，这条龙只有我能看到。于是你说：那它不是会喷火吗？让我们来测试一下你们车库的温度有没有升高吧。

图 3-14　车库里有条喷火龙

非常遗憾，我这条龙喷出来的火是冷的，它并不能提高车库的温度。虽然如此，但是这条龙的确存在！

于是你还不死心，你说：那你能不能让我往车库里面喷漆，它如果存在的话，身上肯定能沾上油漆，从而就现身了！

非常遗憾，它是条非物质的、无形的龙，漆不会留在它身上的。不过相信我，它真的存在着！

你提出的每一个试图推翻我说法的测试方法，都会被我用一个理由来规避掉，于是，你永远也没有办法推翻我的说法。”①

如果将卡尔·萨根的“车库里有条喷火龙”的道理应用到我们现在的网络谣言上，就是那种不具备“可证伪性”的无中生有类谣言，比如，一个人可以证明自己做过什么事，却无法证明自己没有做过什么事，有一类谣言专门针对这个弱点，造谣当事人做了什么事，而当事人无法给出证明，此类谣言就很难被辟谣。此外，从某种程度上来说，辟谣本身也是对谣言的一次再传播，相比抽象的概念，人们更能记住具体的事物。当辟谣“A 不是 B”之后，可能过了一段时间，人们只记得 A 和 B 有关联，而究竟“A 是 B”还是“A 不是 B”可能已经很模糊了，这就导致一些谣言你越澄清它，它越黑。更重要的是，还有些谣言是没办法辟谣的。

四、“旧谣新传”的表现新形式

网络赋予了老旧谣言传播变装的可能，使它们呈现出了新的形式，谣言花样也在不断地“翻新升级”，呈现出了更易引起人们共鸣，比单纯的文字有着更强传播力的视觉化传播新趋势，关于小龙虾的谣言早在 2016 年前后，网络上便有一些疯传，但多是以图文方式，诸如“小龙虾是虫子，小龙虾虽然叫作虾，但是实际上是一种吃尸体长大的虫子，千万不要再吃了！”“除了中国人，外国没人吃小龙虾”“小龙虾和水果一起吃会中毒！”等等，2019 年，一则关于某美食街吃小龙虾中毒，导致三男两女死亡的消息引起了社会关注，而此谣言与以往不同的是，采用了视频＋文字的传播方式，视频中，是几个年轻人瘫倒在大排档的画面（图 3-15），并在视频中发布信息称：千万不要去吃小龙虾。后经调查核实，系饮用大量白酒及啤酒导致。

① 我说“车库里有条喷火龙”，谁能证明我在说谎？［EB/OL］. 上海辟谣，http://piyao.jfdaily.com:1801/py_4/lAwjEXzJbJp8MpVOEV/rYZvFcdECbhrPRMUuRm/t6ViQR402s + 94 + 8DZfygLrK8zAeDygp/GLs2ECG9wcGog，2017-04-11.

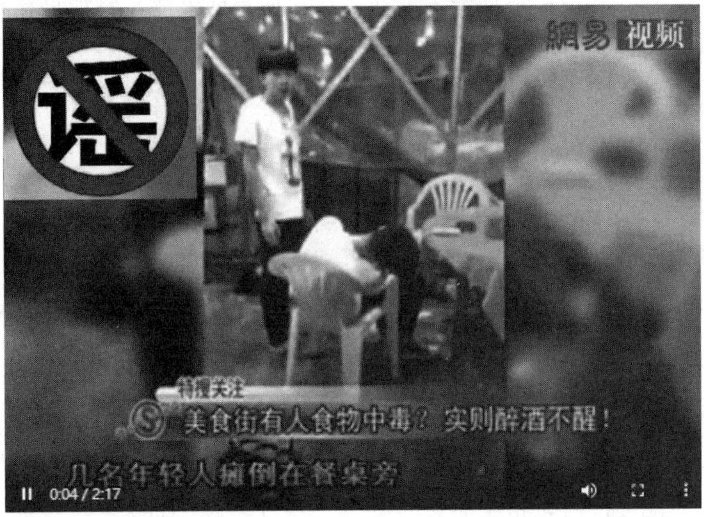

(图片来源：网易视频)

图 3-15　辟谣“吃小龙虾中毒”视频画面

旧谣新传在网络时代越来越泛滥，主要是得益于网络传播技术的加持，从而使得原本仅以文字形式呈现的谣言更逼真，尤其是当这些信息有意向增补或删减的时候，更让人难以判断，另外，“旧谣”在被改造的过程中，通常会迎合社会热点以及网络公众的部分诉求，这样的谣言一出现，传播范围会更广，传播速度会更快。2018 年，一段“猪肉吃死一家四口人”的视频在朋友圈流传，与视频一同流传的文字称，现在××地的猪肉不能吃了，有一家四人因吃了患有猪瘟的猪肉死了，此谣言与上文中的吃小龙虾中毒死亡有很大相似之处。此外，视频、图片拼接剪辑技术的门槛日渐降低，让旧谣新传的方式产生了新的变异，现如今各种智能化的剪辑软件和 App 比比皆是，剪辑、巧影、VUE VLOGE、必剪、inshot 等等，这些视频剪辑类应用不仅有着丰富的素材库，资源非常丰富，而且还非常简单易上手，比如一键语音转字幕等等，只要有一台智能手机，随处、随地、随时都可以完成剪辑。2019 年，一网民在抖音短视频平台发布了一段在甘肃陇南文县城区某馒头经营摊点所买馒头中，吃出了纸巾的视频，引发了网民关注，后经证实，此信息为虚假信息。这起网络谣言事件，让人联想起 2007 年闹得沸沸扬扬的“纸馅包子”事件，事件最终以“虚假新闻”收场，只不过这次谣言主角从包子变成了馒头，传播方式从传统媒体变成了网络平台，从 2007 年到 2019 年，相隔 10 多年却高度相似的谣言信息，从一定层面反映了网络谣言传播路径的变迁。

第六节　都是谁在制造网络谣言

一、网络写手

任何网络谣言都有始作俑者，这就是人们口中常说的“段子手”或网络写手，他们主要依靠在网络上撰写具有“新”“奇”“快”“俗”等特点的文章来实现个人价值：“新”，即主题和构思要创新；“奇”，即情节突出矛盾，能够吸引眼球；“快”，即要有更新速度；“俗”即要通俗幽默、浅显易懂。网络写手经常活跃的网站包括文学网站、论坛类网站、知识分享类网站等，大多数网络写手都有着自己的写作方向。随着网络写作市场规模化，一些招聘网络写手的网站、群组、贴吧也一同发展了起来，在百度中搜索“网络写手平台”，结果就多达数十万个，比如赏金写手网、网络写手百度贴吧、多写写威客网等，在这些平台中，有需要的雇主可发布代写任务找写手，网络写手可以接单，业务领域涵盖征文、演讲稿、软文新闻稿、公文材料、商业计划书、文案等，价格几十到几千元不等（图 3-16）。

50元—500元	[775] 写故事真实感人	49	归一	招标任务	招标中	选稿中
500元—1000元	[2822] 把一个人的人生经历写成一本书	24	软肋	招标任务	招标中	选稿中
500元—1000元	[901] 检讨书1500字 关于上下班打卡造假	15	qwe741	招标任务	招标中	选稿中
500元—1000元	[177] 导航网站改版（原导航网站板块变动	1	1048635944	招标任务	招标中	选稿中
30.00元	[2268] 下载抖音极速版，填写邀请码	12	顺时针	悬赏任务	进行中	选稿中

软文代写 ¥100起 市场价：~~480~~	应用文章 ¥200起 市场价：~~280~~	文案写作 ¥300起 市场价：~~380~~	商业文章 ¥600起 市场价：~~780~~
品牌软文	新闻稿件	宣传文案	计划书
行业软文	演讲稿	杂志文案	企划方案
营销文	主持稿	宣传文案	年终总结
活动软文	培训心得	品牌故事	工作计划
宣传软文	竞选发言	广告文案	实习报告
产品软文	读后感	广播文案	竞职竞聘
企业简介	百科撰写	淘宝文案	招标投书
发布代写需求	发布代写需求	发布代写需求	发布代写需求
已有462人发布此需求	已有286人发布此需求	已有375人发布此需求	已有113人发布此需求

（图片来源：赏金写手网、多写写威客网）

图 3-16　写手网站上的代写任务

网络写手如果具有道德良知，且遵守网络社会中各种法律要求，能够肩负起媒体与社会责任，那么就有助于网络社会健康、有序地运转和发展，但是当一个网络写手泯灭了良知，一味地为了蹭热度、赚流量、泄私愤而造谣生事，随意捏造虚假信息、编写虚假文章、设计虚假文案，捏造、虚构、散布不实信息，那么网络谣言滋生便难以避免。2018 年 3 月，一条“伊利股份董事长被带走协助调查”的消息，在各网站和社交媒体上大量传播，接到伊利公司和董事长本人书面报案后，公安机关依法开展侦查，以涉嫌寻衅滋事罪、诽谤罪将犯罪嫌疑人抓获，根据嫌疑人的交代，“这是一次有组织、有预谋、有策划、分工明确的网络谣言案”，有一只幕后黑手花钱雇佣一批网络写手，以网络文章小说故事等形式对伊利及主要领导进行造谣诽谤，给企业经营发展造成了巨大损失。[①] 无独有偶，在 4 年后，四川宁南县法院也公开开庭审理了一起因杜撰虚假事实发布网络，被以寻衅滋事定罪处罚的典型案件，涉案人员为某网络写手，该网络写手为赚取阅读量从而获取利益，通过篡改《甘肃往事：女子与舅舅做夫妻并生下孩子，违背人伦背后更悲哀》文章进行杜撰虚构，并发布了《四川凉山：舅舅与外甥女做夫妻生下孩子，违背人伦》虚假文章，该文章阅读量达 13.4 万次，评论 140 条，且被一些平台转发，引发网民对文章所涉地区群众和政府工作的质疑。[②]

二、网络“黑公关”

在网络社会中，环境相对宽松，活力大增，但也出现了很多“投机倒把”的现象，“黑公关”就是在这样的互联网语境下催生出来的产物。“黑公关”处于一个非法灰色的夹缝地带，按照客户指令，雇佣很多各领域文章专业代写的网络写手进行密集发帖，传播不实信息，网络“黑公关”违背社会的公序良俗，也是网络谣言利益链的关键一环，在商业竞争中比较普遍，比如我们有时为了购买一件商品，经常会在不同网站和平台中查询一些使用测评和搜索相关信息，这时，你可能会发现在不同的资讯或视频推介中，对同一个产品的测评结果是不一样的，会出两个截然不同的结果，此外，“黑公关”通过炒作企业负面新闻，让这些社会新闻在网上不断发酵，引起企业公关负责人的注意，促使其主动联系自媒体人进行“沟通”。这时候，自媒体人就会让企业与某公关公司联系，进而删除负面文章，从中获取不当利益。更有甚者，为了达到敲诈企业的目的，这些自媒体将企业负面新闻无限放大，夸大其词甚至无中生有，以假消息开路，将“眼球效应”发挥到极致。2018 年，腾讯、今日头条纷纷遭遇“黑公关”事件；，2022 年，元宇宙企业 iBox 声称每天被网黑造谣 22 次；2022 年，比亚迪宣布有奖打击网络黑公关等等都是警示的案例。

因有利益驱使，网络“黑公关”造谣时不时会出现在各种贴吧、论坛和自媒体平台，再加上，网络“黑公关”大多是定价加单、模式化运营，情况比较复杂，普通人也难以辨别，打击治理的难度比较大。但是，我们可以看出网络“黑公关”造谣信息的一些不符合逻辑的地方：一是网络“黑公关”所发布的内容多以批评的方式进行，批评的对立面必然存在夸赞的另一方，而所有的网络评论、言论、发文等都会围绕特定对象进行，立场非常明确，抹黑、泼脏水，胡编乱造，贬低踩踏。网络“黑公关”以谣言为依据进行套路式写

---

① 伊利谣言案已有 6 人被控制 执行总裁曝幕后黑手：雇网络写手造谣 [N]. 新京报，2018-04-05.

② 菏泽中院. 杜撰虚假事实发布网络，一网络写手获刑 9 个月 [EB/OL]. 澎湃，https://m.thepaper.cn/baijiahao_18992373,2022-07-13.

作。二是网络“黑公关”编造谣言的写作话术十分相似，包括标题、文案、视频、发布时间等都是一个套路模板刻下来的，有的仅仅是将多份帖子的标题文案以及所搭配的文档互相穿插配对，即可写出一篇新的文案。三是网络“黑公关”对同一个帖文的发布频率非常高，而且同质化内容严重，部分上热搜、上头条的新闻或者舆论焦点都可能有网络“黑公关”的参与。四是造谣帖文或者视频下方的点赞转发评论数量虚高，有些评论质量不高，跟帖评论的账号大多是随机生成的，感觉就和连号的钱币一样，一看就和正常用户所使用的账号有着明显的区别。五是许多黑公关账号是出自同一家公司，网民们可以通过考察帖子发布账号的来源是否是同一家公司来判断此类帖子的可信度。六是黑公关会利用人们的猎奇心理设置各式各样博人眼球的题目。

三、网络营销号

营销号，指一类自媒体，该类自媒体主要以流量或营利为目的（免费和分享不是主要目的）开展的写稿创作发布。网络营销号作为网络信息的制造者和散布者，是网络舆论领域的一股重要力量，有的故意把自己打扮成机构媒体，却没有新闻媒体应有的资质与担当，而是以营利作为主要目的，以流量分成为主要手段，成为网络诽谤、谣言等的策源地或推手，损害了健康的网络舆论生态。[①]

从字面上来看，营销号本身就是以流量、盈利为目的，忽视了有价值的内容创作分享。有些营销号是自媒体账号，有些则是公众账号，营销号大多属于某些工作室或者团队，起初以各种手段快速圈粉，然后再将这个账号卖出去，从而获利，早期的营销号，相对较为规范，然而随着对网络流量的过于追求，也就无所谓黑与白，对与错，追求流量至上，只要能够增加热度，哪怕是“黑流量”也无所谓。

有些营销号就如同信息的搬运工，类似于抖音平台上的“分播”，也就是说他们自身不是原创内容，而是通过收集一些特定内容后加工特定的信息，再进行推送。大多网络营销号热衷于绯闻、恋情、出轨、黑料等等，在网络上，这种以社会新闻、网络传言、八卦等为题材“讲故事”类的视频或帖子颇受欢迎。它们的依据仅是网上的帖子，无法保证事件真实性，更没法找到当事人的真实照片。

为了提高视频的传播效果，有些营销号便会使出张冠李戴、偷梁换柱等手段，用网上搜来的照片“充数”，甚至滥用他人的影像资料强行编造。[②] 2021 年 12 月，中国青年网报道，多篇普法“新闻”中案件发生地不一、案情不同，但是配图选用了同一张照片（图 3-17）。类似的谣言事件还有“女生美妆照被配文‘海王’”：一名大四女生小嘉（化名）被

---

① 胡一峰. 治理网络营销号须打破流量崇拜［EB/OL］. 人民网，http://finance.people.com.cn/n1/2021/0308/c1004-32045345.html,2021-03-08.

② 开局一张图，剩下全靠编！“通稿式造谣”的营销号就得连锅端！［EB/OL］. 中国青年网，https://t.m.youth.cn/transfer/toutiao/url/3g.youth.cn/rmtj/202112/t20211214_13352220.htm?log_from=e0786db04f8c7_1639482489597,2021-12-14.

造谣成“海王”，视频配以“恋爱一年花费男友 20 万，并与上百位男生有染”的低俗文案，在多个网络平台上发布后，点赞迅速破万。以及“儿子牺牲 6 年后婆婆送儿媳出嫁”：各路营销号在不同地方、不同时间，以“某家的儿子意外离世，留下了当时已经怀孕的儿媳，儿媳坚持生下了孙子，而多年以后，儿媳再婚，婆婆亲自送儿媳出嫁”的雷同文案，配以婚礼视频，博人眼球，赚取流量。

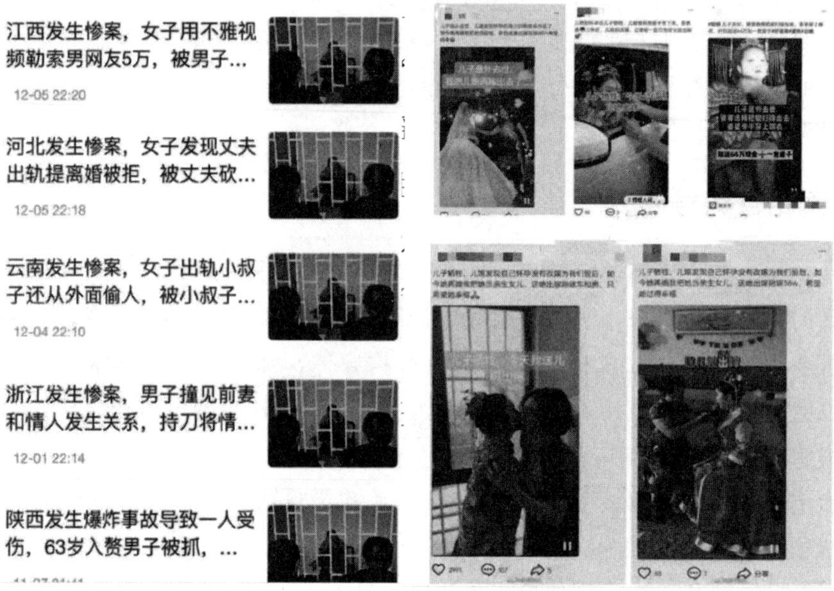

（图片来源：中国青年网）

图 3-17　雷同的普法“新闻”

四、不明真相的“吃瓜”网民

在网络越来越智能化的当今，打开手机、拍摄、上网、上传图文（视频）、发布，整个流程操作下来根本不需要费什么力气，甚至是几岁的小学生都会做的事情，“人人都是媒体”“处处都有媒体”“时时都可媒体”已成为当今网络传播的现实生态，因而“人人都能吃瓜”“处处都有瓜吃”“时时都会有瓜”的网络舆论现状也随即产生。“吃瓜”，这个词对很多网民来说并不陌生，“吃瓜”是一个网络用语，指在网络论坛中，人们发帖讨论问题，后面排队跟帖，不着边际地闲扯，有人将“不发言只围观”的普通网民称为“吃瓜群众”，用来表示一种不关己事、不发表意见仅围观的状态。[①]

“吃瓜群众”虽然具有成分比较散化、非组织化等特点，但是他们也有着流量需求，他们相对普通网民来说，更热衷于关注个人隐私、网络中的奇闻趣事、各类“八卦”信

① 崔福凯. 新媒体时代“吃瓜群众”的舆论效力与引导路径［J］. 焦作师范高等专科学校学报，2022，38（03）：43-46.

息，而且“吃瓜群众”的围观本身也是一种谣言的传播方式，中国青年报的一份不完全调查显示，有约73%的被调查人员认为网络围观会带来“达到炒作目的”的危害，50%的人认为会传播不良情绪，另外，36%和35%的人分别认为网络围观会引发“冒充公众意见”“损害当事人合法权益”等问题①。为了满足“吃瓜”群众的需求，种瓜、传瓜、吃瓜已经存在成熟的产业链，即某些平台通过刻意放出似是而非的假消息吊起网民胃口，再借社交平台发酵，然后在各大论坛等输出讨论观点，连环套路下，公众注意力的流量密码就被“拿捏”了。② 在网络围观的作用力下，胡乱“吃瓜”行为不可避免地给个人、社会带来众多负面影响。此外，由于吃瓜群众网络素养参差不齐，社会文化与习惯存有差异，受众心理与社会矛盾各有侧重，因而很容易被能够引起情绪共鸣和情感共振的网络谣言“带节奏”，甚至有部分网络吃瓜群众会选择从众性地“随大流”，从而促使网络舆论走向变得更加非理性和具有不确定性。

从现实来看，也不乏网民因为不当“吃瓜”或者“吃错瓜”而受到法律的制裁，毕竟“吃瓜”也有风险，乱发消息后果严重，2022年，同住在一小区的王某举报何某在微信群发布自己的照片，散布不实信息，并配有文字，称其生活作风存在问题。后经警方调查何某为了图一时之快，博人眼球，也为了得到更多的“八卦消息”，随手将未经证实的文字和照片转发到了微信群内，引起群内一片讨论，何某本以为只是一次小小的谈资，不想网络并非法外之地，其言论及所作所为已经对王女士的名誉造成了伤害，何某因诽谤的违法行为被处以行政拘留并处罚款。“吃瓜”跑偏，谣言滋生，大量低俗、虚假信息占据公众注意力，“吃瓜”变“吃人”，“围观”变“围攻”，给网络空间治理、社会治理带来新困扰。

---

① 姚媛．网络围观下的“吃瓜”乱象及治理［J］．网络安全技术与应用，2022，264（12）：117-118.

② “吃瓜”变“吃人”？从种瓜、传瓜到吃瓜，有条黑色产业链［EB/OL］．新浪网，http://k.sina.com.cn/article_1893892941_70e2834d0200170vz.html，2022-03-20.

第四章　警惕网络谣言的校园传播

第一节　上了网就忘乎所以，不可取

“数字化生存天然具有赋权的本质，这一特质将引发积极的社会变迁。”① 自互联网出现以来，技术赋能引起的最大变化就是促成了社会从“可见实体”向“虚拟数字”的延伸，从而构成了一个与社会现实并存的、相联系的、虚拟的网络空间，这不仅是社会存在方式的转变，更是人的生存方式的转变。当今一代的大学生是网络的“原住民”，他们与网络同频共振，通过网络获取知识、交流信息、生活娱乐、表达自我，网络已然成为当代大学生成长的重要陪伴者，但他们“知识体系搭建尚未完成，价值观塑造尚未成型，情感心理尚未成熟”②，为此，推进大学生网络文明责任意识的培育，规范大学生网络行为十分必要且重要。

一、颠覆现实感官的网络空间

你是否曾有过这种感觉：打开电脑，连接网络，仿佛世界都是我的！有了网络，我就等于拥有了世界。网络本身凝聚了各种传播媒体的优势，其自身的优越性和先进性能够更好地促进信息传播“有效性”的实现，这种“有效性”体现在了信息的传播范围扩大、信息传播灵活性和变动性增强、信息传播的可接受性提高。

在网络传播中，无论是任何数据都必须以“0”和“1”这两个数字为基础进行多样改变，网络传播本质是互动交往，交往也是因人因地而异，突破了过去由讯息传播者单向传送讯息的格局，彻底改变了“传统媒体给你什么，你就只能看（或听）什么的”直线、机械、被动的接受过程，使受众接受讯息的方式及其在传播过程中的角色发生了深刻的变

---

① ［美］尼葛洛庞帝著．数字化生存［M］．胡泳，译．海口：海南出版社，1997：269．

② 中共中央文献研究室．习近平关于青少年和共青团工作论述摘编［M］．北京：中央文献出版社，2018：37．

化，为传播者与受传者搭起互动的桥梁。此外，网络中的传播方法有很多，如文字传播、图片传播、视频传播等，亦可以采用这些方法的综合搭配，而采用何种方法以及何种搭配方式都必须要考虑，其中最为重要的是网络接受者的心理因素，有些网民喜欢文字阅读，有些网民则喜欢听，有些网民更喜欢观看生动的视频。

在网络世界中，我们可以延伸我们的五官，看到更多、听到更多、感受更多，但你是否曾想过，映入眼帘的其实不再是我们能看到的，而越来越多的是我们想看到的。当前，只要对互联网稍稍有一些了解的人，一定听说过一个词："大数据"。什么是大数据？大数据或称巨量资料，指的是所涉及的资料量规模巨大到无法透过主流软件工具，在合理时间内达到撷取、管理、处理并整理成为帮助企业经营决策更积极目的的资讯。[①] 大数据能方便我们的生活，买东西能推荐你想买的，听音乐会推荐你想听的，甚至你去一个地方，也只会按照导航给你设定好的路线前进。然而，我们需要时刻保持警惕，因为，你想看到的，可能也恰恰是别人想让你看到的，然后你会像是喝醉了的醉汉，越发不能自拔，最终沉陷于"信息茧房"[②]（图 4-1）。正如凯斯·桑斯坦在《信息乌托邦》中写道："网络虽然能够带来更多的资讯选择和更便捷的信息搜索，但公众只注意自己选择的信息和使自己愉悦的通信领域，久而久之，会将自身束缚于像蚕茧一样的信息茧房之中。"[③] 在桑斯坦看来，网络的广泛使用，让每个人都能获得自己所喜欢的信息，这样的一种思想偏狭将会带来各种误会和偏见，正是因为消息是免费获取的，所以在无数的信息面前，公众必须做出取舍，假如每个人都只按照自己的心意选择自己喜欢看的消息，那么，每个人的世界都只是他们所希望看到的，而不是世界本来应该拥有的样子。

图 4-1　作茧自缚

① 大数据［EB/OL］. 百度百科，https://baike.baidu.com/item/%E5%A4%A7%E6%95%B0%E6%8D%AE/1356941,2022-12-29.

② "信息茧房"的概念，是凯斯·桑斯坦在 2006 年提出的。当时连互联网都尚未充分普及，推荐算法根本不存在。他之所以提出这一概念，为的不是警告互联网公司，而是直接提醒公众：不要只注意自己选择的东西和使自己愉悦的通信领域。因为久而久之，这种看似"舒适"的选择，很可能将个体桎梏于像蚕茧一般的"茧房"中。"信息茧房"是指人们关注的信息领域会习惯性地被自己的兴趣所引导，从而将自己的生活桎梏于像蚕茧一般的"茧房"中的现象。

③ ［美］凯斯·桑斯坦. 信息乌托邦［M］. 毕竟悦，译. 北京：法律出版社，2008：8.

二、多问自己“为什么”

当我们活跃在自己编织的网络“信息茧房”中的时候，我们所获得的信息将成为影响自己价值判断的重要影响因素，比如在现实中，你明明知道早高峰是上午 7 点，晚上 6 点，但当你看到网上都在谈论“996”的工作模式的时候，你可能会以为当前所有的工作都是“996”，认知的偏颇在网络单一的信息来源中产生了，受到这些信息的影响，原本很容易理解的事情，也变得难以理解。错误的信息重复的次数够多，就会被我们当真，最有效的方式其实是在第一次接触谣言的时候进行谨慎的审视。

要解决“信息茧房”带来的诸多问题，我们需要学会在巨量信息的时代思维破茧——“连续发问”。我们以抖音 App 举一个例子，1 分钟教会一种方法，3 分钟带你看一部电影，5 分钟给你解读一本书，无不体现“短而快”结果立见的效果，满足你短时间内获取最大的信息量的需求，当你下载安装再仅仅看了几个短视频之后便会上瘾，越看越好看，越看越想看，就在不断刷视频的过程当中，不知不觉两个小时过去了，不知不觉又熬夜了，不知不觉宝贵的时间就这样浪费了，我们面对这一信息难题的时候，就需要通过自我提问来找回内心的思考。你需要问一问自己“这是我需要的信息吗”“这些信息代表了什么”“那是为什么”，通过一系列问题的自我探索来发现网络信息背后的现实，通过连续的发问，原本自我模糊或者不理解的事也会渐渐地变得清晰，从而理性对待各类信息，增强网络信息思维定力。

三、跳出自己的“舒适圈”

如果你只是某一天看了同类信息，可能对你影响不大，你觉得关注自己原本就感兴趣的领域没什么不对，反而能提升自己获取信息的效率。可是如果成年累月你都只接触同一类信息，久而久之，你会发现自己被局限在人造“信息孤岛”当中，时间久了会逐渐形成一种与周围环境趋同的观念，因不愿意面对外部的世界和生活，而难以接受外界的其他信息，甚至对不同于自己所处环境中的人和事都会感到排斥，这时意味着你与外界的其他信息被切断了，再严重一点，这就会导致偏见的产生。“人以群分”，这种现实社会中的人性特征和社会机理，在网络空间，非但没有改变，还变得更加突出。究其原因，在于网民在网络空间容易集群化——或在相似的情境中，或在相近的心态作用之下，或受到趋同的议题影响，网民容易结群，就会表现出“去个体化”的倾向。“去个体化”的个体在群体中失去了其自我知觉和个人认同。个体身处群体之中，就会不由自主地被群体“劫持”了。集群后的网民更容易走极端，形成偏激的态度和取向。① 如果你不想被“信息茧房”控制，要做的其实很简单，那就是身体力行地跳出自己的“舒适圈”，主动去接触你之前不愿接

---

① 新华网. 社交网络让“偏见”更偏［EB/OL］. 百度，https://baijiahao.baidu.com/s?id=1610537043253899629&wfr=spider&for=pc,2018-09-03.

触的信息，要有多渠道获取信息、多渠道求证信息的意识。

第二节　大学校园中的网络谣言

学校是网络谣言经常滋生的“场所”或攻击的“对象”，学校人数多、人员构成也相对复杂，“双减”、考试、教育教学改革等均是热点话题，网络谣言从未缺席，也不会缺席。一旦切中学生的现实焦虑，某条就事件原因和结果未经官方证实的消息就会立即引发大量学生的关注，成为“舆论热点”事件，这就非常考验学校官方的应急处理和应变能力，及时准确地发送官方通知和信息，回应学生的各种焦虑和合理诉求，是应对这类网络舆情的关键。

一、校园网络谣言易出现事件

教育是民生问题，关系到千家万户，教育公平是社会公平的基础。这就决定了教育问题有很高的社会关注度，教育改革面临的难点问题通常会成为热点问题，也是网络谣言滋生的催化剂。比如在 2021 年 7 月，“双减”政策正式出台，随之而来的，“停止学科类节假日培训暂缓执行”等话题冲上热搜，称“自 9 月 1 日起校外培训停止利用休息日、法定节假日和寒暑假组织开展学科类培训活动的规定暂缓执行”，一些培训机构微信群和部分家长群都在转发这则消息，甚至还有很多焦点问题产生，如“那还能给孩子报校外培训班吗？应该怎样选择？”等等，微博辟谣回应称：“在符合党和国家育人方向、符合行业规范的前提下，学科类、非学科类培训机构依然有着‘用武之地’，市场秩序也进一步规范。”[①] 2023 年，教育部等十三部门印发《关于规范面向中小学生的非学科类校外培训的意见》，对非学科类校外培训治理作出系统部署，缓解家长培训焦虑。综上，一个新政策的出台，意味着新的变化的开始，多数不能适应的人群必然会产生抵触情绪，甚至因为每个人对政策的理解不同，因此而产生各种怀疑、质疑也属于正常现象，官方及时进行政策解读或制定相关配套措施，都是降低不良舆论影响的重要途径，辟谣的关键仍然是对各种怀疑、质疑的观点给予及时的回应。

除了政策公布前后谣言容易滋生之外，考试前后也是网络谣言增量期，以高考为例，每年高考前后，网上总会有些不良机构或不法分子借高考之机炒作一些虚假信息，误导考生和公众，包括兜售所谓“高考真题”“绝密答案”“某某大学定向招生计划，保证录取”“高考阅卷老师打分随意”“有人捡到高考试卷”“考生答题卡被调包”“黑客入侵能修改高考分数”“内部大数据精准填报志愿”以及在之前章节中提到的“××丢失准考证”等，

---

① 8 月谣言盘点 | 网传“双减”政策落地，教育机构将面临“团灭”…… [EB/OL]. 微博辟谣，https://weibo.com/ttarticle/p/show? id=2309404678727568326819&sudaref=www.baidu.com,2021-09-07.

这些谣言层出不穷，其目的大多有“诱导”“诈骗”嫌疑，比如以“黑客”“内部”“大数据”等为噱头和套路，利用考生和家长的焦虑心理实施诈骗，不仅骗取钱财，还可能误导考生填报志愿，甚至贻误未来发展。而“低分上名校”等骗局专门针对录取结果不佳的考生和家长而设。惯常采用与知名大学院校容易混淆的名称，仿冒正规大学官网，以混淆视听的方式违规招生、骗取钱财。还有“父母失信影响子女上大学”等谣言错误解读政策、制造噱头、误导舆论。[①] 2022 年，“河南传媒大学”网站被有心的网友举报，从高考前夕开始，其网站不断发布有关“河南传媒大学”办学、科研、招生消息，然而实际上在河南省内从未有这么一所大学，该网站的内容大量盗用广西艺术学院网站信息，甚至在学校简介方面，仅简单用“河南传媒大学”字样替换了“广西艺术学院”名称（图 4-2），目前，“河南传媒大学”官方网站已无法正常打开浏览。无独有偶，2022 年青岛大学发布了四起冒用“青岛大学”名义进行非学历教育培训招生的事件，其中提到，部分培训机构对外擅自使用“青岛大学”字样及图片，事实上并未与青岛大学任何学院签约合作，仅租用了学校国际学术交流中心的房间进行招生，涉嫌误导学生报名。其实，类似的事件早已有之，在 2018 年一个名为“武汉经贸大学”的山寨官网，被河北省网信办依法关停。

“河南传媒大学”

广西艺术学院

（图片来源：百度、杭州网警巡查执法）

图 4-2　假河南传媒大学与真广西艺术学院

① 高考高招谣言多为诈骗 擦亮双眼谨防上当——涉高考高招辟谣榜综述［EB/OL］. 澎湃，https://m.thepaper.cn/baijiahao_19431295,2022-08-12.

除了上述事件外，学生突发意外事件也非常容易成为激起各类谣言传播的触发点，本应以事实为依据、法律为准绳的案件调查，却被大量网络谣言和各种未经证实的匿名信息，裹挟了网络舆论。这些虚假的言论，通过用虚构事实刺激人们情绪，容易引发网民同情，激起网民愤怒，用感情因素带节奏，从而让情绪化的意见占领了舆论高地，反而客观的事实变得无人问津，理性全然无存。通过百度数据搜索，相关案例或事件约 170 多万件，2018 年一条关于“四中学生打死人”的传言在网络上热传：“四中发生打死人事件，五个学生参与打人，其中一个是太伏镇镇长儿子，政府和学校要求私了，一家出 20 万，但死者家属不答应，要求严肃处理，还一个和谐社会。”这条传言出现在了河南平顶山、陕西合阳等地，各个版本都称是当地的中学，除了“四中”，有的说是在“六中”，经查，该条网传信息纯属造谣，系 2017 年 4 月 1 日四川省泸州市太伏中学一男生非正常死亡事件谣言炒作的升级翻版。经百度搜索，同类谣言多达 1 万余条，多地公安机关进行辟谣。造谣者甚至将“太伏镇”篡改为“太平镇”以博取眼球。（图 4-3）

（图片来源：上海辟谣）

图 4-3　“四中学生打死人”事件被辟谣

二、校园网络谣言易现平台

校园网络谣言易出现的平台多而杂，除了学生活跃度较高的哔哩哔哩（B 站）、抖音、小红书、快手、微信、微博、QQ、今日头条等平台之外，还需要特别注意一个“校园移动互助社交平台”，打着“交友表白”“校友互助”旗号，利用学校名称、标志或别称，吐槽、爆料、交友、求助、卖货、抒发心情、撰写校园故事、刷课、分享学习资料等各类信息如洪流一样，其中还夹杂着谣言的泥沙扑面而来。一方面，由于校园相比社会来说，舆论环境相对轻松自由，学生大多比较单纯，心智不成熟、社会经历比较少、判断是非的能力也比较差，在互助平台上非常容易被“忽悠”。

另一方面，因校园范围、日常学习活动的有限性，校园内的人际关系也相对比较紧密，黏合性强，在教室、宿舍、食堂、图书馆、运动场各种场所每时每刻都会发生频繁的人际传播，因人际关系的原因，各种八卦舆论、小道消息更有滋生和繁殖的温床，小到比如“上大学就轻松了”“不挂科的大学不完整”“大学里学习不重要，社交很重要”“大学随便逃课、打游戏没人管”“我听说某某和某某恋爱了”等学习、生活和绯闻类谣言，大到污蔑、中伤、诽谤他人的谣言，如在 2021 年，中山大学发布公告称，该校的学生赵某晨在网络上捏造事实，造谣诽谤他人，给受害者造成严重的名誉损害，已经对其开除学籍处理，警方也对其拘留 3 天。（图 4-4）虽然学校将造谣者赵某晨予以开除，造谣者受到了应有的惩罚，但是他的造谣给受害者造成的伤害却是永久的。

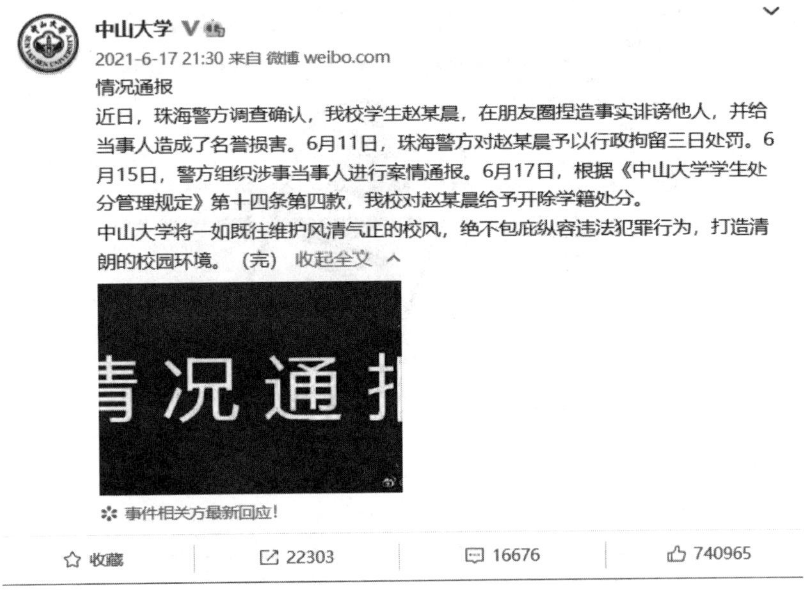
中山大学
2021-6-17 21:30 来自 微博 weibo.com
情况通报
近日，珠海警方调查确认，我校学生赵某晨，在朋友圈捏造事实诽谤他人，并给当事人造成了名誉损害。6月11日，珠海警方对赵某晨予以行政拘留三日处罚。6月15日，警方组织涉事当事人进行案情通报。6月17日，根据《中山大学学生处分管理规定》第十四条第四款，我校对赵某晨给予开除学籍处分。
中山大学将一如既往维护风清气正的校风，绝不包庇纵容违法犯罪行为，打造清朗的校园环境。（完） 收起全文
情况通报
事件相关方最新回应！
收藏 22303 16676 740965

（图片来源：中山大学）

图 4-4　中山大学通报赵某晨造谣事件

三、校园网络谣言的变种

当代学生是当前图像信息传播的主流群体，他们对新鲜事物有着强烈的好奇心和更快的接受与使用能力，微视频、短视频、表情包、动态图、静态图等正在成为学生构建自我形象不可或缺的图像符号手段，比如受越来越多学生喜爱的网络直播、聊天使用表情包等本身就表现出了学生群体普遍的图像化交流倾向，这种倾向在认知层面有着较高的认同，

而在图像文化时代，“调侃”“恶搞”在学生群体中比较普遍，比如，一些学生喜欢用一些恶搞图片、恶俗表情包或者调侃的段子来博人眼球、盲目跟风，从本意上来看，大多数学生的“调侃”“恶搞”行为并不存在明显恶意，更多的是把恶搞“作为一种网络大众消费的社会文化现象，是排遣个人烦恼的精神调味品”。[①] 比如偷拍上课的老师，在抖音上给老师起外号，随意盲目跟风，使用各种辱骂他人的言辞等，这些恶搞本身从某种角度来看，如果给当事人造成了一定影响，肯定是违法的行为，网络并非私人场地，发布的言论必须恪守道德底线和法律规定。

类似的恶搞，造成社会影响，且触犯国家法律的案例时有发生，如 2020 年，杭州一女子去快递点取快递，就被恶意拍下视频，被人改头换面，还被编造成“出轨快递小哥的女富婆”，被配上了香艳剧情，在网上大量传播；2021 年，一网友下载一女士与其外公的合影照片，编成“老夫少妻”恶搞发布，阅读量逾 4.7 亿人次；[②] 2022 年，一名本科应届生，成功拿到了保研的名额，于是就想向自己身患重病的爷爷分享这份喜悦，然后她将这张有纪念意义的合照发到社交平台上（图 4-5），本来是一件温馨的事，被有心之人恶搞后，传出来的故事是“老人带病考取研究生，还娶了一个小女生”，还有一些营销号配上“专升本考上浙大后爷爷哭了”的字幕，卖专升本培训课等，[③] 更离谱的是，还有人信了，并且拿着这张图片网暴这位女生。依据我国相关法律的规定，未经允许拍摄他人并且上传到网络的，是属于侵犯肖像权的行为。

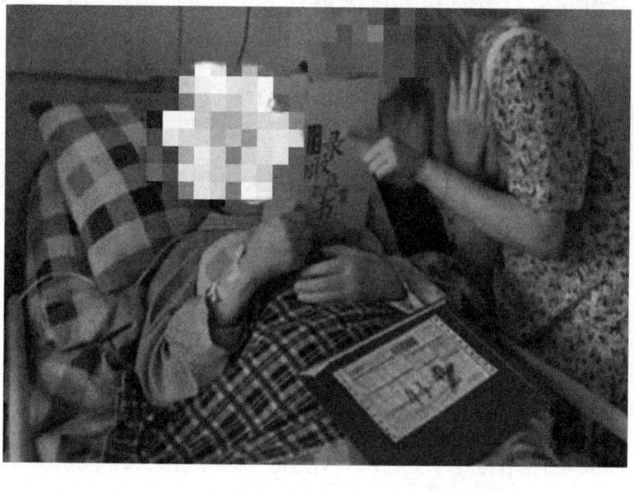

（图片来源：澎湃）

图 4-5　保研女生上传与爷爷合照反被造谣

① 李一，汪昊天．“网络恶搞”的现象分析与省思应对［J］．青少年研究与实践，2021，36（01）：16-21．

② 最高检点名“老夫少妻”恶搞事件：一夜之间遭遇“社会性死亡”，是“天大的事”！［EB/OL］．澎湃，https://m.thepaper.cn/baijiahao_17047891,2022-03-09．

③ 95 后照片被盗用，因染发遭网暴！照顾爷爷被造谣！［EB/OL］．澎湃，https://m.thepaper.cn/baijiahao_19196153,2022-07-27．

网络恶搞本质是一种网络亚文化，美国学者尼尔·波兹曼在其著作《娱乐至死》中对于“泛娱乐化”曾提出尖锐批评：“在这里，一切公众话语都日渐以娱乐的方式出现，并成为一种文化精神。我们的政治、宗教、新闻、体育、教育和商业都心甘情愿地成为娱乐的附庸，毫无怨言，甚至无声无息，其结果是我们变成了一个娱乐至死的物种。”① 网络文化必须有正确的价值引导，因此，利用线下＋线上相结合方法，开展网络安全教育、网络信息素养讲座等主题活动，提高学生“懂网”“知网”“用网”“辨网”的基本知识和能力十分重要。

四、校园网络谣言的“望闻问切”

面对校园网络谣言的传播，作为学校思想政治工作者，需要做到“望闻问切”，成为打击网络谣言的“守望者”“善闻者”“自问者”“关切者”。

做“守望者”，把好校园网络舆情前置关。学校思想政治工作者要深入到学生经常使用的短视频平台、新媒体平台、贴吧等，时刻关注学生拍摄的各类短视频作品、发表的观点，将信息予以收集，做好分析与研判。特别要关注涉及高等教育领域的重大舆情，要关注负面事件中片面的情绪化看法、观点甚至是谣言，这类话题最具天然吸引力，容易博人眼球，成为舆论焦点，当舆论过度聚焦负面的时候，可能会进一步引起消极情绪；学生日常网络活动平台全覆盖，占领舆论阵地。在大学生比较活跃的小红书、抖音等网络平台建立网络宣传阵地，主动发声，及时转发已经被官方辟谣的信息，向学生提供及时准确、权威专业的真实信息；因势利导做好自媒体发展的文化引导，通过塑造一批榜样人物、主动设置主题、创作微视频作品等方式，强化社会主义核心价值观与自媒体融合，提升青年学生的社会责任感，增强其明辨是非的能力。

做“善闻者”，积极开展价值对话与探讨。学校思想政治工作者必须要紧密结合当代学生成长特点和内在需求，在线上和线下都要积极倾听学生的合理诉求，遵循网络信息传播规律，回应学生关切的问题，创造性开展工作，采用“网络意见领袖”“议程设置”等方式积极营造优势舆论，将解决学生实际问题和学生思想问题结合起来，用大量有理有据的事实作为信息传播素材，开展价值对话与探讨，应对网络舆论危机；从贴近大学生现实生活中的网络谣言入手，通过制作宣传展板，发放网络辟谣知识手册，讲解网络谣言危害等形式，提高学生们抵制网络谣言的意识，增强广大学生识谣、辨谣和举报谣言的能力；开展大学生网络安全教育进课堂活动，丰富网络安全法治教育形式，以“短、快、新”的视觉性作品创新表达，转换话语体系，以轻量化、表现力强、直观性好的动漫、短视频等作品作为载体，制作并传播一些揭示网络谣言、虚假信息的作品，开发相关的网络课程，丰富学生自身的知识积累，提高学生辨识谣言的能力，提高网络安全法治教育实效性。

做“自问者”，具有校园网络舆情的敏锐性。很多时候，学生在网络中的发言是非理

---

① 尼尔·波兹曼. 娱乐至死［M］. 桂林：广西师范大学出版社，2004：4.

性的，学校思想政治工作者必须要经常思考什么类型的网络信息值得关注、学生发布的短视频背后有何含义、学生对各类热点事件关注的周期性是多久等问题，总而言之，就是要对网络舆情具有敏锐性、洞察力，早关注、早发现、早行动、早引导是解决网络舆情的最好良方，为此，学校思想政治工作者应努力学习网络法律法规，提升自身网络素养，要善于运用网言网语，提升网络表达能力。根据当代学生网络生活的心理特点、认知特征和接受规律，把热点事件转化为理论宣讲内容和思政课内容，融入党团课教育、读书沙龙、主题班会讨论等活动，发挥党员干部“关键少数”的引领作用，思政课教师、辅导员的骨干作用以及专业课教师“课程思政”的课程主阵地作用，做好学生网络育人工作。

做“关切者”，推进理性的声音占据主流。由于网络的“去中心化”的特征，增强了网络主体在接收与传播信息方面的自主性，因此当学生在网络中进行信息选择的时候，他们必然会考虑到个人的兴趣、爱好，并将个人对信息的需求作为接收或不接收信息的判断依据，因此在进行学生网络安全教育引导过程中，学校思想政治工作者需要了解学生喜好，建立线下网络文明志愿者队伍，在学生中组建网络安全社团、选举网络安全信息反馈员，引导青年大学生在网络中主动发声，让学生成为网络自律主体、网络文明建设主体、网络安全守护主体，同时，鼓励学生在线上和线下开展网络安全教育志愿服务活动，以学生青春之我，为网络安全筑起“防火墙”。

第三节　大学生对网络谣言的认知和行为调研

根据中国互联网络信息中心（CNNIC）在京发布的第50次《中国互联网络发展状况统计报告》，截至2022年6月，20～39岁的网民群体占比达到了37.5%，高于其他年龄段群体，可见，青年群体已成为参与网络活动和网络空间建设的主力军，虽然人数众多，但是并不代表这些群体都具备网络生活科学的思维以及对网络谣言的批判抵制能力，为了印证这一假设，针对8所学校的2 116名在校生开展了网络谣言认知与判断问卷调研。

一、遭遇过网络谣言的大学生超九成

网络技术高速发展，网络信息的传播速度也变得非常快，快到你想象不到，任何一条消息从发出到发酵快则几个小时，慢则几天，再加上热搜、大数据推送，很有可能你看到的信息就有谣言成分。在调研中，1 996名学生认为自己遭遇过网络谣言，起初相信的约占到了遭遇谣言人数的93.6%，这表明，现在大学生经常用手机、电脑等刷微博微信，看到的很多新闻不知道是真是假，对网络谣言的分辨能力较弱，对负面或虚假信息缺乏一定的免疫力。在调查中，同样超过九成的大学生都认同“不信谣”“不传谣”“不恐慌”是基本的网络素养之一，但是网络中的信息纷繁复杂，尤其是每天在不断地被各种同质化信息包裹时，很多学生会受到影响，思想上也会产生些许疑惑，尤其是当这些铺天盖地而来的

信息与自己密切相关的时候，面对一轮又一轮的舆情冲击，各种不确定性会强化学生紧张情绪，可见，大学生群体虽然具有较高的知识层次，但是“他们基数巨大，而且集体兴奋点趋同，有着较强的猎奇心理、较明显的个性化特征以及较强的参与意识，喜欢通过网络表达观点、交流互动，通过新媒体传播和评论各类新闻信息，但思想、心理不够成熟且缺乏社会实践经验，其思想和行为容易受到网络影响”。①

二、社交平台仍然是大学生接触网络谣言的渠道

大学生接触网络谣言的渠道很多，其中，社交平台是大学生最为活跃的平台，每天登录社交平台已经成为和衣食住行一样重要的“生活必需品”。在调研中，学生在QQ、微信、抖音等平台中经常进行互动分享的比例约占81.3%，分享内容包括奇闻趣事、模仿搞笑、社会热点等，已经成为学生日常诸多网络活动之一，社交平台的分享与其他网络平台不同，因社交平台的用户体量大、交流更便捷、传播互动强等特点，再加之学生之间关系的强黏合性、亲密性等，社交群落传播更具有圈层化、内部同质化，因而使各种意见、态度和情绪表达在社交平台中会呈现出特有的方式，在分享方式和结果上具有区别于其他平台的鲜明特点，可以说这种分享是呈现几何级扩散的。

虽然这种分享多是大学生感兴趣的话题，但是仍然会有一些网络谣言如泥沙一般，混在其中，而部分大学生自身的能力还不足以能够自觉地抵制，如“分享不确定信息目的”调研题目中，多数大学生认为自己主要是为了提醒自己的好友（约占比50.7%），为了关注事件进展（约占比14.1%），但也有部分学生认为自己有发泄情绪、鼓励评论等因素存在（约占比12.6%），还有一小部分同学选择了“为了求证真伪”（约占比6.4%），剩下的同学认为自己从没有分享过（约占比16.2%）。从中我们可以看出，大部分同学出于对亲朋好友的关心，会对某些不确定的消息和非官方的消息，怀着“宁可信其有”的心态，进行分享，这是人之常情，但也恰恰中了网络谣言炮制者的下怀，另一方面，可以看出，学生对信息掌握得不充分、不完整，很容易呈现出信息传播的非理性行为。此外，通过社交互动平台群组功能，大学生往往能在短时间内呈现出对某一事件各种意见的聚集状态，从而对其思想和行为产生巨大的影响。②

三、学生网络谣言传播从众效应明显

网络谣言传播的从众心理在大学生群体中也有体现，在从众心理作用下，“群体内部最终形成意见合意。然而，群体认同也会产生群体压力，网络讨论中的主导意见者对持有不同意见者造成了一种群体压力，在这种压力之下，个体真实意见无法有效表达”。③ 在调

① 白月．高校网络舆情的类型、特点及应对研究［J］．河南社会科学，2020，28（07）：120-124．

② 何阳，叶柯柯．基于“北邮人论坛”的北京邮电大学校园网络舆情分析报告［J］．北京邮电大学学报（社会科学版），2012，14（02）：22．

③ 冯刚，黄渊林．大学生网络舆情群体极化的成因与表征［J］．思想教育研究，2021（09）：94．

研中，认为自己有过“大家转发，自己也转发”类似行为的约占比 71.5%，同时约占比 49.6%的学生认为自己无法区分“大家普遍使用的网络用语的好与坏”，而在其中，又有 80.7%的学生认为“在网上说说脏话、发泄发泄，是很正常的，因为大家都这么做”。网络世界大而无边，网民多而无序的状态对大学生的从众心理有一定影响。首先，作为学生来说，他们想要获得一定的精神满足，就需要获得其他人的认同与接受，当网络上出现了不同声音的时候，即使他们能够区分出对与错，但是在群体的压力下，他们也会选择放弃自己的想法或观点，而选择与大多数人意见一致，网络规模越大，不同的声音会越多，大学生有着自己的网络圈层，在属于他们的群体生活中，各种网络公共规范和准则可能并不会对他们造成制约，而真正起作用的可能是自发形成的群体约定和共识。此外，从心理学角度来看，从众心理也是一种情感释放的结果，与“就算你是错的，我也认定你了”有异曲同工之妙。

四、干扰个人作出判断的因素较为多元

谣言的本质特征在于它的不确定性，一般来说，网络谣言都属于小道消息、非官方渠道消息，且发布网络谣言的账号也不权威，内容也缺乏规范性，但是网络谣言在大学生群体中仍然有生存和传播空间，呈现危害性、传播性、非理性和攻击性等特点，在关于“有哪些干扰因素影响了你的判断”（多选）调研中，约占 77.4%的大学生认为“熟人”“朋友”“家人”传播的信息让他们更容易相信，因为这类群体的黏合性强，信任度更高，另外，约占 58.5%的学生认为“转发一下并没有什么损失”，可以看出大学生们往往喜欢相信直觉，而缺乏分析，尤其是当我们面对越来越多的生活娱乐消费等“软谣言”时，更容易通过人际传播、小圈子传播扩散。还有一些大学生认为有些信息看起来是符合逻辑的，前后连贯，容易理解，比如有图、有视频等信息，持此观点的学生约占比 33.6%。网络社会是一个价值多元的空间，大学生所处的生活环境纷繁复杂，在不同的价值体系之间做出价值判断与价值选择存在着价值冲突。由于大学生来自不同的家庭，有着不同的社会背景与社会经历，受到了不同的价值文化的影响，此外，在网络生活中，具有较强自主意识的大学生，很容易受到网络多元化思想的影响，这就在一定程度上造成了大学生价值判断与价值选择的差异，价值观是社会成员用来评价行为、事物以及从各种可能的目标中选择自己合意目标的准则，而评价的过程也就是人们对于价值观判断与选择的过程，判断与选择的依据就是符合自己的目标。元代大学者许衡有一天外出，因为天气炎热，感到口渴难忍，而路边恰好有一排梨树，同行的人纷纷去摘梨，唯独许衡不为所动。“何不摘梨解渴呢?”有人问许衡。许衡回答说：“不是自己的梨，岂能乱摘?”那人笑他迂腐，说：“世道这样乱，梨树的主人是谁都不知道，还有这么多的顾忌吗?”许衡正色道：“梨虽无主，我心有主。”以上的材料就向我们展示了两种不同的价值判断和价值选择，许衡不摘梨解渴是因为不是自己的梨，不能乱摘。许衡不去摘梨就是在其价值判断支配下做出的价值选择，由这则古代故事可以看出，价值判断与价值选择的过程包括了“是什么”“为什么”

“怎么办”三个环节，即价值判断是“是什么”与“为什么”的统一，而价值选择则指的是“怎么办”。价值判断是价值选择的前提，价值选择是价值判断后的主体能动性的体现。只有培养正确的价值判断，才有可能帮助人们做出正确的价值选择，才能提高大学生明辨是非、识别真假、区分善恶的能力和觉悟。

五、学生不善于主动去掌握网络辟谣知识

根据贯彻落实总体国家安全观的要求，依据《大中小学国家安全教育指导纲要》，2021年前后，全国各个高校开设“国家安全教育”通识教育必修课，国家安全教育内容实现所有领域全覆盖，包括“12＋4”共16个领域，涉及内容主要有：政治、国土、文化、科技、生态、资源、海外利益等12个领域安全，以及太空、深海、极地、生物等不断拓展的新型领域安全；围绕国家安全各重点领域的重要性、基本内涵、面临的威胁与挑战、维护的途径与方法等提出学习要求，既体现各领域内容特点，又体现学习要求的针对性。《大中小学国家安全教育指导纲要》强调通过多渠道多途径多形式实施国家安全教育：一是开设专门课程，高校开设国家安全教育公共基础课，鼓励支持各地和中小学根据需要开设地方课程和校本课程。二是实践活动，通过专题教育活动，积极引导学生自主参与、体验感悟。三是学科渗透，在各学科专业课程中有机融入国家安全教育内容。四是校园文化宣传，发挥校园文化在传播、宣传、推广国家安全教育的积极作用，引导学生应知尽知。五是社会支持，充分利用国家安全各领域专业人才、专业机构、行业企业和各类社会学习体验场馆等社会资源。①

《国家安全教育》课程成为当前大学生学习有关网络安全②方面的重要渠道，在调研中也确切地反映出了这一点，上过这门课程的学生为100%，除此之外，很少有专门的课程是讲授网络谣言的，在一些有开设传媒专业或者计算机专业的学校，大部分知识被揉进了网络素养、媒介素养、网络舆情等选修课程或专业课当中。此外，在调研中还发现，有部分学生是通过参与青年大学习、团团微课、公开课、网络安全活动周等方式，获取了一定的辟谣信息，这部分学生约占比37.8%，从一定层面来看，大学生获取网络辟谣知识的途径还是多元化的。

六、学生运用网络自我学习和自我服务效果一般

当前网络设备越来越精细、便捷，不少学生都拥有“平板”“电脑”“智能手机”等，调研显示，学生拥有可上网设备率为100%，使用2台及以上的占比达到88.9%，在大数

---

① 教育部教材局.《大中小学国家安全教育指导纲要》主要考虑与要求［EB/OL］. 教育部，http://www.moe.gov.cn/fbh/live/2021/53640/sfcl/202108/t20210824_553663.html,2021-08-24.

② 网络安全包括网络基础设施、网络运行、网络服务、信息安全等方面，是保障和促进信息社会健康发展的基础。网络安全面临网络基础设施安全隐患和网络犯罪等威胁。维护网络安全必须践行“没有网络安全就没有国家安全，没有信息化就没有现代化”的理念，强化依法治网、技术创新、国际合作等，树立网络空间主权意识。

据、人工智能技术迅猛发展的当今，数字化学习工具也层出不穷，数字化学习工具高效率、易使用、虚实结合等特点正在促使学习过程从单向转为“多维度、多媒介、多层次、多形态”。[①] 多样化的上网设备学习让学生选择使用网络学习、查找讯息的途径、方法更广泛，但是学生投入网络学习时间方面还有很大不足，有 1 453 名学生认为自己课外投入到网络在线学习或者社群学习的时间不足 1 小时，约占到总调研比例的 68.6%；在学习的内容上，有 1 882 名学生认为自己使用在线学习工具主要是为了完成老师布置的任务或者项目，约占到总调研比例的 88.9%，而认为自己通过其他平台使自己有额外学习收获的仅有 83 名学生。从上述调研结果来看，大多数学生数字化学习多是以完成任务为主，发展或成长式学习相对缺失，整体数字化学习的适应性不足，且面对不同功能、类型多样的数字化学习平台或应用，有 1 331 名学生认为自己缺乏对数字化学习工具的评价能力，在面对海量的数字化学习资源和形形色色的平台时，无从下手，不知所措。

“买前生产力，买后爱奇艺”，这一网络流行语是关于学生网络学习的自控力现状的最好印证，主要指某些人在购买了平板电脑等数字化学习或办公设备之后，最开始是将这些设备作为提高学习或工作效率的生产力工具，但由于自控能力较差，执行力也不强，没过多久便只把这些数字化设备作为看电影、看电视剧、看动漫的工具。在调研中，约有 83.9%的学生都认为自己在使用平板、电脑等设备时，存在“买前生产力，买后爱奇艺”的想法和行为，且超过 50%的学生认为这与自我管控能力缺乏相关。此外，在关于“你是否知道有哪些辟谣软件或小程序”（开放式问题）的调研上，回答“不知道”“不清楚”“没有听说过”“无”等之类答案的约占比 81.2%，回答“有听说过”“有看过”的约占比 11.3%，能够写出 1—2 个的占比 7.5%，回答内容包括“抖音辟谣”“微信辟谣”“国家反诈中心 App”等，可见，从一定层面来看，大学生的网络生活是丰富的，侧重于娱乐性，运用网络资源提升自己各方面的能力的意识不强，在关于使用“网络技术”主动辟谣方面的能力薄弱。

七、学生在得知分享或转发的信息是谣言时会主动澄清

在任何信息得到辟谣之前，谣言总归会占据上风，面对形形色色的谣言，无法辨识也是很正常的，但是当辟谣之后，更应该警惕谣言的卷土重来，在调研中发现，约占比 84.8%的学生认为当自己得知所分享过的信息为谣言时，会及时制止这种错误信息的传播，约占比 76.7%的学生认为如果再遇到类似信息，下次一定会注意，对未经证实的虚假信息，及时予以删除，同时会考虑消息是否是官方所发出来的，是否有官方确认的消息，不会再随意转发。在关于网络谣言的危害认知方面：约占比 82.2%的学生认为网络谣言播速度快，范围广，极易蛊惑人心，加剧社会恐慌；约占比 87.1%的学生认为网络谣言的肆意传播会破坏社会正常秩序，危害公共安全，损害公众利益；约占比 95.4%的学生认为危

① 王玉龙. 数字化时代高职院校教材建设的逻辑、特征与策略 [J]. 职教论坛，2022，38 (08)：46.

言耸听的谣言一旦形成了一定规模，则会引发社会信任危机；约占比 94.9%的学生赞同网络谣言会扰乱人们的思想、心理和行为；还有 97.3%的学生认为网络谣言的危害范围极大，会影响到政治、经济、文化、社会等诸多方面。

在关于“如何减少网络谣言传播”的调研中，约占比 32.6%的学生回答了“不知道”“无”“不清楚”，剩下的约 67.4%的学生填写了“不传播非官方来源的信息”“不传播没有正规来源的信息”“不道听途说、捕风捉影”“以官方发布的权威信息为准”等等，从回答来看，大部分学生存在主动抵制谣言的意识，但是在如何抵制谣言的科学方法掌握方面还有所不足，比如，填写与“主动向网信、公安部门举报”相关内容的学生不到 300 人，约占总调研人数的 14.1%，大部分学生重在网络谣言的“自我预防”，而缺少对网络谣言的“主动打击”。如果能够调动大学生这一群体打击网络谣言的主动性，那么可以在很大程度上压缩网络谣言的滋生空间，所以，要强化大学生的网络安全责任意识，增强大学生的公民认同感和社会责任感，将大学生抵制网络谣言的自觉性落实到实际行动中，[①] 提升大学生网络谣言的辨识能力和打击能力，提升大学生网络交往过程中的信息的归纳、分类、鉴别的能力，帮助他们能够自觉抵御和消除垃圾信息及有害信息的干扰和侵蚀，才有可能断绝网络谣言信息的“二次传播”，减少网络中不文明的现象。

---

① 岳汉景，朱莹．大学生网络谣言辨识力提升探析［J］．重庆邮电大学学报（社会科学版），2021，33（03）：89-96.

第五章　大学应对网络谣言的治理手段

第一节　网络辟谣之平台辟谣

一、谣言过滤器

各大社交平台和软件几乎都有“辟谣”功能的小程序，微信早在 2014 年 10 月便推出了“谣言过滤器”公众号平台，该平台是微信与人民网等各方合作的辟谣账号，在内容运营、辟谣内容鉴定等方面联手过滤微信平台上的谣言，它除了可以查询辟谣信息之外，还设置了安知课堂、微信安全知识，并将谣言按照音频和视频两种呈现方式进行了分类，更有针对性。打开微信，点击右上角的“+”，接着点击“添加朋友”，点击编辑框输入“谣言过滤器”，接着点击下方的“搜索”，接着点击下方的“关注”，即可完成添加，公众号“谣言过滤器”重点关注和网民息息相关的社会热点类、科普类，以及医疗健康类的内容的辟谣。

二、微信辟谣助手

2017 年 6 月微信再次推出“微信辟谣助手”小程序（图 5-1），与“谣言过滤器”不同之处在于，“微信辟谣助手”功能更丰富一些，而且合作机构也更多元。进入微信，在底部点击“发现”，再选择“小程序”，输入“微信辟谣助手”即可，也可以直接搜索“微信辟谣助手”，进入“微信辟谣助手”就可以看到当前最新的谣言及其辟谣解说，截止到 2023 年 1 月 27 日，该小程序所收录的辟谣信息达 8 821 条，涉及辟谣机构 792 所，所涉及谣言信息非常全面，包括民生、医疗、公共安全、食品安全等，微信辟谣助手相当于一个辟谣平台，聚集了大量辟谣机构的数据，好处是内容丰富、各种种类的谣言及其解说都可以找到。用户遇到疑似谣言时只需在“谣言识别”页面，输入关键字搜一搜即可轻松辨别，从此远离谣言困扰，对经常使用微信的公众查谣辟谣非常方便。其中的权威的解读，对于提升网民分辨真相的能力，提高网络谣言的打击力度等，都有很大的促进作用。

（图片来源：微信小程序）

图 5-1 “微信辟谣助手”小程序

此外，“微信辟谣助手”可以通过语音识别进行搜索，实现对谣言的快速定位，来加快查找速度，特别适用于网络谣言易感人群中的老年人，例如想知道与食品安全有关的谣言，有些生僻字不容易输入，便可以使用语音功能，相关谣言及其辟谣解说便即刻会被定位，用户进入“谣言识别”即可查看最近被合作的第三方机构辟谣的谣言。当用户近期阅读或转发的[1]文章里有被第三方辟谣的，辟谣助手会通过“公众平台安全助手”给用户发

① 微信又推出逆天功能[EB/OL]. 搜狐网，https://www.sohu.com/a/149082489_120702,2017-06-15.

送辟谣提醒。同时，该小程序具有一定的提醒和转发功能，在“微信辟谣助手”的右上角，有一个转发按钮通过它可以将辟谣文章转发到微信群里或分享给好友，通过转发辟谣内容，能够让更多的人看到辟谣内容，避免他人被谣言所迷惑。当用户最近阅读过的微信文章被评定为不实信息后，辟谣助手会通过公众平台安全助手来给用户发送辟谣提醒，在小程序的“与我相关”里可以看到自己收到辟谣提醒的整体情况。

三、微博辟谣

微博与微信有所不同，微信是基于社会化的关系网络而形成的信息交流平台，在形式上是一种即时通信软件，以语音短信、视频、图片和文字等信息为主要传播内容，支持多人在线群聊，因此，具有私密性、封闭性、集聚性等特点，网络聊天群和朋友圈很容易成为各类谣言传播的主要“聚集区”，凭借着社会化的关系网络，谣言转发量会大大增加，由于同一个人可能会拥有不同的群，最终会导致谣言的跨群传播。而微博更类似于公告栏式的信息的发布与获取，通过“关注”的方式获取指定对象发布的信息或发布信息给指定对象查看，通过转发、评论等功能实现对他人信息内容的再次发布和互动，相比微信的群聊、群组、圈层化，微博属于弱关系传播，人与人关系并不紧密。微信作为朋友、同辈、家庭等使用的聊天工具，信息主要以个人生活感悟、生活动态等相关，这与社会化关系网络属性有很大关联性；微博中的各类信息多以公众话题、民生话题等为主，相比来说，微博是一个公共舆论场和意见集散地，因此，微博在应对网络谣言传播上，也有着自己独特的机制。

用电脑或手机打开新浪微博，在搜索栏中输入“微博辟谣”就可以看到微博的官方辟谣账号（图 5-2），“微博辟谣”最大的特色是跟各地的网警合作，可以及时掌握一手资料，新浪微博联合公安部推出“全国辟谣平台”，并在微博首页公告栏和“@微博辟谣”账号粉丝服务中设置两个醒目的举报入口，举报不实信息，向“全国辟谣平台”举报谣言的，可以通过“@微博辟谣”粉丝服务的底导和微博 PC 版首页右侧公告栏的入口进行举报，该平台以 189 个网警巡查官微和各地公安局平安系列微博为主力，网友在该平台可举报在任何网络平台上发现的不实信息，注意不实信息不仅仅针对微博平台，网民只要在举报页中准确填写被举报内容链接或者上传被举报内容的截图，详细填写举报理由就可以将自己的举报上传至辟谣平台，平台上的网警官微和各地公安局的平安系列官微会第一时间对网民的内容举报进行核查处理，并通过发布＃微博辟谣＃内容进行官方辟谣。“@微博辟谣”也将联合公安部发布每月辟谣报告，集中公布典型谣言和相关数据。[①] 根据微博辟谣 2022 年度发布的辟谣报告显示：微博站方共有效处置不实信息 82 274 条，辟除新增谣言及引导争议事件 1 355 例。＃微博辟谣＃平台总阅读数 117.7 亿，讨论量 722.5 万，同比去年阅读数增长了 14.05％。“@微博辟谣”，全年共发布辟谣微博 3 273 条，阅读量 5.66 亿

① 潘树琼. 辟谣积极履责 净化精神家园 [J]. 网络传播，2017 (08)：41.

次，互动量 106.3 万次。[①] “@微博辟谣”对打击网络谣言，提升公众识谣辨谣能力，营造清朗的网络空间，起到了非常重要的助力作用。

（图片来源：新浪微博）

图 5-2　“微博辟谣”账号页面

在“微博辟谣”中，点击“全部”才可以看到全部辟谣内容，否则只能看到热门内容，在日常生活中，当我们遇到很多难以分辨的谣言时，如果想知道特定辟谣内容，点击搜索栏，输入关键词查询即可，借助“微博辟谣”中已有的辟谣信息，便可知真伪，而且，就算是查询不到，也可以启动“舆论对冲机制”，即通过微博发起询问，向微博的其他公众用户来寻求信息支持，从而获得更多的辟谣信息。因为，除了“微博辟谣”之外，在微博平台中，还有中国科协科学辟谣平台官方微博“科学辟谣”、中国互联网联合辟谣平台以及各个省市的辟谣官方账号，此外，“微博辟谣”也有一些辟谣专题，如每月的科学流言榜等，都是可以帮助我们增长辟谣知识的重要渠道。

四、短视频平台的辟谣机制

抖音、快手等短视频平台日益受到网民追捧，各类短视频平台正在成为网络谣言新的“生产地”和“传播地”，与以往多以文字、图片传播的谣言相比，“视频谣言”的“技术含量”都有所增加，更容易混淆视听，误导公众。因此，抖音、快手等短视频平台也都出

① 2022 年度微博辟谣数据报告［EB/OL］. 新浪微博，https://weibo.com/1866405545/MoICtozcu? type=comment#_rnd1674816381133. 2013-01-17.

台了相应的辟谣方案，开展了一系列有效的辟谣活动。2022 年 8 月，抖音举办“治理不实信息开放日”，分享其在面对不实信息时，从预警到分析，从验真到拦截的 7 项治理步骤，以及正式上线的溯源、打标等多项新功能，并建立了信息信号分析机制，通过“用户反馈”的质疑、投诉、不感兴趣以及大量举报和“异常内容”的负面评论、同质化、二次传播、旧闻等方面作为内容研判和分析依据，并结合多平台信息进行溯源、验证真伪，一旦证实为不实信息，则快速辟谣，并拦截其进一步传播，对暂时无法核实又高度存疑的内容，则上线提示性文字提醒用户，同时，对相关账号进行关闭或停用。

此外，抖音也上线了“打标”和“发文助手”功能，对于演绎视频的创作者提供打标能力，让其主动说明视频属“演绎”，避免误解；引导用户使用正确用语。“发文助手”检测并提示用户发布内容中的错别字、错误语法、不规范用词等，对重大热点事件中的热点人物和易造成不实人设的道具，均上线了提醒功能，以防被仿冒或滥用。[①] 抖音还与健康、财经、法律、科普等领域的专家或机构一起，展开“谣零零”辟谣活动、设置“辟谣专区”等板块，每年定期发布安全透明度报告，建立《社区自律公约》。

快手平台是我国较早出现的一个直播、分享类短视频平台，根据快手数据显示，快手平均日活跃量超 3 亿，快手与抖音处理谣言视频的机制大体相同，主要分为监测、识别、核实、标记、辟谣、处置 6 步，能够主动清理存量谣言信息、抑制增量谣言信息。2022 年 8 月，快手联合包括共青团中央、正义网、中国警察网、北京发布等在内的百家政务号发起谣言治理专项行动，设立了辟谣专区，开设了官方辟谣账号，对权威机构的辟谣视频进行优先和集中展示。辟谣专区不仅接入了中国互联网联合辟谣平台与北京市违法和不良信息举报平台，还设有举报攻略、辟谣小课堂、打击公示等专栏。此外，平台还开设了失实信息举报入口，在研判后，对不实信息进行打标和明示，帮助公众更好地甄别信息，减少谣言的不良影响和危害。[②]

综上，短视频类平台在对不实信息的监测与治理和打击网络谣言方面积极作为，通过人工智能＋技术检测＋标记清理等多种方式，多管齐下，构建了较为有效的治理体系，在处理针对短视频谣言的投诉举报和对传播谣言的账号采取禁言、封号等方面也建立了一定的机制，严格履行了“把关人”的责任和义务，对整治短视频平台中的信息乱象，压缩视频类谣言滋生空间起到了一定作用。

五、平台辟谣矩阵

中国互联网联合辟谣平台上线于 2018 年 8 月，是目前最为权威的专业辟谣平台，由中央网信办违法和不良信息举报中心主办、新华网承办，旨在为广大群众提供辨识谣言、

---

① 治理不实信息，抖音联合多方共建辟谣平台［EB/OL］. 百度，https://baijiahao.baidu.com/s?id=1741317002613426595&wfr=spider&for=pc,2022-08-16.

② 快手发起谣言治理专项行动，已处理 44.6 万条不实信息［EB/OL］. 北青网，https://t.ynet.cn/baijia/33265691.html,2022-08-26.

举报谣言的权威平台。在平台中，“网络辟谣标签工作专区”功能强大，给谣言标记上标签就如同给谣言进行了在册登记，让谣言无法再随意变换方式传播，让“旧谣不再新传”，属于辟谣“广而告之”的探索，这种方式相比以往的“删帖”“屏蔽”等方式，提示作用更为明显，在扩大辟谣声音覆盖面的同时，有助于全力打压网络谣言传播空间。同时，这种方式，也相当于建立了一个庞大的“辟谣数据库”，有助于网民通过搜索比对样本库提高鉴别真假的能力。此外，每月的“辟谣榜”让热点事件和关注度较高的谣言无处遁形。

中国互联网联合辟谣平台的谣言线索提交、辟谣信息查证以及辟谣专区等功能模块（图 5-3），让辟谣信息的查询、谣言的举报以及人们所关注的焦点问题更直观，其中疫情辟谣专区，从 2020 年 1 月至 2023 年 1 月，3 年时间里，辟谣、证实各类信息共计 10 万余条，这 10 万余条信息涉及疫情相关的方方面面和各个地区，如果只凭借某一个平台是难以做到的，而这就是中国互联网联合辟谣平台的另一个强大功能所在，即“联合”，该平台联合各省市辟谣平台，如上海、天津、河南、广东、浙江、山东、福建、海南、湖南等，且每个省市的辟谣平台也联合地方媒体、网络媒体，最终形成了一个从地方到全国的辟谣矩阵，全国辟谣联动工作机制不断发挥作用，网络辟谣体系初步成形，网络辟谣工作正在向基层延伸。

（图片来源：中国互联网联合辟谣平台）

图 5-3　中国互联网联合辟谣平台三大功能

第二节　网络辟谣之技术辟谣

针对已成功辟谣，且被贴上了“标签”的各类谣言，均有出处可查，能够帮助我们很好地预防类似谣言的“二次传播”，但是，网络信息是随时随地在更新的，网络内容的生产每时每刻都在进行着，我们在短视频平台和各类资讯网站上看到的各式各样信息中，难免就有新的谣言，为此，我们也可以掌握一些技术手段，在面对无法确定的内容时，对相关信息进行查证。

一、利用软件核实图片是否有被修改

如果你不是有经验的摄影师、图像专家，无法凭借专业的敏感度、过硬的技艺和扎实

的光学原理鉴别图片，那么可以借助一些软件来进行核实，通过图像中的光线、色彩、空间等要素，进行成像分析，判断图像的真伪，任何一张被修改的图片都会留有修改的痕迹，一般来说，可以通过查看图片属性，查看详细信息，这里特别要说明的是，如果照片是用数码相机拍摄的，查看该图属性，那么“详细信息”选项卡一定会有 EXIF 信息和图片参数（记录数码照片的属性信息和拍摄数据），如果没有，则表示图片不是原图，之后再使用记事本程序打开该图，记事本里面如果也有“Adobe Photoshop”字样，那么基本上可以断定该图片已被修改。

如果上述方法不能完全判断图片的改动，还可以使用“Adobe Photoshop”软件，打开该图片，使用辅助线可以标记图片中的关键信息，如数字、日期等，通常做法是在显示标尺情况下，查看图片是否对齐、关键信息的文字像素是否有错位等，如果有错位，一般来说都是假图。此外，也可以使用色阶工具调整图像的阴影、中间调和高光的强度级别，查看颜色变化，如果相似位置颜色出现了明显的差别，那么大概率也是经过处理的图片。如果上述办法仍然不能识别，找到原图出处，核对图片源文件是最直接、最有效的辨别方法。

此外，还有一些软件，是不需要手动操作的，比如 JPEGsnoop 软件，它是一款著名的用来分析 JPEG 文件结构和照片原始性的工具，类似图像解码器，用元数据分析、成像分析、处理痕迹分析、图像信号技术分析等技术手段，可以审查任何文件类型，包含 JPEG 压缩图像，从而对图像是否经过后期加工（或篡改）处理进行科学判断。判断依据主要是通过检测 JPEG 图像的 EXIF 信息（元数据）和图像的压缩指纹，并与其内置的相机特征数据库进行比对，根据比对结果判断图像的原始性，JPEGsnoop 鉴别的结果有以下四种①：

Class 1——Image is processed/edited（图像已经被编辑）

Class 2——Image has high probability of being processed/edited（图像非常可能被修改）

Class 3——Image has high probability of being original（图像非常可能为原图）

Class 4——Uncertain if processed or original（不确定是否被编辑过或为原图）

如果不想安装软件，也可以试试 FotoForensics 网站，这是一个在线免费的检测照片是否被处理过的网站工具，这个网站可以检测出图像是否被处理过或是哪部分被处理过，甚至还可以鉴别出如何修改的。进入网站后点击“选择文件”，导入可疑的图片，网站就

① 钟焕伟．图片照妖镜 JPEGsnoop [EB/OL]．微信公众号，https://mp.weixin.qq.com/s?__biz=Mzg3MjE1NjQ0NA==&mid=2247494309&idx=1&sn=7493c620833351474c5380b451de8662&chksm=cef136d6f986bfc0b71f9ba0b372434b6b652f0a8a9cfb7e5c6c6fa9a744ebaf971e9c72b2fd&scene=126&sessionid=1646639110&key=129f32db6ad111a363545cea41e43a36115366b5a7ecac089741100b85af09a771df59c8fbd24bc24a2b5ec289de5060f07c7d137e8e4096a5c52abc1ecbff290321e1c941c846f858ac146dbcbed589cef2f00710772c7defc956b8c4a0e31f62100bab0c785352b15b2a93a3a11358f7e699d6a7ee6522dd9b4bca5be13f39&ascene=1&uin=NTY2NTA4NjQ%3D&devicetype=Windows+Server+2016+x64&version=6304051b&lang=zh_CN&exportkey=A35wtAx27Bzh6Mrr%，2022-03-07.

可以自动完成分析过程并给出结论，鉴别出图片是否被修改，这个网站检测的原理大致是："JPEG 等图像是有损压缩图像，有损压缩通常会均匀地应用于一组图像，会产生均匀的图像噪点，也就是说，如果是原始图片，那么识别出来的图像噪声应该是均匀自然的。如果有明显异常，那么就可以怀疑这张图片被处理过，即造假的图片往往图像噪点的边缘线比其他地方模糊。"① 类似的还有百度识图、搜狗识图、必应可视化搜索（图 5-4）等，这些网站多是基于大数据资源，只要使用者将所看到的图像拖动到对应位置，便可查询图片的出处。

（图片来源：必应可视化搜索）

图 5-4　必应可视化搜索页面

二、利用软件核实视频是否有剪辑

随着技术的发展，UGC 模式日益成为网络内容的重要生产力量，自媒体用户能够自主制作并上传视频短片，拥有更大的表达自我价值判断与价值选择的权力。② 但是，视频作假也可以天衣无缝，各类视频谣言让人防不胜防，尤其是在各种视频剪辑软件的加持下，视频类谣言的辟谣更是难上加难，但是，事物都是有两面性的，任何经过加工的视频也是有迹可循的。短视频类视频剪辑软件常见的有剪映、爱拍剪辑、青鸾剪辑、万剪等等，这些视频剪辑软件大体功能一样，如智能多模式混剪、智能配音、语音识别加字幕、智能裁剪、多模式尺寸处理、添加关键帧视频封面、智能抽帧、修改帧频、专业级一键调色、视频切割、视频合并、视频画中画、动图特效、音频变声、视频过渡效果、视频转场

① 用完这个识别照骗的网站，我感觉看破了一切［EB/OL］. 澎湃，https://m.thepaper.cn/baijiahao_12134286，2021-04-10.

② 彭楠. 话语权释放：自媒体中公益短视频真实性的迷思及治理［J］. 新媒体研究，2022，8（19）：47.

等功能，这其实是一种视频处理技术，因此，在针对部分来源不明或者信息不清的视频时，需要特别警惕。

除此之外，还有一些专业视频剪辑软件，如 Premiere 等，可实现视频的“深度合成”，2016 年就有网友曾利用原春晚视频片段，通过剪接相关的娱乐节目内容，制作出一档以假乱真的春晚假视频，并上传网上进行播出，引起网友一片哗然，专业的软件需要专业知识作为支撑，而找寻其中的“造假”痕迹也非易事，因为“视频的造假和图片不同，如果要对视频进行鉴别，主要依靠视频本身特性进行判断。比如对于情景剧，正常视频的情节是比较连贯的，我们就可以通过将视频分解，一帧帧地查看进行判断，特别是一些情节转变过程，对于进行剪接或者插入其他视频，那么前后帧的情节是不连贯的，据此可以判断视频是否造假，很多播放软件都支持每帧播放，以 KMPlayer 为例，启动程序播放视频后在播放窗口右击选择‘播放→逐帧步进’，这样按下 F 键即可一帧帧进行查看了。此外还可以通过视频其他特性进行综合判断，以一些监控视频为例，它的拍摄时间是连续的，如果用户中途进行删减，那么根据视频时间线即可判断出是否造假。对于一些和周围环境光线结合紧密的视频，则可以通过观察前后帧环境亮度、光线位置等因素进行综合判断。”①

三、安装反网络诈骗的相关软件

手机中的各类 App 中，也经常含有虚假信息或者诈骗信息，2022 年菏泽网警巡查执法账号发布了 700 个涉诈 App，虚假投资理财、网贷、刷单、博彩、红包等都有诈骗 App 为其助力，其中不乏仿冒大品牌的虚假 App，涉诈 App 改头换面的速度非常快，且图标也经常改动，所以识别涉诈 App 仅靠公布科普还远远不够，根据资料统计，贷款诈骗、刷单诈骗、冒充客服诈骗、杀猪盘诈骗等四类案件多发高发，严重危害人民群众的财产安全和合法权益。2021 年 3 月，由公安部组织开发的国家反诈中心 App 正式上线，旨在帮助用户维护电信网络安全，为用户建立电信网络涉案举报渠道，增强防范宣传，致力于构建良好的电信网络环境，同时，它是“一款集报案助手、线索举报、诈骗预警提示、反诈宣传等多种功能于一体的软件，可以帮助用户预警诈骗信息、快速举报诈骗内容、高效提取电子证据、了解防骗技巧，切实提升用户的识骗防骗能力。来电预警可以对可疑来电/短信或安装可疑诈骗 App 应用时，智能识别骗子身份并提前预警，大大降低用户受骗的可能性。App 预警检测手机可疑应用，启用后可快速检测手机已安装应用和未安装应用安装包，精准识别手机内可疑诈骗应用。”

① 欺负咱不会辨别？小编教你视频造假一眼看清！［EB/OL］. 科技新生活，http://m.cfan.com.cn/pcarticle/126493,2016-06-13.

第三节 治理网络空间“清朗”专项行动

2011 年，以重点整治网上涉历史虚无主义、涉黄涉非、涉低俗等有害信息，深度清理有悖社会主义核心价值观内容的“净网”行动启动，“净网”十年期间，集中行动共清理网络有害信息 1 000 余万条，封堵关闭网站 11 万余个，查办网络案件 2012 起，网络舆论生态总体向好，网络治理成效明显。从最开始的“扫黄打非”到现在的“打掉网络黑灰产业链”，可以看到中国互联网另一面的发展史，白与黑的战斗。[①] 旧谣反复、新谣层出不穷，有害信息花样不断翻新，极易反弹反复，严重污染网络生态环境。网络谣言危害甚巨，而打击网络谣言与虚假信息也一直在路上，从 2020 年到现在，为进一步营造风清气正的网络环境，“清朗”专项行动深入开展，包括“算法综合治理专项整治”“打击流量造假、黑公关、网络水军专项行动”“饭圈乱象整治专项行动”“打击网络谣言和虚假信息专项行动”“未成年人网络环境整治”“春节网络环境整治”“未成年人网课平台专项整治”“网络直播、短视频领域乱象专项行动”“应用程序信息服务乱象专项行动”“互联网用户账号运营专项整治行动”“规范网络传播秩序专项行动”“MCN 机构信息内容乱象整治专项行动”等，形成“溯源治理＋平台自律＋监管整治＋公众举报＋法律责任”全方位治理体系，全面覆盖各类网络传播渠道和平台，集中清理网上各类违法和不良信息，对造谣传谣的打击力度越来越大，曝光典型案例越来越多，在网络中形成了强大的震慑力，最大限度地挤压了网络谣言和虚假信息的生存空间。

一、清朗·算法综合治理专项整治

“算法”，从字面意思上来看就是“计算的方法”，这是最简单的理解，其实在没有互联网之前，人们就已经在使用“算法”来解决问题了，比如加减乘除算法等，在互联网出现之后，“算法”的意义发生了改变，“算法被视为是人工智能的核心驱动力。正因如此，算法治理也就成为人工智能治理的主要方面。”[②] 计算机算法是一种机器算法，是计算机模拟人类的学习行为、程序、步骤、一系列安排等，类似于要解决某个计算机程序问题的处理顺序，具体可以拆解为以下几个方面：目的，为了解决某个/某类问题，需要在这之前了解到背后的业务背景、关联场景。方法，通过计算来实现，也就意味着需要具备具体的、可量化的信息输入，且可计算，而非不可执行的概念体。结论，是否能够解决这个问题，效果如何，最终必须得有一个产出物。在算法之外，还有几层扩展。一是决策，根据

---

① “净网”集中行动共清理网络有害信息 1 000 余万条［EB/OL］. 央广网，http://tech.cnr.cn/techyw/tech-news/20211227/t20211227_525699863.shtml,2021-12-27.

② 李润泽子. AI时代的算法治理：呼唤多领域规则供给，注重分类分级治理机制落地［EB/OL］. 腾讯网，https://new.qq.com/rain/a/20230118A040FW00,2023-01-18.

一个或者多个结论进行判断，这个过程是不是符合预期，如何调整优化，是否可以直接应用于业务等。二是应用拓展，除了解决最初的那个问题外，还有哪些同质类型的问题也可以得到解决，也就是场景的拓展。[①]

计算机算法有很多，和我们最为相关的是推荐算法，主要是为了解决供需匹配的问题，在我们所使用的大部分 App 中，都有一定的推荐算法作为支撑，尤其是从听音乐到看资讯新闻、看视频、看小说、看直播、打游戏等等，推荐算法类似在网络环境、用户、内容之间进行需求匹配，实现有针对性的内容推荐，推荐算法依据用户选择或关注度，依据主题、兴趣、作者、相似文章、天气、地理位置、娱乐、游戏、电影、收藏等关键词，并结合用户的点击量，对内容进行标记，从而在下一次用户使用软件时，对用户的“期待想看什么”进行预判，并对相关资讯、视频等内容进行大量的推荐，就类似于农民会根据二十四节气的特点，进行劳动和耕作，因为二十四节气已经融入农桑、饮食生活中。在网络中，当你点开或者收藏了某一位作者的资讯或视频，那么你下次打开同一应用软件时，页面就会首先弹出你之前收藏的那位作者的相关作品，此外，因为这一作者和其他作者有一定关系，那么系统也会试着推荐和其他作者有关的作品或同类型的作品。

谣言常伴社会热点事件而生，谣言炮制者总喜欢“借机生谣”，将谣言植入到社会重大事件中是谣言炮制者的常用手段，由于“当下的算法与大数据深度耦合，由于数据存在不确定性，算法能力边界不清晰，算法行为会不可控”。[②] 在所有的热点事件中，“推荐算法”也会起到一定推波助澜作用，各种良莠不齐的同类视频、信息持续不断地被推荐，很容易混淆视听，产生“三人成虎”“众口铄金、积毁销骨”的效果，让人“不得不信”，造成秩序混乱。在网络谣言传播过程中，有时“推荐算法”的作用远远超过了谣言炮制者所起到的作用，我们时常会被数据所“裹挟”，因此，在面对“推荐算法”所带来的各种信息时，我们一定要理智对待，避免被“算法”绑架，迷失了自己。

2022 年 3 月 1 日，《互联网信息服务算法推荐管理规定》正式施行，明确反对算法歧视、大数据杀熟、诱导沉迷等算法的不合理应用，这一规定是我国首个专门针对算法推荐的部门规章，也被视为世界范围内首次针对算法推荐的专门立法。为了规范互联网信息服务算法推荐活动，并明确“应用算法推荐技术”的概念，即是指利用生成合成类、个性化推送类、排序精选类、检索过滤类、调度决策类等算法技术向用户提供信息，并对信息服务规范、用户权益保护、监督管理等进行了明确规定，要求应用算法推荐要坚持主流价值导向，优化算法推荐服务机制，积极传播正能量，促进算法应用向上向善。[③] 2022 年 4

---

① 为什么数据分析师需要懂算法？［EB/OL］. 腾讯网，https://new.qq.com/rain/a/20210221A05MUA00，2021-02-21.

② 梁姊. 从“算法选择”到“选择算法”：我国网络空间治理进入新阶段［EB/OL］. 新华网，http://www.news.cn/2022-08/30/c_1128962925.html，2022-08-30.

③ 互联网信息服务算法推荐管理规定［EB/OL］. 中华人民共和国中央人民政府，http://www.gov.cn/zhengce/2022-11/26/content_5728941.htm，2022-11-26.

月，中央网信办均开展了“清朗·算法综合治理”专项行动，深入排查整改互联网企业平台算法安全问题，评估算法安全能力，重点检查具有较强舆论属性或社会动员能力的大型网站、平台及产品，督促企业利用算法加大正能量传播、处置违法和不良信息、整治算法滥用乱象、积极开展算法备案，推动算法综合治理工作的常态化和规范化，营造风清气正的网络空间。①

二、清朗·打击流量造假、黑公关、网络水军专项行动

个人仅花费760元，经网络推手“操作”，短短几个小时，就把一条虚假消息炒成5.4亿次阅读量的“热搜”……相关不法网络平台涉案资金流水逾2 000万元。② 流量造假是网络诚信的突出问题，事关网络信用体系的建立，近些年，在很多短视频应用中出现了一大批“网红餐厅”“网红景点”“网红食品”“网红产品”，这些“网红系”背后全部是由超百万次甚至是千万次量级的浏览量和点赞数支撑起来的，殊不知，这些点赞和好评，很有可能是商家花钱“买”来的、“刷”出来的，且商品质量更是难以保证。

被虚假流量“漫灌”的平台，劣质内容充斥其中，优质内容反被淹没，破坏了网络生态和经济社会秩序，2020年，人民网报道了网红带货“数据假”等问题：微信流量、视频流量、资讯流量、点击量、浏览量、关注度、销售量、阅读量、粉丝数、留言……凡是与数据相关的，都可以“刷”，甚至有“代开直播间”“视频推热门”“更改销量”等“服务”，刷20万次浏览量加1 000条评论，一般报价100元。“视频推热门”等项目，则根据直播平台不同，收费为5 000元到5万元不等，流量造假的背后，各种网红产品质量也难以得到保证，如微博粉丝380万的某时尚博主为一款产品进行线上推广，相关视频在发布一天后浏览量达353万次，评论中表示已经下单支持的粉丝不在少数，但最终商家发现，数据造假现象严重，产品销量为零，随后微博平台对相关账号进行了处理，以及一位拥有50多万粉丝的主播推荐一款洗衣液，称效果非常好。但购买后发现，竟然是小作坊生产的“三无”产品。③

流量造假、黑公关、网络水军相互勾连、互为策应，是包括“网络谣言”等在内的很多网上乱象的源头，严重地影响了网络秩序，危害了网络生态，在当今，数据失真、平台失信的流量造假是不折不扣的一大“公害”，而且，流量造假不仅涉及民事违法和行政违法，还可能涉嫌构成犯罪。2017年，国内著名视频网站爱奇艺控告杭州飞益信息科技有限公司，称其运用技术手段虚假刷高视频网站中某一视频播放量，“恶意刷量”导致近十

---

① 关于开展“清朗·2022年算法综合治理”专项行动的通知［EB/OL］. 中华人民共和国国家互联网信息办公室，http://www.cac.gov.cn/2022-04/08/c_1651028524542025.htm,2022-04-08.

② 人民日报. 依法治理网络虚假流量［EB/OL］. 百度，https://baijiahao.baidu.com/s?id=1690630707057031458&wfr=spider&for=pc,2021-02-03.

③ 邵鲁文，郑生竹. 质量差、退货难、数据假“网红带货”乱象值得警惕［EB/OL］. 人民网，http://xiaofei.people.com.cn/n1/2020/0429/c425315-31692288.html,2020-04-29.

亿次的虚假点击，根据上海知识产权法院的判决显示，飞益公司涉案行为构成虚假宣传不正当竞争行为，向爱奇艺公司连带赔偿 50 万元，并刊登声明，消除影响。[①] 该案系一起通过技术手段虚假增加视频播放数据的新型不正当竞争纠纷，也是国内首例网站“刷量”法律案件。

2021 年，中央网信办开展了“清朗·打击流量造假、黑公关、网络水军”专项行动，聚焦生活服务、书影音评分、社交、短视频、直播电商等平台，对“虚假阅读量、评论量、转发量、点赞量、下载量、曝光量、刷分控评、刷单炒信、刷量增粉、刷榜拉票、恶意炒作”等流量造假问题进行重点整治，根据数据统计，专项行动累计清理了招募水军、推广引流违法违规信息 262 万多条，查处了网络水军沟通联络账号群组 290 多万个，处置了问题商家 1.2 万个，问题商品 15 万多件，下架关停 App、网站 300 多家。通过集中治理，有效遏制了乱象的滋生蔓延，取得了积极的治理成效。[②]

三、清朗·打击网络谣言和虚假信息专项行动

为深入清理网络谣言和虚假信息，2022 年中央网信办开展了为期 3 个月的“清朗·打击网络谣言和虚假信息”专项行动，在这一次行动中，最大的特点在于通过提升溯源能力，强化源头遏制，查处首发谣言和虚假信息的平台账号。网络溯源技术早已有之，包括人工溯源和技术溯源两种，人工溯源主要是通过建立健全专门的辟谣通道，由专业团队基于用户投诉、政府机构与新闻媒体反馈等机制准确发现和识别谣言，进行联合辟谣。技术溯源的种类也非常多，如 IP 地址溯源、ID 溯源等。

根据 IP 定位物理地址是常用手段，IP 是 Internet Protocol（网际互联协议）的缩写，是计算机网络的一个协议，而 IP 地址就是这个协议中的一个规则或者是一套定义，如果将 IP 地址做一个比喻，就类似于现实生活中某个房屋的详细地址，而 IP 地址就是用来编码在计算机网络上的一个地址，只因为有 IP 地址所以才能上网，没有 IP 就无法上网，除开局域网分配的 IP 地址之外，能够上网的 IP 只有 1 个，具有唯一性；另外，使用任何社交平台，都需要一个 ID，因此，ID 追踪术也是网络谣言溯源的一种方法，利用 ID 从技术论坛追溯邮箱，继续通过邮箱反追踪真实姓名，通过姓名找到相关简历信息。在充分落实网络实名制等基础上，一种以大数据技术对抗网络谣言的方式也得到了广泛运用，该技术主要是通过溯源时间戳、数字签名等方式，“时间戳系统用来产生和管理时间戳，对签名对象进行数字签名产生时间戳，以证明原始文件在签名时间之前已经存在”。[③] 任何信息一

① 爱奇艺：我们不要虚假视频播放数据 法院：刷数据属不正当竞争行为［EB/OL］. 上海知识产权法院，http://www.shzcfy.gov.cn/detail.jhtml?id=10013607,2023-01-31.

② 人民资讯．“清朗”行动晒成绩单：网络谣言、流量造假、黑公关成今年重点打击对象［EB/OL］. 百度，https://baijiahao.baidu.com/s?id=1727541139950145791&wfr=spider&for=pc,2022-03-17.

③ 人民资讯．以溯源机制有效治理网络谣言——法治网［EB/OL］. https://baijiahao.baidu.com/s?id=1728074020505395080&wfr=spider&for=pc,2022-03-23.

旦发布，原始信息、签名参数、签名时间等数据均会存留，这就意味着一个信息会产生一个特殊的“识别码”，通过逆向追踪，可以迅速定位信息源头。在定位谣言源头之后，“黑名单”机制会迅速启动，对发布传播谣言信息的账号主体予以关停或惩戒，对情节特别严重的，可以将时间戳、数字签名等原始信息数据作为证据，移送有关部门依法追究责任。

此外，在此次专项整治过程中，还加大了对涉重大会议、重要活动、重要政策发布以及侮辱诽谤英雄烈士、亵渎否定英雄烈士事迹精神等谣言的查处力度。2021 年，某网络大 V 在观看《长津湖》电影和长津湖战役纪录片视频后，为博取关注，使用自己的新浪微博账号，侮辱在抗美援朝长津湖战役中牺牲的中国人民志愿军“冰雕连”英烈，造成恶劣社会影响，引起广泛关注，之后，公安机关将其逮捕，检察院提起公诉和刑事附带民事公益诉讼，最后法院依法对该网络大 V 进行了开庭和公开宣判，该网络大 V 被判处有期徒刑七个月，并在网上进行公开赔礼道歉。[①] 此类网络谣言经常打着“寻找历史真相”的幌子，歪曲历史、否定历史，极易影响公众对历史事件、人物的认知，严重损害民族情感，扰乱公共秩序。

四、清朗·整治应用程序信息服务乱象专项行动

应用程序，是互联网企业向公众提供服务的载体，也就是我们经常说的 App、小程序、快应用等，然而各类应用程序真真假假，比如，网络上除了在手机应用市场下载的安装包之外，还有一些是“山寨 App”，这一类应用往往使用与正规 App 相同的标志、图片、文字、颜色等，以假乱真，极具诱导性，欺骗用户访问下载，以达到违规收集个人信息、传播不良有害信息等非法目的，根据国家互联网金融风险分析技术平台发布的监测数据显示：“截至 2020 年 2 月底，发现互联网金融仿冒网站 4.81 万个，受害用户达 12 万人次，互联网金融仿冒 App 2 801 个，仿冒 App 下载量 3 343.7 万次。”[②]

还有一些恶意应用程序，大行其道。不法分子通过恶意程序、钓鱼网址、诈骗电话、短信等方式实施诈骗，对人们的日常生活产生恶劣影响的同时，更造成了个人财产的损失和隐私泄露。360 安全中心发布的《2022 年上半年度中国手机安全报告》显示，“2022 年上半年度，360 安全大脑共截获移动端新增恶意程序样本约 1 079.7 万个（图 5-5），同比 2021 年上半年度（385.0 万个）上升了 180.5%，平均每天截获新增手机恶意程序样本约 6 万个。”[③] 2022 年，中央网信办部署开展了“清朗·移动互联网应用程序领域乱象整治”专项行动，加强了移动互联网应用程序全链条管理，全面规范了移动应用程序在搜索、下载、使用等环节的运营行为。

---

① 微博大 V 辱骂“冰雕连”，被刑拘！被封号！[EB/OL]. 澎湃，https://m.thepaper.cn/baijiahao_14824285，2021-10-08.

② 疫情期连环诈骗上升 9%，90 后竟成受骗“重灾区”？[N]. 经济日报，2020-03-20.

③ 2022 年上半年度中国手机安全状况报告 [EB/OL]. 360 安全中心，https://www.360.cn/n/12353.html，2022-08-24.

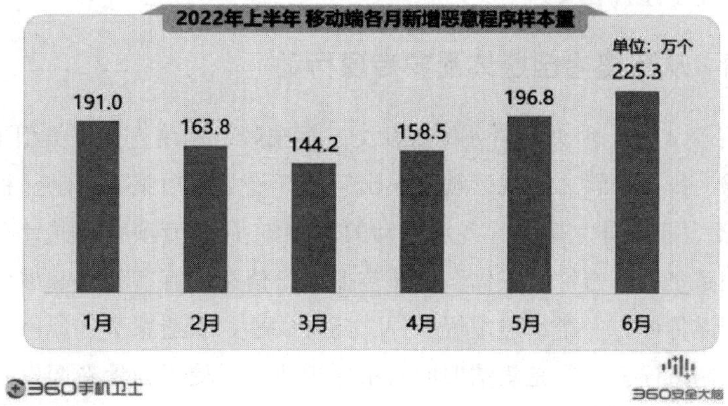

（图片来源：360 安全中心《2022 年上半年度中国手机安全报告》）

图 5-5　2022 年上半年移动端各月新增恶意程序样本量柱状图

五、清朗·MCN 机构信息内容乱象整治专项行动

MCN 机构的全称是 Multi-Channel Network，就是网红孵化中心，专业培育和扶持网红达人的经纪公司或者机构，MCN 机构与网络直播、短视频领域乱象，网络传播无序等均有关联，MCN 机构通过资本的力量来对内容进行包装，目的就是盈利。MCN 机构近些年呈倍增趋势，根据数据显示，2015 年全国仅有 60 家 MCN 机构，2020 年 MCN 数量约 3.28 万家，2022 年超过 4 万家。随着数量的增多，问题也层出不穷，如有些 MCN 机构旗下账号为了流量，罔顾事实，蹭炒舆论热点，以立场和情绪为主导输出内容，对热点事件恶意营销或捏造事实诱导舆情，假新闻、反转新闻、专业洗稿、恶意营销等舆论乱象甚嚣尘上，已然成为社会公害，亟待整治。2022 年 7 月，抖音发布《关于治理 MCN 机构内容乱象的公告》，处置违规账号超 2 000 个，对账号所属 MCN 机构实行警告、暂停使用 MCN 管理平台功能、机构清退等联动处置。

加强 MCN 机构日常监管势在必行：一是加强人员管理，对 MCN 机构旗下账号的工作人员进行关于政策法规和职业道德的培训，制定语言、行为规范，不得在热点事件中通过断章取义、夸大其词、引导攻击、煽动对立等方式带节奏。二是加强内容管理，对内容的产生、发布、留言、跟帖、评论等环节进行管理，严禁发布虚假舆论热点、恶意营销碰瓷等内容。三是加强制度管理，如建立红线制度，进一步明确严禁 MCN 机构蹭炒舆论热点的要求，建立惩处制度，并根据不同情形，采取限制服务、停止合作等。2022 年，中央网信办启动了“清朗·MCN 机构信息内容乱象整治”专项行动，集中整治 MCN 机构及其旗下账号炮制蹭炒舆论热点、引发群体对立、欺骗误导网民、发布三俗信息、利用未成年人牟利等违法违规行为。督促重点网站平台建立 MCN 机构分级管理制度，通过平台 MCN 机构入驻协议，明确 MCN 机构信息内容业务活动标准和责任以及通过建立专门举报受理渠道，强化了违规处置。[①]

六、清朗·从严整治自媒体乱象专项行动

2023年3月至4月，中央网信办针对社交、短视频、网络直播等类型重点平台中经常出现的造谣传谣、假冒仿冒、违规营利等突出问题开展了专项整治行动，根据《关于开展"清朗·从严整治'自媒体'乱象"专项行动的通知》，此次专项行动共计有三大点九个方面的任务：第一是坚决打击"自媒体"发布传播谣言信息、有害信息和虚假消息。包括打击"自媒体"造谣传谣。一是编造虚假事件、离奇故事，臆造案事件原因、细节、进展或结果，无中生有制造谣言。二是集纳旧闻旧事冷饭热炒，使用异地新闻嫁接拼凑，选取无关人物、图片、音视频恶意关联，移花接木制造虚假消息。三是打着"国学经典""红色文摘"等旗号，杜撰老一辈革命家诗词或者言论。重点是搭蹭公共政策、宏观经济形势、重大灾难事故、社会热点事件等，断章取义歪曲解读、颠倒是非抹黑攻击、渲染悲情煽动对立，制造损害党和政府形象、干扰经济社会发展的有害信息。通过搬运倒灌、"标题党"炒作、集中发布相似文案、多账号联动发文等手段，对明知或应知为谣言、虚假消息、有害信息仍肆意传播的行为。在谣言、虚假消息已被澄清，有害信息已被查实的情况下，仍盲目跟风、人云亦云，搬运散播谣言、虚假消息、有害信息的行为。

第二是坚决取缔假冒仿冒官方机构、新闻媒体和特定人员的"自媒体"。包括取缔利用账号名称信息假冒仿冒的"自媒体"。一是在名称、头像、简介等账号名称信息中，使用相同或相似名称、标识等，假冒仿冒党政军机关、事业单位、新闻媒体的"自媒体"。二是在账号名称信息中擅自使用县级以上行政区划地理名称、误导公众的"自媒体"。三是通过更改账号名称、修改个性签名、新设用户头像等方式，冒充官方机构、新闻媒体工作人员及其他特定人员的"自媒体"。

第三是取缔利用信息内容假冒仿冒的"自媒体"。一是谎称所谓热点事件当事人、亲友或相关人员爆料案事件线索细节、求救信息等内容的"自媒体"。二是篡改、截取官方新闻发布会、通报等部分内容，制作发布假通报等信息的"自媒体"。三是在直播间或短视频背景中假借与电视新闻节目相同或相似布景的"自媒体"。无教育、司法、医疗卫生等领域资质，擅自使用"教师""教授""律师""医生""医师"等称谓假冒仿冒专业人士，发布育儿、教育心理学、法条解读、案件剖析、医学知识科普等专业领域信息的"自媒体"。

第四是全面整治"自媒体"违规营利行为。包括从严整治"自媒体"蹭炒热点吸粉引流。重点是"自媒体"通过不当评议、胡乱解读、片面曲解公共政策、社会热点事件获取热度，借机推销售卖商品、课程或服务，接受用户打赏，开通付费咨询，在直播间带货；

① 人民资讯. 深入整治网络乱象！2022年"清朗"系列专项行动来了［EB/OL］. 百度，https://baijiahao.baidu.com/s?id=1727540242882176428&wfr=spider&for=pc,2022-03-17.

打着探访、追踪、帮扶、救助等旗号，在灾难或事故现场、热点事件发生地、热点人物相关地等场地开设直播、拍摄视频，消费灾难，借势引流。

第五是从严整治“自媒体”造热点博流量。一是在重大案事件发生后以恶意揣测、散播阴谋论、关联集纳等方式挑动公众情绪、制造次生舆情。二是刻意选取民营经济、家庭矛盾、婚恋生育等高关注度话题，发布争议性、误导性言论煽动对立，撕裂社会共识。三是打造违背公序良俗的“励志网红”、低俗人设等，哗众取宠收割流量。

第四节　治理网络谣言传播的法律法规

对网络谣言的治理，除了行政、教育、道德、文明等手段之外，还离不开法律这一重要武器，从我国的根本大法到部分的一般性法律，再到网络谣言治理的专门条款，这些法律法规在打击和惩治网络谣言传播，维护清朗网络空间等方面，提供了有力保障。谣言止于智者，更止于法律，只有当每个人都能够学习并掌握相关法律法规，使自己知法、懂法，才能知道什么可以做，什么不可以做，什么不能做，守底线，不触红线，才能使自己不敢传播谣言，树立法律意识，争做守法网民，用法律的手段打击网络谣言，才有可能遏制住网络空间谣言满天飞的现象。

一、《中华人民共和国宪法》

《中华人民共和国宪法》（以下简称《宪法》）是我国的根本大法，是治国安邦的总章程。在《宪法》第二章公民的基本权利和义务第三十五条规定：“中华人民共和国公民有言论、出版、集会、结社、游行、示威的自由。”但是，必须清楚，这里所提及的“自由”，是有边界和红线的，如第三十八条规定：“中华人民共和国公民的人格尊严不受侵犯。禁止用任何方法对公民进行侮辱、诽谤和诬告陷害。”第四十一条规定：“中华人民共和国公民对于任何国家机关和国家工作人员，有提出批评和建议的权利；对于任何国家机关和国家工作人员的违法失职行为，有向有关国家机关提出申诉、控告或者检举的权利，但是不得捏造或者歪曲事实进行诬告陷害。”第五十一条规定：“中华人民共和国公民在行使自由和权利的时候，不得损害国家的、社会的、集体的利益和其他公民的合法的自由和权利。”

网络谣言问题的宪法意义在于公民言论自由权利的保护与限制问题，言论自由是我国公民的基本权利，受到宪法和法律的保护，准确理解《宪法》中关于权利与自由的内涵和界限是对网络谣言予以打击的重要依据，必须清楚，权利与自由不是绝对的，是有条件的和节制的，是法律框架内的自由，需要在一定的法治范围内正确行使，社会上的任何个体都希望能够自由地生活，但是一旦自由缺少限制和约束，那么人们也终将会失去自由。

从哲学角度来看，自由是人类社会所追求的终极价值之一，同时也是人的本性的内在规定性的重要内容，有人说开放的网络是人们思想的“自由的天堂”，受众在网络中可以享受着完全意义上的精神上的愉悦，这种观点是对自由的错误理解，受众在网络中的自由，并不是存在主义者所说的“人在一切境况中都是自由的”，这种精神上、思想上的自由不只是简单地指人们想问题，即爱想什么就想什么的那种胡思乱想的自由，而实质上是指人们对客观事物及其规律（必然性）的认识和借助这些认识所取得的，对一定问题做出推理、判断和决定的主动权，也就是人们的精神自由。但实事求是地讲，自由离不开规范和约束，马克思主义者认为，物质决定意识，意识的表达也受到一定的物质条件限制，自由与必然是相互依存的，不存在没有约束的自由。黑格尔也认为，人在实践中获得的“实在的自由”，并不是随心所欲的“任性”，“不自由恰好就在任性中”“实在的自由”是“必然之变为自由”①。恩格斯在正确地评价黑格尔在自由与必然关系的论述基础上指出：“自由是在于根据对自然界的必然性的认识来支配我们自己和外部自然界。”② 这些观点都是对绝对自由的科学批判。

从法学的角度来看，网络并非完全脱离于现实社会的虚拟空间，而是人们从事生产生活的必要工具，因此个人的自由不能对社会其他成员正当利益造成损害，即自由有不损害他人性、目的正当性等特点，“法律按其真正的含义而言，与其说是限制还不如说是指导一个自由而又智慧的人去追求他的正当的权益”“法律的目的不是废除或限制自由，而是保护和扩大自由，这是因为在一切能够接受法律支配的人类状态中，哪里有法律，哪里就有自由”。③ 我国古代先贤荀子在《劝学篇》中告诉人们“木受绳则直，金就砺则利”，大体意思是木材经墨线比量后加工便可取直，刀剑等金属制品被磨刀石磨过就会锋利，这句古语至今已流传几千年，与“不以规矩，不能成方圆”一样，一直在告诫人们纪律与约束的重要性，因为有了纪律与约束，自由得以存在，前者如指南针，后者如航行在茫茫无际大海上的航船，如果没有正确的航向指引，航船也终将会迷失方向，也就不可能到达成功的彼岸，同理，如果社会中的人缺少了道德和法律的约束，那么他可能就会行为失范，社会也将会处于无序状态。

二、部分一般性法律

依据《宪法》，我国一般性法律对网络谣言的打击主要包括民事、行政和刑事三个层面，如《治安管理处罚法》《民法典》《刑法》《突发事件应对法》等，这些法律也都有关于网络谣言惩戒的法条规定。

根据《治安管理处罚法》第二十五条的规定：“散布谣言，谎报险情、疫情、警情或者以其他方法故意扰乱公共秩序的，扬言实施放火、爆炸、投放危险物质扰乱公共秩序

---

① ［德］黑格尔．逻辑学［M］．北京：商务印书馆，1981：232.

② ［德］恩格斯．反杜林论［M］．北京：人民出版社，1970：112.

③ ［美］布罗姆列．经济利益与经济制度［M］．上海：上海三联书店，1996：55.

的，处五日以上十日以下拘留，可以并处五百元以下罚款；情节较轻的，处五日以下拘留或者五百元以下罚款。”《民法典》规定了网络服务提供者对于谣言的合理注意义务和管理义务，对于一些互联网企业来说，如果没有及时对谣言进行处理，任其发酵造成严重后果，将会承担侵权责任。

《民法典》规定了民事主体依法享有包括名誉权、生命权、身体权、健康权、姓名权、肖像权在内的人格权，禁止用侮辱、诽谤等方式损害公民、法人的名誉权；名誉权受到侵害时，权利人有权要求停止侵害、恢复名誉、消除影响、赔礼道歉、赔偿损失。例如恶意剪辑短视频最直接的就是侵犯公民的肖像权。造谣者利用短视频随意拼接、恶意嫁接，以及在被拍摄者不知情的情况下将其作为视频素材恶意剪辑、博取流量等都属于侵犯公民的肖像权的行为，如果造成了恶劣影响，还会涉及名誉权等侵权行为。《民法典》对网络谣言的打击主要体现在对侵犯人格权的行为进行了规定，当个人人格权受到侵害时，可以依照《民法典》和其他法律的规定，要求侵权人承担相应的民事责任。此外在《民法典》中还规定了违法连带责任：网络服务提供者知道或者应当知道网络用户利用其网络服务侵害他人民事权益，未采取必要措施的，与该网络用户承担连带责任。

《中华人民共和国刑法修正案（九）》将网络传谣、泄露个人信息等行为正式入刑。如果散布谣言等情节严重构成犯罪的，要依据我国刑法的规定追究其刑事责任。编造虚假险情、疫情、灾情、警情，在信息网络或其他媒体上传播，或明知是上述虚假信息，故意在信息网络或其他媒体上传播，严重扰乱社会秩序的，处三年以下有期徒刑、拘役或者管制；造成严重后果的，处三年以上七年以下有期徒刑。《刑法修正案（九）》将常见的利用互联网犯罪的行为纳入打击范畴，体现出罪责刑相适应原则，并契合社会发展需要。需要说明的是，不仅造谣传谣者需负法律责任，网络服务提供者未尽安全管理义务，致使违法信息大量传播的，或者明知他人利用信息网络实施犯罪，仍为其提供互联网接入等技术支持的，都可能触犯刑法。①

《突发事件应对法》第六十五条规定：“违反本法规定，编造并传播有关突发事件事态发展或者应急处置工作的虚假信息，或者明知是有关突发事件事态发展或者应急处置工作的虚假信息而进行传播的，责令改正，给予警告；造成严重后果的，依法暂停其业务活动或者吊销其执业许可证；负有直接责任的人员是国家工作人员的，还应当对其依法给予处分；构成违反治安管理行为的，由公安机关依法给予处罚。”根据国务院颁布的《突发公共卫生事件应急条例》第52条，以及《重大动物疫情应急条例》第48条的规定：“在突发事件发生期间散布谣言而扰乱社会秩序、市场秩序的，应当予以行政处罚；构成犯罪的，依法追究刑事责任。”

① 用法治扼住网络谣言命脉［EB/OL］. 央广网，http://m.cnr.cn/news/20151031/t20151031_520345983.html,2015-10-31.

三、网络谣言治理的专门条款

在法学理论上，对传统法律概念的影响“既体现在内涵方面，也体现在外延方面，既包括对涉人概念的影响，也包括对涉事概念与涉物概念的影响。涉人概念是关于人（自然人和团体人）的概念，如‘公民’‘有限责任公司’‘出版者’等等。涉事的概念则划分为两种类型，一是法律行为，一是事实行为。而涉物概念则是指有关物品及其数量、质量、空间等无人格的概念，例如‘标志’‘财产’‘住所’等”。[①] 而现代信息网络技术的发展，进一步加剧了法学理论中关于法律关系主体的变化，在虚拟的网络空间中出现了很多新的主体，主要有网络运营商、网络用户、网络技术服务等，出现了新的法律主体就必然会形成新的法律关系，且在新出现的法律关系中，法律主体的权利与义务也需要重新地探讨与确定。网络谣言治理涉及网络安全法、互联网信息服务管理办法等法律和行政法规，也涉及《网络信息内容生态治理规定》等行政规章，还有相关的地方性网络虚假信息治理规则。

《中华人民共和国网络安全法》是我国第一部网络安全的专门性综合性立法，规定任何个人和组织使用网络应当遵守宪法法律，遵守公共秩序，尊重社会公德，同时《中华人民共和国网络安全法》第十二条规定：“国家保护公民、法人和其他组织依法使用网络的权利，促进网络接入普及，提升网络服务水平，为社会提供安全、便利的网络服务，保障网络信息依法有序自由流动。任何个人和组织使用网络应当遵守宪法法律，遵守公共秩序，尊重社会公德，不得危害网络安全，不得利用网络从事危害国家安全、荣誉和利益，煽动颠覆国家政权、推翻社会主义制度，煽动分裂国家、破坏国家统一，宣扬恐怖主义、极端主义，宣扬民族仇恨、民族歧视，传播暴力、淫秽色情信息，编造、传播虚假信息扰乱经济秩序和社会秩序，以及侵害他人名誉、隐私、知识产权和其他合法权益等活动。”该法进一步明确了网络空间的公共属性，同时还明确了网络谣言传播的违法性质，规定对网络信息安全犯罪的惩治和打击以保护公民个人信息，如第四十一条规定：“网络运营者收集、使用个人信息，应当遵循合法、正当、必要的原则，公开收集、使用规则，明示收集、使用信息的目的、方式和范围，并经被收集者同意。网络运营者不得收集与其提供的服务无关的个人信息，不得违反法律、行政法规的规定和双方的约定收集、使用个人信息，并应当依照法律、行政法规的规定和与用户的约定，处理其保存的个人信息。”这对促进良好的网络舆论生态形成提供了明确的法律准则和依据，同时也为《中华人民共和国个人信息保护法》的立法提供了法律借鉴。为了保护个人信息权益，规范个人信息处理活动，促进个人信息合理利用，2021 年第十三届全国人民代表大会常务委员会第三十次会议通过了《中华人民共和国个人信息保护法》，该法强调了对个人隐私的保护和尊重，规定：“处理个人信息应当保证个人信息的质量，避免因个人信息不准确、不完整对个人权

① 饶传平．网络法律制度［M］．北京：人民法院出版社，2005：3-5.

益造成不利影响”，同时对处理个人信息是否应当取得个人同意的情况进行了明确，就网络谣言传播和泄露公民个人信息行为起到了一定的遏制作用。

除了《中华人民共和国网络安全法》等法律之外，《互联网信息服务管理办法》《互联网群组信息服务管理规定》《网络信息内容生态治理规定》《互联网信息服务算法推荐管理规定》等也都是规范性文件，对网络信息服务、信息内容生态治理、群组信息服务管理等进行了细致化的要求。《互联网信息服务管理办法》是规范互联网信息服务活动的办法，将互联网信息服务分为经营性和非经营性两类，并在第十五条中强调：“互联网信息服务提供者不得制作、复制、发布、传播含有散布谣言、扰乱社会秩序、破坏社会稳定等内容的信息。”《互联网群组信息服务管理规定》要求互联网群组建立者、管理者应当履行群组管理责任，依据法律法规、用户协议和平台公约，规范群组网络行为和信息发布。互联网群组成员在参与群组信息交流时，应当遵守法律法规，文明互动、理性表达，不得编造虚假信息，歪曲事实真相，误导社会公众。《网络信息内容生态治理规定》规定：网络信息内容生产者不得制作、复制、发布含有散布谣言，扰乱经济秩序和社会秩序的内容的违法信息。网络信息内容服务使用者和网络信息内容生产者、网络信息内容服务平台不得利用网络和相关信息技术实施侮辱、诽谤、威胁、散布谣言以及侵犯他人隐私等违法行为，损害他人合法权益。

四、适用法律若干问题的解释

《最高人民法院、最高人民检察院关于办理利用信息网络实施诽谤等刑事案件适用法律若干问题的解释》于 2013 年 9 月起实施，该解释立足保护公民合法权益，维护社会秩序，坚持罪刑法定原则，依法科学解释，厘清了在信息网络上发表言论的法律边界，也严格区分恶意造谣、恶意传谣行为与不明真相发帖、转帖行为之间的界限，有助于确保公众依法、充分行使宪法赋予的表达权和监督权，最大限度地保护公众的言论自由。有助于促进相关部门加强对信息网络的日常管理，完善网络违法犯罪防范机制，推动信息网络健康、有序发展。①

对办理利用信息网络实施诽谤、寻衅滋事、敲诈勒索、非法经营等刑事案件适用法律的若干问题进行了明确解释。如第四条规定：“编造、故意传播虚假恐怖信息，严重扰乱社会秩序，具有下列情形之一的，应当认定为刑法第 291 条之一的‘造成严重后果’，处 5 年以上有期徒刑：造成 3 人以上轻伤或者 1 人以上重伤的；造成直接经济损失 50 万以上的；造成县级以上区域范围居民生活秩序严重混乱；妨害国家重大活动的；造成其他严重后果的。”《解释》还为诽谤罪设定了非常严格的量化的入罪标准，明确诽谤引发群体性事件的将提起公诉、编造虚假信息造成严重混乱可定寻衅滋事罪、有偿删帖可追究刑责等，

① 《关于办理利用信息网络实施诽谤等刑事案件适用法律若干问题的解释》的理解与适用 [EB/OL]. 哈尔滨市道外区法院网，http://hebdw.hljcourt.gov.cn/public/detail.php? id=1818,2014-01-04.

明确规定了利用信息网络实施诽谤、寻衅滋事、敲诈勒索、非法经营犯罪的认定及处罚问题，对依法准确惩治此类犯罪，提供了较为明确的司法解释依据。如第二条规定："利用信息网络诽谤他人，同一诽谤信息实际被点击、浏览次数达到5 000次以上，或者被转发次数达到500次以上的；造成被害人或者其近亲属精神失常、自残、自杀等严重后果的；2年内曾因诽谤受过行政处罚，又诽谤他人的；其他情节严重的情形。"第五条："利用信息网络辱骂、恐吓他人，情节恶劣，破坏社会秩序的，依照刑法第二百九十三条第一款第（二）项的规定，以寻衅滋事罪定罪处罚。编造虚假信息，或者明知是编造的虚假信息，在信息网络上散布，或者组织、指使人员在信息网络上散布，起哄闹事，造成公共秩序严重混乱的，依照刑法第二百九十三条第一款第（四）项的规定，以寻衅滋事罪定罪处罚。"第六条："以在信息网络上发布、删除等方式处理网络信息为由，威胁、要挟他人，索取公私财物，数额较大，或者多次实施上述行为的，依照刑法第二百七十四条的规定，以敲诈勒索罪定罪处罚。"

第六章　大学应对网络谣言的教育手段

第一节　培养善于辟谣的“智者”

近年来，网络已融入青年学生学习、社交、购物、娱乐、资讯等各个方面，中国互联网络信息中心 2022 年发布的第 50 次《中国互联网络发展状况统计报告》显示：我国网民规模达 10.51 亿，上网时长平均达到每周 29.5 小时，其中青年学生群体占 35%左右，他们活跃在微博、抖音、小红书、哔哩哔哩、校园贴吧、知乎、淘宝等各类网络平台，他们思想活跃、注重仪式感、热衷于网络的图像化表达方式，他们通过网络记录个人生活趣事以及人生感悟，以“知识达人”的身份积极参与各种话题的讨论，网络生活丰富多彩且积极向上。但我们也应注意到网络空间的复杂情况，尤其是网络中存在的一些“杂音”“噪音”“假音”等对青年学生的成长影响很大，根据中央网信办 2022 年 9 月发布的数据显示：通过对近年来 8 万余条存量谣言进行全面梳理标记发现，网络谣言涉及卫生健康、食品安全、教育就业、自然灾害等重点社会民生领域①，处于“拔节孕穗期”的青年学生是网络生活的重要群体，他们人数多、上网时间长、活跃平台广，但由于缺乏科学的媒介素养，缺少应对相关问题的知识和技能储备，缺失网络文明及网络共同体意识，很容易成为网络谣言的受害者和二次传播者。

党的二十大报告指出，要“健全网络综合治理体系，推动形成良好网络生态”。② 在网络综合治理体系中，教育有着非常重要的作用，能够帮助学生科学认识世界和改造世界，是促进他们成为网络生活的“智者”的重要途径，意义重大且不可缺失。在网络综合治理体系中，教育有着不可替代的作用，加强学生媒介素养教育、网络文明教育、网络法治教

① 中国网信网. 中央网信办深入开展网络辟谣标签工作［EB/OL］. 中华人民共和国国家互联网信息办公室，http://www.cac.gov.cn/2022-09/29/c_1665989811481850.htm，2022-09-29.

② 习近平. 高举中国特色社会主义伟大旗帜 为全面建设社会主义现代化国家而团结奋斗——在中国共产党第二十次全国代表大会上的报告［M］. 北京：人民出版社，2022：44.

育、网络空间命运共同体教育，推进学生形成认知网络谣言形成机理的“睿智”、辨别网络谣言内容的“神智”、抵制网络谣言传播的“理智”、参与网络谣言治理的“心智”，培养学生成为网络生活的“智者”，是新时代教育的责任与使命。

一、开展媒介素养教育，培养学生认知网络谣言形成机理的“睿智”

媒介素养教育是网络发展的必然要求，是人们学会接触媒介、认识媒介、使用媒介、驾驭媒介的重要途径。网络媒介，通常也被指作互联网，是信息传输的重要介质之一。因为网络媒介本身的数字化、超文本、多媒体、去中心化等特征，有时我们很难察觉网络媒介的存在和影响，但在网络媒介中，我们形成什么样的认知，做出什么样的选择，在很大程度上与我们所能获取的信息数量和质量相关，大多数情况下，青年学生在不经意间对网络谣言的二次传播都与他们缺乏对相关信息的获取知识有关。加强学生的媒介素养教育，改进学生对网络媒介的认知，培养学生应对网络谣言的“睿智”势在必行。

一是改进和更新学生信息检索知识，帮助学生学会通过正确网络渠道获取信息，减少谣言信息干扰。网络谣言模糊程度较高是促成其广泛传播的主要原因之一，即重要的事件模糊说，因此：要引导学生学会利用中国互联网联合辟谣平台以及其他官方平台进行信息检索，丰富信息来源和提升获取信息的可靠度；结合网络谣言的隐匿传播特点，有针对性地帮助学生学会通过关键词检索等方式开展网络谣言传播溯源，权威翔实地披露网络谣言，澄清事实，回应学生关切的问题，从而减少网络谣言对学生的负面影响。

二是改进和更新学生信息分析能力，帮助学生学会透过网络谣言现象探究网络谣言的本质，构建起抵御谣言信息的防火墙。虽然网络谣言经常混杂于海量的网络信息之中，但网络谣言经不起认真分析，网络谣言和虚假信息都有自己的特点，比如网络谣言喜欢蹭热点、关注社会负面事件以及倾向使用“标题党”式题目等特点，形式上断章取义、片面解读、渲染炒作，善于“使用故事化导入、利用专家和知名人士的名头构筑谣言议题的场景，使谣言更具有‘感同身受’的谈资意义”。[①] 制造网络谣言和传播网络谣言的人群构成比较复杂，但是目的却相对稳定：要么是制造悬念，吸引眼球；要么是鼓动性呼吁，引起人们焦虑，制造恐慌，破坏社会稳定。上述谈到的网络谣言特点、形式、话题以及场景等都是引导学生分析网络谣言的基础性信息。

三是改进和更新学生信息批判思维，帮助学生学会发现网络谣言破绽，增强抵抗谣言信息侵蚀的免疫力。批判性思维，简而言之就是指进行反思和独立思考的能力，表现为人们通过观察、思考来获得信息、评估信息、运用信息，从而提炼观念，指导行动。批判性思维最重要的就是要善于求证，在面对复杂的网络信息时，教育者要引导学生学会对发布消息用户的职业背景、专业领域以及相关经历等进行官方文件查阅，查证观点来源；通过

---

① 张杰. 认清网络谣言传播新特点［EB/OL］. 光明网，https://m.gmw.cn/baijia/2022-05/06/35713087.html，2022-05-06.

分析信息中所提出的证据，研讨信息的合理性；通过对比分析偶然发生和必然发生之间的关系，让学生知晓凡是少部分人的经验绝对不可能代表大多数人的经验，凡是没有经过严谨的科学验证的结论都不能盲目相信；通过多元化的视角对事情的发生进行归因分析，确定事件背后的其他合理性，而非偏听偏信。

二、开展网络文明教育，培养学生善于辨别网络谣言内容的“神智”

网络文明的产生是基于网络社会中人与人之间的关系，同时又与社会文明紧密相连。“网络文明是人们在社会活动中依赖以文本、网络技术及网络资源为支点的网络活动而创造的物质财富和精神财富的总和。”[①] 网络空间是亿万民众共同的精神家园，加强网络文明教育，就是要用向上向善的正能量建设和维护网络空间的清朗；就是要用向真向美的主流价值占领和筑牢网络阵地；就是要用向前向好的先进文化滋养网络空间，推进建设和谐美好的网络社会。

一是加强学生网络伦理教育，培养学生正确的善恶观，牢固辨别网络谣言的道德信念。加强学生网络道德教育，培育学生文明自律意识，建立合格网民应有的网络是非观念；积极开展网络公益实践活动，如互联网＋志愿服务、互联网＋爱心帮扶等，在丰富的网络实践中培育学生“善”的意识，助力网络空间良好风尚的形成；开展倡导文明上网的宣传活动，引导学生明确网络中的“应该”和“不应该”，帮助学生规范网络言行，文明互动，争做中国好网民，自觉维护良好网络秩序。

二是加强学生网络安全教育，培养学生正确的安危观，形成辨别网络谣言的正气理念。应推进中小学网络安全教育一体化构建，从价值观、责任、技术能力等多个角度明确不同学习阶段学生网络安全教育的具体目标和内容，例如：中小学阶段应注重信息、网络交往、网络道德等方面的安全教育，提升识别以及应对在交往、共享信息等方面可能发生的网络风险的能力；大学阶段应注重学生对国家网络安全观的系统学习，加强学生网络法治教育，帮助学生学会对信息的批判性思考，帮助学生建立应对网络风险的思维韧性和强度，对自己的言行负责，对国家网络安全负责；应创新开发符合学生认知水平的网络编程语言、网络语义学、网络防御、数字技术、打击网络犯罪、网络文化等课程，满足不同年龄段学生对网络安全知识的需求，拓宽学生网络安全学习的广度与深度。

三是加强学生网络审美教育，培养学生正确的雅俗观，树立辨别网络谣言的情感观念。网络审美与网络审丑相对，两者的不同主要体现在对网络中语言、内容、形式、艺术等看法与态度，网络审美是对网络中的真善美人物、事件的欣赏和精神领会，对真理的探查和追求，但是，当前不会网络审美是很多青年学生普遍存在的问题，比如，对网络炫富的追捧，在网络游戏中说脏话、爆粗口，对恶搞不以为然，对低俗类型短视频的创作与传播等，都需要引起教育者的关注与介入，不仅要开展学生审美理论认知教育，而且应利用

① 吴克明．网络文明教育论［M］．长沙：湖南师范大学出版社，2005：41．

网络虚拟体验等技术，以学生经常活跃的短视频等网络平台为载体，打造网络美育第二课堂，开展美育实践，将真善美等价值理念融入学生喜闻乐见的网络作品创作，帮助学生确立审美思维、审美情感和审美批判。

三、开展网络法治教育，培养学生自觉抵制网络谣言传播的“理智”

网络空间不是法外之地，编造或传播网络谣言也是一种网络犯罪，为此，要重点加强涉及信息言论方面的法治教育，让学生在网络生活中多一些冷静理智，少一些盲目无知。

一是开展网络谣言相关法律规定教育，帮助学生“明理”。党的十八大以来，我国在网络安全法律法规建设方面成效显著，体系不断完善，如《中华人民共和国网络安全法》《中华人民共和国数据安全法》《信息网络传播权保护条例》《网络安全审查办法》《中华人民共和国个人信息保护法》《互联网跟帖评论服务管理规定》等，基本形成了我国网络安全的重要法律支撑，为维护国家网络安全，确保网络有序健康发展以及保护人民切身利益提供了重要保障。这些法律法规是开展学生网络安全教育的重要资源，要通过法律法规的学习，让学生知晓其中的“法理”，帮助学生建立网络安全的法治意识和法治思维。

二是开展网络谣言相关违法案例教育，帮助学生“认理”。近年来，涉及经济、政治、文化、民生、生态等各方面的网络谣言层出不穷，打击网络谣言的力度和强度也在加大，从中央网信办发布的处置网络谣言典型案例来看，在微博、腾讯、抖音、快手、百度、哔哩哔哩、小红书、知乎、豆瓣等重点网站平台中，涉及突发事件、社会民生类型的谣言传播账号约有 11 000 个，比如，在 2022 年 10 月份发布的涉及“云南省车船税涨价”等 12 个事件的网络谣言中，相关被处置账号就多达 5 400 余个。[①] 对这些典型案例进行法治角度分析，并将其转化为思政课或课程思政教学内容，引导学生理性平和地进行思考，帮助学生形成在法律框架内进行网络生活的规则意识。

三是开展网络谣言相关法治实践教育，帮助学生“行理”。开展灵活多样、线下与线上相结合的网络安全法律法规辩论赛、抢答赛、积分赛，激发学生的学习兴趣，提高学生参与网络安全法律法规学习的积极性；开展校园模拟法庭等活动，以真实发生的案例为文本，通过角色扮演等形式，学习和宣传网络安全法律法规；邀请律师、网警等作为校外指导教师，组建学生宣讲团，开展网络安全法律法规进社区、进班级、进寝室等宣教志愿服务；依托微电影大赛、短视频大赛等，鼓励学生设计并制作网络安全教育公益类型的视频作品或公益广告，丰富网络安全法律法规教育形式；通过设置学生科研课题以及创新创业训练项目等方式，引导学生申报网络安全方面项目，培育学生网络安全的行动意识。

---

① 中央网信办通报首发谣言典型案例，5 400 余个账号被处置［EB/OL］. 澎湃新闻，https://m.thepaper.cn/baijiahao_20891004,2022-11-25.

四、开展网络空间命运共同体教育，培养学生主动参与网络谣言治理的“心智”

“网络空间命运共同体”理念是习近平总书记关于网络强国重要思想的重要组成部分，具有丰富的理论内涵和实践价值，对世界互联网技术的发展方向、互联网全球治理体系的变革、网络社会的建设进程等具有重大指导意义。2022 年，国务院新闻办公室发布了《携手构建网络空间命运共同体》白皮书，强调：“发展好、运用好、治理好互联网，让互联网更好造福人类，是国际社会的共同责任。”[①] 打击网络谣言和虚假信息，让网络谣言绝迹，营造良好的网络空间环境，是每一个网络“地球村”村民的责任，为此，要加强学生网络空间命运共同体意识，培养学生主动参与网络谣言的责任心、专注心和进取心。

一是增进学生实事求是的精神，涵育责任心，增强应对网络谣言的使命担当。随着技术的发展，图文嫁接、视频拼接等方式，增强了网络谣言蒙蔽性和辨别的难度，网络谣言会利用真相调查的滞后性和网络民众的猎奇心理，伺机而动，以倍增式的分裂传播影响社会稳定和扰乱人们的正确认知，为此，要在“网络空间命运共同体”教育中，渗透实事求是的理念，教育学生要学会“耳”“眼”“口”“脑”并用，全面地掌握谣言所涉事情的经过和真相，坚持以事实为依据，用事实说话，用科学辟谣，传递正能量。

二是增进学生审慎思考的习惯，涵育专注心，增强应对网络谣言的坚定态度。在日常教育教学中，教师要引导学生学会独立观察和集体探究，指导学生学会用心观察网络谣言的共性特点以及常用伎俩，总结归纳出网络谣言的形式与类型，指导学生学会在与他人合作中，就“裹带节奏”“煽动情绪”等事件进行线索的反向追问，开展头脑风暴，探究网络谣言的破绽，在合作查证、联动辟谣中延伸审慎思考的触角，凝聚辨识谣言的共识和力量。

三是增进学生善于斗争的本领，涵育进取心，增强应对网络谣言的技术技能。通过学习和掌握网络谣言线索的搜集、保存以及检举和举报的知识，提高学生与网络谣言作斗争的意识和能力；要教育学生学会用大数据平台来完成对网络谣言的辨识，例如人民中科跨模态视频搜索引擎——“白泽”，就是对全网海量内容进行高通量感知、机器理解、智能检索并自主进化的计算平台，在溯源上辟谣。“白泽”基于海量媒体内容，提供图形、音频、视频、文本等多种形态的全网内容进行快速比对，并通过对内容在各网络平台中的转发、引用等传播链综合分析，提供诋毁、侵权等负面内容的跟踪、溯源、取证、辟谣等技术支撑。[②] 类似的技术平台还有 2019 年阿里发布的 AI“谣言粉碎机”等。

---

① 刘艳. 携手构建网络空间命运共同体白皮书发布［N］. 科技日报，2022-11-08（002）.

② 网络谣言治理要靠技术赋能，智慧治谣［EB/OL］. 人民中科，https://baijiahao.baidu.com/s?id=1740138334269048599&wfr=spider&for=pc，2022-08-03.

第二节　以网络文明创新大学生思想政治教育

习近平总书记指出："网络文明是新形势下社会文明的重要内容，是建设网络强国的重要领域。"① 当前，网络已和大学生形影不离，深刻融入了大学生日常生活的全方面，学习交友的全过程，运动娱乐的全时段，出行消费的全领域，大学生是网络文明建设的最大"变量"，也是最大"增量"②，他们越积极主动地参与网络空间治理、越自发自觉与网络失范行为作斗争，就会越有利于把网络文明建设水平提升到新的高度。面对网络文明建设新要求以及网络发展引起的育人环境新变化，大学生思想政治教育应顺势而为，形成学习引导，强化网络文明价值导向；平台善导，强化文化供给阵地优势；队伍助导，实化思政工作者网络角色；作品创导，优化网络思政内容与作品的"四导四化"创新路径。激发大学生主动参与网络文明建设的"能量"与"活力"，促进网络文明建设不断实现新高度，成为大学生成长成才的"陪伴"与"支持"。

网络文明不仅是亿万网民的共同精神滋养，更是现代社会文明进步的重要体现，大学生"既是网络新媒体的受众，也是改善网络生态的重要力量"。③ 作为网络文明建设的重要主体，他们在满足自身信息需要的过程中，也在通过有意识的行动不断地影响着网络环境，影响着现实文明，深刻体现出了网络文明建设与大学生自身成长之间的一致性关系。因此，加强大学生网络文明责任意识的培育，引导大学生树立网络文明价值观和对待网络信息的正确态度，帮助他们在网络生活中建立文明自信，不仅有助于激发大学生对网络文明的主体责任意识，同时也为网络空间注入了引风气之先的青年力量。

网络文明与社会现实相互交织、相互影响。习近平总书记在党的二十大报告中指出："我国发展进入战略机遇和风险挑战并存、不确定难预料因素增多的时期，各种'黑天鹅''灰犀牛'事件随时可能发生。"④ 虽然网络空间中主流思想是好的，但是杂音噪音仍然不可忽视，如网络中虚假信息、恶俗烂梗、劣迹"网红"、色情暴力、嘲讽歧视、敌对势力网络渗透等对网络文明建设影响很大，对青年大学生的健康成长影响很大。通过加强大学生网络文明责任意识的培育，帮助他们正确认清形势，树立底线思维；保持清醒头脑，树立安全思维；坚持依法上网，树立法治思维，为网络安全保驾护航，做好充足准备。

---

① 习近平．习近平谈治国理政（第四卷）[M]．北京：外文出版社，2022：319.

② 中共中央文献研究室．习近平关于青少年和共青团工作论述摘编 [M]．北京：中央文献出版社，2017：21，66，26.

③ 中共中央党史和文献研究院．习近平关于网络强国论述摘编 [M]．北京：中央文献出版社，2021：73.

④ 习近平．高举中国特色社会主义伟大旗帜 为全面建设社会主义现代化国家而团结奋斗——在中国共产党第二十次全国代表大会上的报告 [M]．北京：人民出版社，2022：26.

“敢于斗争、敢于胜利，是中国共产党不可战胜的强大精神力量。”[①] 大学生是未来社会主义的建设者和接班人，敢于同网络不文明行为和违法行为作斗争，弘扬主旋律，传播正能量，既是对社会文明负责、对人民利益负责、对自己成长负责的态度体现，更是新时代好青年敢担当的行动展现。通过加强大学生网络文明责任意识的培育，鼓励学生在网络生活中自主自觉地践行主体责任，敏于理性思辨、敢于正面发声、勇于澄清是非，努力使自己在网络实践中成为共有精神家园的守护者、网络文明建设的贡献者、网络良好秩序的维护者和网络行为规范的引领者。

一、网络文明与大学生思想政治教育

（一）大学生是网络文明建设的“能量”与“活力”

历次中国互联网网络发展状况统计报告显示，在网民群体中，学生用户人数占比较大，他们与网络朝夕相处，最积极活跃、最善于表现，在微博、抖音、小红书、哔哩哔哩、校园贴吧、知乎、淘宝等各类网络平台均有他们的存在。他们通过网络记录个人生活趣事以及人生感悟，有的以“知识达人”的身份积极参与各种话题的讨论，他们理想坚定，汇聚起了向上向善的网络文明正能量，他们利用网络资源赋能自我成长，积聚起了网络文明的创新活力，是引网络风气之先的重要力量。抖音发布的 2020、2021 年《大学生数据报告》显示，抖音在校大学生用户数已超 2 600 万，占全国在校大学生总数的近 80%；[②] 另外中国大学生在线数据显示，自 2015 年首届全国大学生网络文化节启动以来，活动参与人数突破上亿人次，广大青年学生积极参与网络文化建设，创作出了数以万计的微电影、摄影、优秀网文、动漫等原创作品。大学生理想信念坚定，网络社会便能够汇聚起向上向善的守正能量；大学生敢于担当，自觉分辨、抵制网络中的“杂音”“噪音”，积极主动弘扬主旋律，便会凝聚起塑造和净化网络空间的斗争力量；大学生努力提升自身网络素养，带头文明上网，利用网络资源赋能成长，积聚创新活力，便越能有助于形成与网络文明建设相适应的思想环境，以及以马克思主义思想为指导、以社会主义核心价值观为引领的网络传播生态。总之，网络文明建设离不开青年大学生自身的“能量”“力量”和“活力”。

（二）网络文明是大学生成长成才的“陪伴”与“支持”

网络技术的出现与发展“促进了人的实践方式变革、增加了人的自由时间、拓展了人

① 中共中央宣传部，中央国家安全委员会办公室．总体国家安全观学习纲要［M］．北京：人民出版社，2022：37.

② 抖音发布首份大学生数据报告 大学生创作视频播放量超 311 万亿次［EB/OL］．人民网，http://capital.people.com.cn/n1/2021/0126/c405954-32012925.html,2021-01-26.

的发展空间”，[①] 创造了一个连接着现实，但又与现实生活方式、思维方式、认知方式有所区别的新环境。随着数字化、网络化、智能化的深入推进，网络文明也呈现出了万物互联、数字赋能等新特征，为学生成长成才提供了更多可能与支持。“无人”“智能”等词语已从概念走向实体，数据在万物互联中“活”了起来，成为大学生的现实陪伴，最常见的如无人机、智能手表、AI音箱等，而之前仅存在于网络文明的价值导向也随之一起走进了学生生活，万物互联，赋予了网络文明新内涵。如果说在Web1.0时代，网络文明只是一种精神存在的话，那么在数字化的今天，网络文明具有了“云”功能，依托5G网络支持，现实文明可以被转化为高速率、低延时的数字场景，为学生带来全方位、沉浸式体验，数字赋能，让网络文明披上了技术的盔甲。因此，在他们能够依靠自我教育、自我提高参与网络文明建设之前，更需要科学思想引领、文化教育引导、综合治理引控，形成强大合力，促进青年大学生进行科学的虚拟实践，有效地利用好自由时间，从而满足自己的求知、交往、情感等方面的需求，服务自身的全面成长。

（三）思想政治教育助力大学生“自主”与“自觉”参与网络文明建设

人的价值观念是在一定环境中形成的，环境状况好与坏、优或差等都是人思想形成的重要影响因素，在智能、智慧、数字等技术的催动下，势必会对个体的思想、行为等产生影响，正如《墨子·所染》中所述“染于苍则苍，染于黄则黄；所以入者变，其色亦变，五入而以为五色矣”，虽然时代发生了变化、场域发生了变化，但是规律不变，即“人创造环境，环境也创造人”。[②] 如微博和微信的兴起与普及，让人们在形式上互联交流更加方便，但是在自觉、自主达成更高程度的思想共识方面却陷入了异化，人们在选择信息时会习惯性地被个人兴趣、利益、记忆、感性等羁绊，人们因为有获得情感支持和认同的需要，会自发构建以相同观念为核心的“私域”“群组”或“圈层”，使得个体原有认知在群体价值中继续被强化和放大，因此便会出现“科学真理”让位于“个体感性”，“事实真相”让位于“群体记忆”，“商榷对话”让位于“争吵谩骂”等诸多问题。思想政治教育本就具有教育引导、约束规范、精神激发、塑造个体等功能，同时又能依据一定的教育目的，有计划地选择和创设环境，因此，充分合理地利用互联网和新媒体平台，全面强化网络思想政治教育工作，促进学生自主自觉参与网络文明建设，既契合理论要旨，也符合现实要求。

二、网络文明视域下大学生思想政治教育的机遇与挑战

（一）网络文明视域下大学生思想政治教育的机遇

数字技术赋能思想政治教育精准化、全息化育人，得益于大数据和人工智能等技术的

① 赵惜群．论网络文化对人的发展要素的促动［J］．马克思主义与现实，2008（04）：193.

② 马克思恩格斯选集（第1卷）［M］．北京：人民出版社，1995：92.

普遍应用，网络成为一个数字化的信息空间，张琼等认为“大数据技术的应用为精准思想政治的展开提供了基础硬件”。[①] 卢岚等在研究中指出“数字化赋能推进了思想政治教育范式转化，为思想政治教育提供了一个全息化的立体场景与沉浸式体验”。[②] 可见，数字化技术让思想政治教育在创新发展上获得了全新动力，应用数字技术，可以精准地采集、分析、掌握学生网络认知、行为方式、个人偏好等特点，能够实现对学生思想状况、认知规律的整体把握。

网上美好精神家园建设优化了思想政治教育环境。党的十八大以来，我国信息化建设取得了历史性成就，网络蓬勃发展，即时通信、远程办公、网络交易、网络娱乐、网络公共服务等水平和能力大幅提升。第47次《中国互联网络发展状况统计报告》显示：“在我国‘十三五’期间，建成了全球规模最大的信息通信网络。”网络在满足人们美好生活方面发挥了重要作用，普惠价值日益凸显，形成了包括千余项主题以及“五个一百”网络精品等一大批优秀的网络文明建设成果；开展了“清朗”系列专项，出台了百余部法律法规，网上主流文化阵地建设得到了有效拓展，网络精神文明活力持续增强，网民的网络美好生活得到了实现和维护，极大地增强了网民对网络文明建设的意识、认识，增进了思想凝聚力和共识，为开展好大学生网络文明教育提供了强有力的物质、精神以及制度方面的支撑。

（二）网络文明视域下大学生思想政治教育的挑战

大学生“学法识网”素质不高。普遍表现为在网络法律知识的学习掌握方面有很大不足，网络法律意识淡薄，在网络生活中成为不法犯罪分子的侵害对象。近些年来，大学生参与网络赌博、网络诈骗（或被骗）、网络交友诈骗等案件频发，最高人民法院和最高人民检察院通报的数据显示，从2012年至2022年，“网络犯罪涉案被告人80后、90后被告人占比近90%，18周岁至28周岁被告人占比超过55%”。[③]

大学生“明理辨网”素质不高。“校内互助平台”自媒体当前正成为大学生网络生活的热宠，“校内互助平台”大多未经过学校授权，却使用学校的标识，以“某学校表白墙”“某学校小黑板”“某学校表黑墙”等自称，来自大学生的吐槽、交友、广告、求助等各种消息遍布于“校内互助平台”中，学生不需要实名认证，投稿内容真实性难以溯源，为此“校内互助平台”很容易成为校园“软色情”“擦边球”“谣言”等信息的滋生空间，且由于这类“校内互助平台”多属于自媒体账户或校外运营团队管理，校内监管处于盲区，隐藏着各种风险，如很多学生随意发布涉及他人隐私信息、随意盗用他人照片作为交友信

① 张琼，高盛楠，李玉纯．大数据技术赋能高校精准思政的重要价值与实践进路［J］．思想教育研究，2022（06）：142.

② 卢岚，李双胜．数字时代思想政治教育方法创新的三维审视［J］．思想政治教育研究，2022（03）：30.

③ 最高法：大学生因受蛊惑或欺骗参与帮信犯罪的，该从宽的依法从宽［EB/OL］．光明网，https://m.gmw.cn/baijia/2022-09/06/36007419.html,2022-09-06.

息、随意加入一些表白墙中的商业活动信息，最终陷入传销式诈骗，先后有 2019 年“四川工院表白墙”双倍返利推广活动学生被骗、2021 年深圳大学某高校女生举报男同学不雅动作信息上热搜等，类似问题层出不穷。①

大学生“科学用网”素质不高。网络短视频、影音娱乐、游戏、购物、外卖、交友等是目前大学生使用频率较高的几类应用，其中网络短视频在近几年颇受大学生群体的青睐，中国青年网近期做的一项关于大学生网络短视频使用情况调研显示：“超八成大学生经常刷短视频，近三成每天刷 2—5 小时，搞笑段子、校园生活、时事热点短视频受大学生欢迎，超九成刷短视频为了娱乐放松，超七成认为刷短视频容易成瘾。”② 学生利用网络放松之余，如何能够更好地发挥好网络“属人”的价值，让大学生更好地关注自身发展，值得审视和深思。

思想政治工作者角色与复杂多变的网络环境适配不足。早在 20 世纪 90 年代，伴随着互联网进入中国，相关学者便注意到了网络思想政治教育的重要性，何昭红、蒋少散等一批学者从不同层面提出了网络对青年大学生思想道德的影响，并认为这是“关系到子孙后代的大事”。③ 张建松、刘梅、曾令辉等学者先后提出了网络思想政治工作、网络思想政治教育等概念。随着网络发展和人们对网络的认识，思想政治教育从最初的上网、进网正在向融网、占网转变，从最初的探索、阵地建设到正在进行的网络内容创设、技术融合创新，网络思想政治教育所面临的目标、内容、形式、方法等均发生了变化，内涵也在不断地丰富和发展，如果还是将网络思想政治教育片面地理解为上网聊天谈心、发布文章、开设讲座，那么便很难对大学生网络思想和行为特点进行把握，所开展的育人活动也很难被大学生所接受，网络思想政治工作的交互性、亲和力、传播力、影响力等容易被削弱。综合来看，出现上述问题的原因既与思想政治工作者自身工作思维和方法问题有关，同时也与网络思想政治工作专业化、专职化队伍不足有关。此外，网络思想政治工作者与大学生相比，对快速发展的网络媒体平台的学习能力相对薄弱，对更新迭代的网络平台工具运用存在滞后性，在新兴网络平台的占领上缺乏主动权，甚至部分思想政治工作者对网络新兴的平台存在着迟徊观望、置之不理，究其原因：一是由于缺乏系统培训，引起的知识有弱项，视野上有局限；二是对运用新兴网络平台开展思想政治教育必要性的认识上有不足，思想上有束缚。调研显示，虽然在 2000 年前后，就有高校建立了网络文化研究基地或网络传播研究中心，聚焦于网络育人的理论研究工作和部分实践工作，但是真正以专业化、职业化网络思想政治工作队伍为主体的网络思想政治工作室却是在 2016 年前后才出现，例如武汉生物工程学院 2016 年成立了“领雁”网络思政工作室，2017 年上海师范大学成

① 社交新形式走红校园 警惕网络“表白”虚假信息横飞［EB/OL］. 人民网，https://baijiahao.baidu.com/s?id=1647147526040887204&wfr=spider&for=pc,2019-10-12.

② 87.6%受访者感到在假期刷短视频比平时多［EB/OL］. 中国青年网，http://news.youth.cn/jsxw/202208/t20220825_13947352.htm,2022-08-25.

③ 何昭红. 计算机文化对思想政治教育的影响初探［J］. 思想教育研究，1997（03）：18.

立了香樟树下网络思政工作室以及南京工业大学“常青藤”网络思政工作室等，从网络思想政治工作室成立的数量上来看，2020年至2022年是网络思想政治工作室成立最多的年份，包括金华职业技术学院“小飞侠”网络思政工作室、河南科技大学“科大小郭”网络思政工作室、安徽中医药大学“杏林警钟”网络思政工作室、南京信息工程大学“木木姐”网络思政工作室、吉林农业大学“文蹊”网络思政文化工作室等。综合来看，相比其他专业化队伍，网络思想政治工作专业化队伍建设起步较晚。

此外，思想政治教育与信息技术高度融合不深。在网络社会中，人们会根据信息掌握的多少和质量来对自己的选择、行动做出决定，但由于不同网络媒介具有不同的信息属性，因此不同网络媒介创设出的“拟态环境”也各不相同，在特性倾向性的“拟态环境”下人的认知和行为必然会受到影响。网络思想政治教育也需要建立自己的“拟态环境”，以此来促使人们形成符合网络文明建设所需要的思想品德和信息素养，但在实际创设中，网络思想政治教育却忽视了传统思想政治教育元素的创新融入，目前多数网络思想政治工作室或者平台仍以文字、图片、视频等形式推送，VR、AR等可穿戴设备技术运用不足，缺少沉浸式、体验式、虚实互联的数字化呈现方式，因此，如何促进思想政治教育与信息技术高度深入融合，创设出沉浸体验、生动形象、虚实共生的“拟态环境”，既是当前创新推动网络思想政治教育发展的现实问题，更是未来思想政治教育数字化转型的迫切需要。

三、网络文明视域下大学生思想政治教育的创新路径

（一）学习引导，强化网络文明的价值导向

网络环境越是复杂就越需要正确的价值观念、价值体系作为引领，将网络文明价值嵌入头脑中，根植于大学生思想深处，是引导大学生规范有序使用网络的前提。

首先，应把网络文明融入大学生思想政治教育课程学习、活动实践。要充分发挥思政课教学在理论上武装青年方面的主阵地作用，将网络文明建设的要求、方法、特征、未来发展趋势等形势与政策融入思政课程，提高学生网络文明知识储备；辅导员、宣传工作者以及其他思政队伍，应大力开展好第二课堂教育，将主题党日、主题团日校园文化创建，社团活动，社会实践等作为网络文明宣贯的重要途径，组织学生积极参与网络文明价值对话与探讨，组织学生参加网络文化节、网络公益志愿服务等活动，为网络文明建设发声，推动形成网络文明人人讲、人人参与的实践育人新格局。

其次，应把网络文明融入“课程思政”以及开设选修课。2016年“解码国家安全课程”上线，承担了部分信息安全的教学内容，但课时和知识仍不能满足网络文明建设的需要，与网络文明相关的网络伦理、网络道德规范、网络文化安全等知识涉及不够，为此，实施“课程思政”，将网络文明融入计算机通识课、专业课等课程十分必要。计算机通识课可侧重网络安全与防护、网络文化等方面知识的渗透，其他各类专业课可结合专业特点进行相应的知识渗透，如历史学、新闻学等可侧重互联网发展历史、网络政治文明、网络

法律法规等思政元素创设，建筑、测绘等专业可侧重网络数据安全等思政元素创设。除此之外，开设网络文化、网络治理、网络伦理等相关主题选修课也是提升学生网络文明素养的重要途径。

最后，应面向大学生开展网络文明专题讲座或参观培训。主题讲座应围绕学生网络生活的实际展开，从知识、技能、意识、行动等多方面帮助大学生提升“学法识网”“明理辨网”“科学用网”的综合素质，帮助大学生深入了解网络文明的特点及建设规律，自觉加强网络文明素养，维护网络运行秩序，促进网络健康发展。参观培训应注重体验感、参与感，例如可组织学生实地参观融媒体中心、新媒体大厦，通过近距离感受网络文化产品制作流程，了解各种充满科技感的网络设备，同时也能引发学生对网络产业创新发展的思考。

（二）平台善导，活化文化供给的阵地思维

融媒体传播已成为未来发展趋势，高校作为意识形态工作的前沿阵地，更应该积极主动适应新要求，前瞻性地开展传播载体源头的建设工作，构建校园全媒体传播体系，让主流思想融入大学生活跃的各类网络平台，形成主流舆论传播新格局。

首先，应以矩阵思维搭建“两微一网一端一抖”媒体平台。矩阵是线性代数的基本概念，属于数学领域中的术语，大意为按照长方阵列排列的数的集合，具有系统性、动态性、立体性等特征，常被用于物理、计算机等学科领域。矩阵能够帮助人们进行统计分析，提高解决问题的效率。在传播学领域，矩阵思维同等重要，信息传播过程本身就是规律的布局排列，从信息源出发到传播结束，信息必须经过多个信息节点，学会运用矩阵思维的目的就是要从宏观上研究传播平台之间的相互依存关系，将大学生各类平台使用的无序转化为有序，从而找到合适路径，尽可能减少在各个信息节点中的负载，屏蔽那些无关的信息，从而提升信息传播的效率。

其次，应以精准思维创新平台设计。一是搭建一体化教育智慧管理平台，实现校内全员、全方位、全过程数据动态采集，通过大数据挖掘、分析学生在校园微博、微信公众号、校园网等平台的使用偏好、使用时间、关注内容等，精准跟踪、梳理、刻画学生状态及行为特征，精准掌握学生思想动态。二是将学生参加网络安全教育、网络学习、网络实践活动等数据可视化记录和展现，精准观测学生科学利用网络平台助力自身成长的价值。三是建立“一人一档”，对学生用网情况进行评估和预警，生成学生网络信息素养发展报告，为开展针对性的教育引导提供参考依据。

最后，应以协同思维促进平台联动。要明确“校—院—班（个人）—信息中心”在校园全媒体传播体系中的地位、作用，其中校级层面是各类平台联动的核心层，具有顶层设计、统筹管理的作用，学院以及校级其他职能部门属于推进层，主要起到保持一致、执行指令的作用，班级以及个人属于执行层，主要起体验参加、记录活动的作用，信息中心属于效果反馈层，主要起数据收集、反馈意见的作用。通过四个层面建立运行顺畅的衔接与合作机制，实现网络育人内容生产和实践活动创设的去同质化，推进网络育人从个体化、

团队化向多元互动、协同合作转变。

（三）队伍助导，实化思政工作者网络角色

高素质的网络思政工作队伍是应对网络快速迭代和网络文明发展的迫切需要。

首先，应明确高校网络思政工作者的构成，并厘清思政课教师、辅导员、党团干部、校外网络安全专家之间的关系以及各自的职责定位。一是思政课教师是网络文明课程的主要讲授者，思政课教师应致力于探索推进教育数字化，学会运用声光电等新媒体新技术，打造智慧思政课堂。二是辅导员、党团干部等是推进网络思政工作室建设的主要负责人，要善于制作贴近大学生的新媒体内容产品，传播网络正能量。三是通过聘请校外网络安全专家、技术专家等方式，弥补学校数据安全的专业人才的不足。

其次，应提升高校网络思政工作队伍的数据安全思维与新型平台运用能力。当今各类平台发展迅猛，其中短视频平台成为主流，备受学生欢迎，中国互联网络信息中心（CNNIC）发布的第 50 次《中国互联网络发展状况统计报告》显示，我国短视频的用户达 9.62 亿，占网民整体的 91.5%，[①] 但是，很多思政工作者对如何使用短视频平台却没有做好思想准备，主动采用线上直播互动方式或者通过制作原创短视频等相对较少，为此，高校应加强思政工作者网络平台技术技能培训，帮助思政工作者与时俱进地更新自己的知识和能力。

最后，应提升高校网络思政工作队伍网络调查研究能力。一是要关注当代大学生网络平台活跃度和行为特点，研判学生获取信息的途径、方法、习惯以及倾向，为后期针对性地开展教育引导工作提供数据参考，增强网络思政工作的精准度。二是要学会从大学生角度理解和看待网络，要关注学生在网络的活跃度，增强高校网络思政工作的交互性。三是要关注大学生喜爱的网络传播方式，对其中流行元素进行批判式借鉴，转被动为主动，增强网络思政工作的实效性。

（四）作品创导，优化网络思政内容与作品

优秀的网络内容和作品是网络文明建设的呈现形式，为此，要坚持以内容建设为根本，持续推进体现时代性、亲和力、情境性的网络内容和作品创作。

首先，应注重网络思政内容与作品创作的时代性。一方面，要关注时代的新内容，将感人、感动、令人感触的新时代中国故事作为重要的思政素材，用短视频、短文、动画、访谈、直播等各种形式实现全方位推送；另一方面，要关注时代的新问题，并学会用数据建立数据库，通过大数据为学生分析解惑，从而促进网络思政内容更具说服力，帮助大学生解决新时代的思想困惑。

其次，应注重网络思政内容与作品创作的亲和力。一是要结合大学生的网络多元需求

---

① 第 50 次《中国互联网络发展状况统计报告》［EB/OL］．中国互联网络信息中心（CNNIC），http://www.cac.gov.cn/sjfw/hysj/A091601index_1.htm，2022-08-31.

进行创作，内容要聚焦大学生的兴趣、期待、爱好、烦恼等，要依据他们的“兴趣点”“兴奋点”创作具有吸引力的网络思政作品。二是要将思想引导嵌入到满足大学生的信息需求的过程之中，通过聚焦重点、难点以及学生关注的热点话题，创作具有专题式、话题式、讨论式、解读式、参与式等类型的网络作品来引起学生的思想共鸣。三是要创作学生信任度高、参与度强且符合当前学生审美的网络思政作品，例如，思政工作者可组织学生自导自演微电影、自编自创网络歌曲等，学生在参与过程中便能潜移默化地受到科学思想的熏陶。

最后，应注重网络思政内容与作品创作的情境性。一是要创作符合大学生选择和接受习惯的网络思政作品，纯图文类作品要具有感染力，能够将阅读者带入情境，视频类作品应避免使用重复性画面，以免学生审美疲劳。二是要确保作品中的情境与所要解决的思想问题能对应，在创作过程中，不能一味追求刺激学生的视觉感官，而弱化网络思政原本的价值引导功能。三是要运用 AR、VR 等技术，创新和丰富虚拟体验类型的网络思政作品，在沉浸式交互体验中，直接与所处场景中的人物及事物进行互动，为学生带来更加真实、身临其境的感受，增强网络思政教育的情境性。

第三节　培养学生数字化学习能力

当前，全球经济数字化转型不断加速，数字技术深刻改变着人类的思维、生活、生产、学习方式，全民数字素养与技能逐渐成为国际竞争力和软实力的关键指标。近年来，教育数字化已成为社会热点话题，习近平总书记在党的二十大报告中指出：“推进教育数字化，建设全民终身学习的学习型社会、学习型大国。”[①]《中华人民共和国国民经济和社会发展第十四个五年规划和 2035 年远景目标纲要》强调“加强全民数字技能教育与培训，普及提升公民数字素养”。教育数字化正影响着教育的发展路径，塑造着新的教育形态，对人才的培养也提出了更新、更高、更具体的要求。教育数字化是在数字中国建设快速发展基础上，在教育领域提出的改革新理念、新思路，是推进教育信息化、智能化发展的新举措。2022 年，中央网信办以“数字赋能，全民共享”为主题强调：“公众应具备的数字素养与技能，不仅指人们具有信息通信等数字技术相关的知识和技能，还包含在数字文明新时代的价值观、伦理、行为和思维方式等方面的素养，是当代人核心素养的重要构成。”[②]

“工欲善其事，必先利其器”，能够让学生学会文明上网，学会抵制网络谣言等不文明现象，就需要让学生学会适应未来网络发展和教育的数字化转型，帮助他们获得参与到全

---

① 习近平．高举中国特色社会主义伟大旗帜 为全面建设社会主义现代化国家而团结奋斗——在中国共产党第二十次全国代表大会上的报告［M］．北京：人民出版社，2022：34.

② 提升全民数字素养与技能专家系列解读｜加强数字素养评估 推进数字文明建设［EB/OL］．中华人民共和国国家互联网信息化办公室，http://www.cac.gov.cn/2022-08/18/c_1662448159534739.htm，2022-08-18.

民终身学习的学习型社会、学习型大国的建设中来的能力——数字化学习的能力。针对人才培养的数字化要求，需要构建起以数字素养和技能培育为核心，以数字化学习平台资源为支撑，以开设提升数字化素养和技能的课程为探索，以发挥学生主体作用和教师主导作用相结合为途径的系统化培养策略。

一、提高学生数字化学习能力的必要性

教育发展的关键在于主动适应国家经济产业格局，数字化转型已成为我国经济发展转型的主流趋势，社会进入到数字经济时代已成定局，十四五数字经济发展规划提出，“到2025年，我国数字经济核心产业增加值在国内生产总值比重达到10%。”因此，为了更好地适应数字经济高质量对技术型、数字化人才的需求，教育必须主动适应国家的产业布局，加强学生的数字化学习能力培养，为社会经济发展培养既懂得传统技术又能够应用必要的数字技术的复合型人才。

在终身学习的理念中，学会“如何学习”比学到何种知识意义更为重大，对于推动以数字技术为核心的终身数字学习新格局作用更为明显。利用数字化和大数据技术，针对不同类型学生，通过智能化的学习资源匹配，能够满足高等教育差异化生源基础和个性化发展的需要，“人人皆可成才，人人尽展其才”育人理念在“人人、时时、处处”的数字化学习环境中走进教育的现实。

二、教育数字化与数字化学习能力

教育数字化与网络技术发展密切相关。众所周知，网络技术和信息技术正引发一场新的技术革命，其影响之广、之深、之大，前所未有，教育也不例外，也被卷入其中，在技术驱动下，教育悄然发生着形态变化与结构重塑。早在互联网出现那一刻，网络与教育便结下了不解之缘，最初的超链接文本多媒体教学到现在的VR教学，就是很好的印证，只是两者在特点上有所不同，当前的教育在形式、内容、结构等方面更加复杂，呈现出了数字技术的新特点，比如在信息化教育中，我们最常用手段便是信息检索和多媒体工具，而在数字化教育中，利用虚实互联的直观体验平台以及大数据平台等开展教育便会是一种常态。所以说教育数字化相比教育信息化，注重的是平台、系统等在教育中的应用，注重解决效率问题的同时，还更加注重教育效益的实现。

数字化学习能力是适应教育数字化变革所需要的最基本的能力，是学习者为了能够适应数字化学习环境要求和提升学习效果，在利用各种网络技术工具的过程中生成与发展的学习实践能力，是判断人们能够学会运用数字技术进行学习的重要标准。在数字化环境的学习过程中，数字化学习能力发挥着决定性作用，影响着学习质量。具体来说，数字化学习能力包括三个方面。

一是适应数字化学习环境的思维能力。当前，各种智能化、信息化学习设施、平台层出不穷，让人应接不暇，如智慧阅读笔、智慧书法桌、智能体验穿戴等，它们所展现出的

多媒体特征更直观、更具有技术性，营造出了智慧的、虚实互联的学习环境，面对数字技术带来的环境改变，个体需要重新建构自身的学习思维，包括要学会用“焦点思维”处理好各种各类学习信息流，即以问题为导向的学习，将注意力集中在所要解决的核心问题或者学习困惑上，集中注意力完成学习；学会用“台阶思维”，先从简单的学起，而不是“眉毛胡子一把抓”，不分难易、不分重点、不分主次；学会用“搜索思维”，借助数字化学习平台发现并挖掘更优质的学习资料。

二是获取数字化学习资源的挖掘能力。教育大数据是教育数字化的表现形式之一，美国教育部早在2012年就发布了与教育数字化相关的报告——《提升教与学：教育数据挖掘和学习分析报告》，“旨在通过提升教育数据挖掘技术和学习分析技术，改变教与学的方式，实现教与学的提升与发展。”① 教育数据挖掘的实质是学生利用数字化技术完成学习的过程，在这一过程中，基础是教学网络，平台是各类学习应用系统，方式是采用人机交互创造出模拟的学习环境，结果是数据的采集和应用，目的是发现自己如何学习并为后期学习改进提供必要的依据。教育数据挖掘掀起了一场学习革命，改变的不仅仅是师生主体之间的教学和学习行为，对于推进教育公平有着更加重要的意义，以我国慕课与在线教育发展为例，从2012年至2022年，“中国在线教育日新月异，中国慕课数量已经达到6.19万门，注册用户超过3.7亿人。10年间，慕课数量增加了上万倍，注册用户增加了上百万倍”。②

三是数字化学习方式的运用能力。未来数字化教育的发展必然会创造出前所未有的新的学习环境，这种环境可能是以学习者为中心，会在虚拟与现实交替出现，呈现出“数字—现实”融合的新特征。对于未来学习者来说，深化技术应用是必然趋势，包括对新形态数字教材的掌握、对线上线下融合的教学新样态适应、对动态的智慧的教育评价接受、对交互式合作学习的关注等，总体来说就是要学会数字化方式，在利用数字化学习工具的基础上，学会创造性地提升学习效果。以数字化教材为例，数字教材无论是在形式上还是更新速度上，相较传统教材都更注重多媒体技术的应用体验，为此，在学习方式上除了要关注常规的阅读和练习，还要学会利用学习平台或终端开展包括倾听、观察、对话、交流、分享等在内的多维度、多层次的高效互动。

三、学生数字化学习能力培养的对策

当今，在网络上学习正逐渐成为一种新的学习形式，各种学习平台，如中国MOOC、华文慕课、学堂在线、网易公开课、超星学习平台、学银在线、网易云课堂、TED、大学资源网、腾讯课堂、BiliBili、知乎等各大平台不断推陈出新，备受学生喜爱。在现有的网

① 庞敬文，赵琳．大数据下数字化学习环境的变革与趋势［J］．中国信息技术教育，2015（20）：86．

② 2022世界慕课与在线教育大会在线上举行［EB/OL］．教育部，http://www.moe.gov.cn/jyb_xwfb/gzdt_gzdt/s5987/202212/t20221209_1028748.html，2022-12-09．

络学习平台中，学习资源的更新是分裂式的，即每一门在线课程或者每一个社区学习群组都可以视为一个分裂点，根据现有数据统计，平均每个平台的课程资源都在千门以上，比如清华的学堂在线就有 3 500 门课程之多，网易公开课涵盖约 6 000 集课程，BiliBili 学习视频点击量最多的能够超过百万，资源涉及北京大学演讲及公开课、耶鲁大学演讲及公开课、哈佛大学演讲及公开课、编程、语言、考试、高数、哲学、TED、人工智能等 16 个大类。同时基于微信、QQ 等即时通信平台的学习社群和群组的学习共同体也正在成为新的数字化学习高地，这些平台、群组、社群为学生数字化学习能力的培养创造了硬件条件和技术支撑，让数字化学习成为可能。以学习社群和群组为基础打造的数字化学习共同体为例，具有共同理念、行为规范和学习愿景的一群人被组织在一起，参与设定的主题学习，同时，他们在学习过程中进行互动交流、分享各种学习资源，共同完成一定的学习任务。学习社群或群组有着去中心化的特点，每个参与其中学习的个体无差别平等地进行交流，进行学习内容的讨论研习，继而能够很好地保证学习任务和目标的达成。可见，当前学习平台的多样性为培养高职学生数字化学习能力提供了必要的技术支持。

提高学生数字素养与技能。早在 2021 年 11 月，国家互联网信息办公室就曾发布《提升全民数字素养与技能行动纲要》，明确了数字素养和技能的基本内容，指出："数字素养与技能是数字社会公民学习工作生活应具备的数字获取、制作、使用、评价、交互、分享、创新、安全保障、伦理道德等一系列素质与能力的集合。[①]" 这为学生数字化学习能力的培养指明了方向。一是要充分发挥好第二课堂以及学生社团的作用，开展面向不同专业、不同年级学生的数字化素养与技能培训，如 2022 年，教育部组织数字教育大讲堂活动，对提升学生自身的数字素养就有很大裨益；二是要依托已有的校园易班工作站、网络工作室、融媒体中心等平台，吸收学生作为工作人员，为学生提供数字参与和锻炼的机会；三是创设针对学生的数字素养竞赛和活动，通过比赛和活动等方式，提高学生对数字素养与技能的认识；四是合理利用校外社区公益，企业、行业数字博物馆等数字化教育资源，延伸高职学生数字素养教育的场域，扩充参与主体。

强化数字化学习资源支撑。一方面，要积极开展智慧校园建设，为学生数字化学习提供优质的环境。除了要完善必要的数字化硬件设施和智能化系统之外，还要用好用活国家教育智慧教育平台，丰富学生数字化学习场景，发挥面向学生的教育数字化资源的作用，厚植教育数字化土壤；要发挥图书馆在聚合数字化学习资源中的作用，引进新技术、新设备，整合校内外优质学习资源，建立学生乐意选择的校内数字资源中心平台，并努力使之成为"实体空间、虚拟空间和智慧空间的结合体"[②]，从而大幅度改善学校数字化学习环境和氛围。另一方面，应该积极与抖音、快手、B 站等学生活跃度较高的网站开展合作，借

① 提升全民数字素养与技能行动纲要 [EB/OL]. 中华人民共和国国家互联网信息办公室，http://www.cac.gov.cn/2021-11/05/c_1637708867754305.htm,2021-12-08.

② 李德智，朱诗尧. 大数据时代下的城市精细化管理 [J]. 现代管理科学，2018 (12)：30-32.

力打力，引入或联合创作既符合学生话语体系的，同时又能契合价值引导和技能培育的原创数字化教学资源。

开设提升数字化素养和技能的相关课程。近年来，国内多所高校以“数字素养”为主题，在课程建设、课题研究以及人才培养体系等方面进行了探索，如厦门华厦学院开设全校通识必修课程——“大学生数字素养教育”、天津财经大学发布了财经类本科生“数字素养与技能”培养体系的构建与实践报告以及江苏经贸职业技术学院推进“数字技术+”课程改革，表明了我国高校开始将数字素养融入人才培养体系之中，对于帮助学生能够自信地使用数字技术，掌握批判性的检索和利用数字资源的技能，自由且安全地参与数字社会活动意义重大，然而这些都是在原有信息技术课程基础上革新或新建的数字核心课程，在数字化素养与专业课结合方面探索不多，为此，构建数字化素养为导向的专业课程是未来教育数字化转型的重要突破口，尤其是在开发可听、可视、可练、可互动的场景化数字专业课程和数字孪生专业课程方面大有可为。这些课程“围绕数字的应用来实施教学，让学生可以进入沉浸式的学习状态，用实践的方式来提升教学的质量，同时，能够有效激发学生学习的主动性”[①]。

发挥教师主导作用和学生主体作用相结合。教师同样是数字化学习型社会建设的参与者，教师直接面对学生，教师认同数字化学习的态度以及是否会选择数字化作为改进教育教学手段等体现的就是个人的价值判断与价值选择问题，教师自身的数字化素养和技能对学生有潜移默化的影响作用，教师在和学生教与学的互动过程中，数字化是很好的融合剂。此外，数字化技术更进一步明确了学生在学习中的主体地位，教师应积极探索个性化评价模式，构建以学习者核心素养为导向的评价体系。

加强基于信息素养的学生网络信息意识的培育。信息素养起源于20世纪30年代，是伴随着全球信息化的发展而提出的。1974年美国信息产业协会主席保罗·泽考斯基对信息素养进行了粗略描述，指出：“一个具有信息素养的人，能够很好地把握信息资源，并能够运用这些信息工具与资源为自己解答在工作中所遇到的各种问题。”在1989年，美国图书馆“信息素养总统委员会”为信息素养做出了评判标准，指出“一个具有较强信息素养的人，其在信息生活中，可以凭借自身的能力合理地选择信息内容，满足自身的信息需求，并科学地对信息内容等做出评价”[②]，且“具有较强信息素养的人，能够很好地有效利用自己所需要的信息，能够知道并明确自己何时需要信息，以及如何组织信息，他们是主动的学习者”。[③] 由对信息素养的定义与判断标准我们可以推出网络信息素养的定义，即主要指人们对网络中的各种信息资源的理解、把握以及批判能力，在具体内容上主要包括：认识、识别网络传播中的信息资源，以及能够对网络中的信息进行消化与使用，概括而

① 陈艳芳. 大学生数字素养教育的价值、目标与实践路径［J］. 数据，2022（04）：72-74.

② American library association presidential committee on information literacy：final report［M］. Chicago，ALA，1989.

③ Information Power：Building Partnerships for Learning. Chicago，ALA，1998.

言，也就是指网络信息意识与网络信息运用能力两个方面。

网络信息意识可以被理解为人对信息的敏感度，是人们对网络社会中各种现象、信息资源以及行为的感受、理解以及评价。简而言之，就是人们能够在网络社会中正确看待自己的无知，在面对网络中出现的复杂且晦涩的信息时，能够发挥意识的主观能动性，通过利用网络信息平台，主动地、积极地去寻找答案，并能够明确地知道以何种方式、在哪个位置找到答案；网络信息能力可以被理解为信息的收集与应用能力，是运用网络信息操作系统的基本能力之一，同时也是人们在网络信息社会所应具有的重要生存能力的体现。在复杂、多元的信息网络时代，只是单纯具备网络信息意识是远远不够的，可以说网络信息处理能力是网络信息意识的最终归宿，如果不能具有一定的网络信息处理能力，那么必然会影响其在网络社会中的学习效率与质量，最终也无法很好地适应信息时代的要求，可以说信息处理能力居于信息素养的核心地位。

第四节　加强学生网络道德教育

由于互联网的诞生，出现了“网络社会”这一全新的社会模式。网络社会的产生不仅改变了人们的生活方式和沟通形式，而且极大地影响着人们的伦理道德。网络文明由物质文明、政治文明和精神文明三个不同层面的文明形态组成，其中，物质文明是基础，政治文明是制度保障，而精神文明则是网络文明的核心和最高形态。因此，网络精神文明在网络文明中具有终极性根本性意义。道德文化作为人的精神生活的凝练与提升，在精神文明中具有标志性意义，精神文明在某种意义上就是一种道德文明。网络道德规范作为约束和导向网络主体的外在力量，也就成了网络主体进行网络活动所要遵守的“规矩”，即网络道德的基本内容，它是构建网络道德体系的一个重要方面。提高网络道德修养，也是帮助网络公众在面对网络谣言时，能够做出正确的价值判断和选择的途径，文明上网、文明发言。

一、认识网络道德

关于网络道德的研究，早已有之，一般来说，网络道德是现代道德在网络社会中的延伸，也是道德与现代网络信息技术相结合的产物。网络道德规范是指网络社会中约定俗成或明文规定的行为标准，网络道德是从道德、德性的角度去探讨研究网络伦理的，是指在网络社会里，以网络活动为媒介而体现出包括伦理道德内容的行为方式、思维模式、人生观、价值观等被网络道德主体一致公认的人与网络之间、网络社会里人与人之间的行为道德准则，即“人们通过电子信息网络进行社会交往时而表现出来的道德关系”。[①] 网络伦理

① 严耕，陆俊，孙伟平．网络伦理［M］．北京：北京出版社，1998：13.

道德在当今十分重要，首先，遵守信息伦理道德与法规是信息社会成员应具备的基本素质。再者，具有高度的社会责任感是任何一个参与网络世界的人道德修养的第一个要求。网络是科学高速发展的产物，它以超大信息量、快速及时、虚拟等特性迅速地渗透到人们生活中，改变着人们的生活。它携带着自己特有的价值和意义渗透到人类活动的每个场合、角落，并以非常的力量影响着人类的行为和观念。①

因特网信息量大，信息交流速度快，自由度强，实现了全球信息共享，人们在网上可以随意获得自己所需求的信息，给人们的学习、生活带来了巨大的便利和乐趣。而网民中绝大多数是学生，“网上冲浪”也成为当代学生生活和学习的重要方式。尤其是互联网在德育领域的运用，如远程德育、虚拟课堂、校园网等，更是有效地整合了满足学生学习的需求。但网上一些不健康的内容和虚假信息对身心正处于发育阶段的学生的思想观念和道德行为造成了严重的影响。再如一些学生过分沉溺于网络，忽视了现实社会中的人际交往，不能很好地融入现实人群，处理一些现实的人际问题，继而造成了自我封闭和人际淡化，往往会导致人际社会化的畸形发展。因此，加强学生的网络伦理德育有着重要的现实意义。网络伦理德育通过价值观、道德判断力与意志力、网络道德意识及责任感的培养，继而使学生掌握正确的道德判断和选择能力，能用道德准则和法规制度规范自身的信息行为，做到不制造信息暴力和传播虚假信息；尊重信息知识的原创性，提高知识产权的保护意识，树立知识产权相关的著作权法、专利法等法治观念。

此外，经过多年的实践，网络道德规范已经成为网络法律法规和各种管理规定的必要补充，它对强化网络谣言治理起到了非常重要的作用。网络社会的伦理道德与现实社会的伦理道德相比，显现出了自主性、开放性、多元性的特点，网络社会是一个借助虚拟现实的技术手段而营造的虚拟空间，这一技术特征将人们的沟通交流简化为人际交流及符号交流，从而决定了网络伦理道德主体活动的自由性和开放性，而网络的开放性可以说是网络技术手段的极其重要的特征。与现实社会的伦理道德一元化相比，由于网络社会的全球性、开放性，各种各样的伦理道德汇集于网络中，从而产生了各式的对比与差别，最终导致了网络伦理道德的多元性。当前，网络面临着不同程度的非道德行为的侵袭，主要表现在以下三个方面：第一，鉴于文化因素在一个国家安全因素中的重要地位，网络信息已经成为霸权国向其他国家进行文化渗透和侵袭的新途径和新渠道。第二，色情网站、垃圾信息、暴力恐怖、迷信邪教等信息的泛滥严重危害并极大影响着广大网民。第三，网络犯罪、网络谣言、网络诈骗、非法交易、低俗内容、道德沦丧等行为失范严重污染着网络空间。

二、网络道德教育的基本要求

现实性和虚拟性相统一。由网络自身所引发的信息技术革命所产生的虚拟现实，正在“淡化我们在物理实际空间中所积累的‘现实感’，但是这种改变，并非意味着现实的消

① 司马云杰. 文化价值论［M］. 昆明：云南人民出版社，2005：203.

失，而是现实在形式方面及其内涵的改变”。[①] 网络社会本身是带有虚拟性的社会，但同时它也是一种“真实（an objective reality）”的社会。[②] 因此，在开展网络道德教育过程中，无论是在内容设置上，还是在方法上，要体现出现实的实在性和网络虚拟性的统一，信息技术革命彻底打破了现实空间的地域限制，毫无疑问，“带有虚拟性的互联网社会”与“客观实在，且带有物理特质的现实社会生活”之间有着不可分割的内在联系。“虚拟”与“现实”两者本身就是一对矛盾，在矛盾的运动中，两者之间相互依存，相互促进，相互影响。两者相互依存的本质表现为，在虚拟网络环境下所衍生和发生的“带有经验性质的东西（信息）”都将被活生生的社会现实所验证，并被社会实践所完善。

引导性与互动性相统一。即在开展网络道德教育的过程中，要把教育者的主导性地位与受教育者的主体性地位相统一起来。学生作为时代的骄子，往往具有较强的主体思维意识，尤其在面临五花八门的网络内容之时，往往具有一定的自发性和盲目性，这样会不利于学生的身心发展，如网络谩骂，网络色情，散布虚假信息，制作、传播网络病毒，传播垃圾邮件，聊天室谩骂，网络欺诈，网络色情聊天，传播他人隐私等，因此在道德教育过程中，要发挥教育者的主导作用，对学生进行一定的积极引导，帮助其树立正确的价值取向。此外，应该积极展开与学生之间的互动，网络的本质在于其开放性，其重要的特点在于交互性，交互的开放是网络媒介最明显的特性，它可以提供高频率的一对一、一对多和多对多的交流，通过网络交往，实现教育者与受教育者之间在情感以及身份上的认同，也只有实现了情感与身份的认同，才更加能帮助教育者了解学生在网络生活中的真实情况，并做出有针对性的反应。

服务性与发展性相结合。即在开展网络道德教育过程中，教育者要体现出服务意识，并不断促进受教育者的综合素质以及能力的发展。因此，面对哪些服务对象以及要提供怎样的服务是教育者必须解决的最基本的两个问题。此外，无论是从网络道德目标、教育内容，还是在教育方式上，都要以服务的理念作为指导，因此，教育者必须要将自己作为学生发展的手段，以服务的理念指导并开展网络道德教育，从而在实现教育目的的基础上，为进一步帮助学生科学利用网络，服务自身发展夯实道德基础。

关注学生的网络精神需求与价值判断能力发展的统一。要利用网络道德教育的优势，充实有关网络心理健康教育的内容，开设网络心理健康教育专栏等，以缓解各类网络谣言为学生带来的心理恐慌和焦虑，帮助学生调适自己的网络行为，适应网络文明建设的要求。学生正处于世界观、人生观、价值观形成时期，情感复杂多变，也属于网络谣言的易感群体，教育者要积极通过网络聊天或网络行为调查等方式，深入了解学生的网络行为以及网络心理，继而渗透到现实的心理健康教育中，理解并支持学生的情感需求，耐心听取学生的情感宣泄，做到“从网络中来，到生活中去”。同时，教育者要以帮助学生认清网

① 李河．得乐园·失乐园：网络与文明的传说［M］．北京：中国人民大学出版社，1997：118.

② 饶传平．网络法律制度［M］．北京：人民法院出版社，2005：02-03.

络的本质和影响为前提，引导学生适应网络社会发展的客观要求，全面地提高自己的综合素质，包括创新能力、价值判断能力、网络文化适应能力等。因此要积极发挥校园网的优势，将校园网作为开展网络道德教育的重要基地，开展多样化的道德教育活动。

三、网络道德教育的基本途径

（一）思想观念上：树立三个意识

根据马克思主义哲学的观点，思想观念的更新是呈现阶段性，且是永无止境的过程。思想观念一旦形成，就能够产生足够的驱动力支配人们的行为方式，对人们的行为方式产生指导作用。所以，相对落后的思想观念必然会束缚人们的思维与行动方式，这也就有了除旧树新的必要性，就需要在具体的实践中不断地与时俱进，解放思想，更新观念，实现三个转变。

首先要树立“开放”意识。网络作为信息化时代的重要体现，不仅更新了现有的生产方式，而且扩大了人们的交流范围。学生的思维活跃，网络使用频繁，因此，作为教育者要放开思路，以开放式的心态、思维面对整个网络社会，否则就会与学生脱节，不能很好地对学生的网络行为与网络心理进行有效的把握。

其次要树立“引导”意识。建构主义的教师观认为，教师与学生之间的互动，并非单纯地以知识输出为主，而是应该根据学生所处的一定情境，依托自身的各种教学方式以及经验等，帮助学生主动地对教育内容进行有效的选择、思维加工，“并借助于教育者和受教育者之间的帮助，即通过学习主体之间的协作与协调活动，达到对认知结构的认识与重组，并积极主动地、自由自觉地进行意义建构”。[①] 在网络社会中，学生具有很强的自主性，他们可以凭借自己的需求，有意识地选择自己的网络行为方式，表达自己的言论，且带有一定的隐匿性，不容易被察觉，而要有效地控制这种现象，引导比灌输更加具有贴近性，且更加容易产生效果。

最后要树立“对话”意识。网络的特性之一便是匿名性，也正是这种特性，使得网络表现出一种“去中心”的交流模式，学生在网络中的表现与在课堂中的表现差异很大，在网络中，作为主体的他们能够随心所欲地表达自己内心最真实的想法，而在课堂上，“教育者在道德教育过程中始终居高临下，蔑视受教育者的积极性、主动性和创造性，视受教育者为一种消极被动的、只需接受先进道德的‘容器’”。[②] 因此，教育者要努力适应网络的“去中心式”的教育方式，抱着平等的心态开展网络道德教育和网络舆论引导工作，用心倾听学生在网上的言论，为解决学生网络道德失范等问题提供针对性的措施。

---

① 庄亚楠．基于建构主义的教师教育探究［J］．基础教育，2009（02）：53．

② 赵惜群．德育生活化路径新探［J］．马克思主义与现实，2008（06）：177．

（二）教育形式上：实现四个转化

首先要实现教育合力化，必须要整合学校德育的资源，尤其是大中小网络德育一体化方面有待加强。此外，可以探索性地建设全国高校网络德育教育网站，以宣传网络道德规范、网络文明建设等为主要内容，同时也可以加入辟谣专题，从道德理论层面分析相关网络谣言的危害和影响机理，帮助学生树立网络辟谣的“德”意识与“德”本领。其次，在实现资源整合的同时，必须要注重信息的生活化、实践化，以“大思政”的理念，充分利用社会资源开展网络道德教育。再次，要体现“视觉化”，充分发挥网络的“超链接”功能，既要获得信息“量”上的视觉满足，又要获得信息“质”的思想上的满足，网络“超链接”功能使与网络道德相关的信息可以得到更多的背景资料作为支撑，因此更加能够凸显其厚实感、深度感，从而使教育更加“有质感”，这就能够很好地帮助学生形成立体的思维能力，有利于提高学生的网络信息阅读与判断能力。最后，要整体化引导，即在网络道德教育中，要对学生群体进行有效的网络舆论引导。随着网络技术的不断发展，网络舆论在学生中的影响力日益增强，在校学生可以通过网络参与到许多重大事件的讨论中来，继而形成对该事件的网络舆论，当学生一旦对某一政策或消息内容产生不满情绪，就会在各类网络平台中进行舆论活动。在网络舆论引导上，可以采用“意见领袖”以及“议程设置”等方式，通过有意地设定某一问题，发起学生讨论，加深该问题在学生脑中的印象，继而通过合理的评论，营造一种“拟态环境”，并由此影响学生的思考和判断。

（三）队伍建设上：实现一个统一

开展网络道德教育，离不开队伍支撑，学校的网络德育教育队伍以宣传工作者、党团干部、班主任、辅导员等为主，计算机教师也是重要的队伍补充，而实际情况是，教师队伍中并非全部都是专业的工作人员，他们网络安全技术、网络素养、网络传播知识等良莠不齐，因此，学校要积极创造条件对现有的教师队伍开展网络技术、网络安全、网络传播知识、舆情知识的培训，不仅要使他们具备较强的获取、处理和传递信息的能力，掌握网上信息传递的规律，还要使他们具备一定的网络舆情分析、引导、研判的专业能力，从而更好地把握网络舆论引导的主动权。另外，也可以聘请网信办、网络安全公司等技术人员，让他们参与校园网的建设和管理，把德育网站的建设作为校园网建设的一项重要内容来做，形成技术和内容的最佳组合。最后，也可以将学生纳入网络思想政治教育队伍中来，以学生为本，从学生出发，实行学生的自治，相对教师队伍来说，学生自身的信息素养较高，且由于本身来源于学生群体，因此也就更容易再回到学生群体之中，帮助其他同学产生认同感，更有助于网络舆情的研判和引导。

第五节　让文明成为清朗空间的底色

在互联网过去发展的几十年里，网络的信息传输文明、交互文明、技术文明以及制度文明都成为重要的文明印记，在 2006 年中国互联网协会就曾发布《文明上网自律公约》，号召互联网从业者和广大网民从自身做起，在以积极态度促进互联网健康发展的同时，承担起应负的社会责任，始终把国家和公众利益放在首位，坚持文明办网，文明上网。2021 年、2022 年中国网络文明大会先后于北京和天津举行，均强调网络空间是亿万民众共同的精神家园，网络文明是信息时代人类文明的重要组成部分，并就发展积极健康的网络文化，促进网络文明建设，营造清朗网络空间，向全社会发起网络文明建设行动倡议（图 6-1）。依据网络文明的变迁，我们可以从中发现网络文明建设的重要规律，掌握其规律，我们便能掌握网络文明的实质。

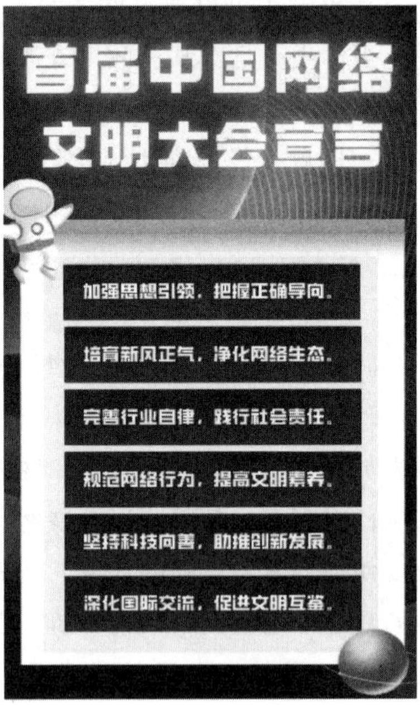

图 6-1　首届中国网络文明大会宣言

一、网络文明离不开现实文明

网络文明都受到着现实文明的影响，无论是网络中哪种类型的文明，都能在现实文明中得以探查。网民在现实生活中的态度、价值观等往往决定了其在网络社会中的立场与观点，可以说网络文明的本质是现实信息的网络再造，这种再造过程对“精神文明建设主体具有触媒作用，对人们思想道德、思维方式、行为方式和艺术生活有着很大影响，它能促进精神文明建设的组织及运行方式的改变”。① 网络文明是现实文明在网络的延伸，是现实生活中的文明资源网络化，例如志愿服务、“微公益”“文明点赞”等，它们来源于生活，又在网络中逐渐兴起并形成一股强大的正能量，这股正能量反过来又辐射到现实生活中，感召和影响更多的网民从网上围观到身体力行。我国网络文明的发展同样离不开现实文明的支撑，特别是中华民族优秀传统文化、中国红色革命文化、社会主义先进文化等尤为关键。

(一) 中华民族优秀传统文化催生了本土化的网络文明

世界上有四大文明古国，分别是古巴比伦、古埃及、古印度和中国，在历史长河中，只有中国的文化没有断绝，只有中国保留了文化的完整性，其他三个国家的文化都已成为“古文化”，已经不复存在。有着 5 000 多年传承发展的中华文明，其中所蕴含的道德思想、人文成果、哲学理念、礼乐教化等一直都是我国网络文明建设重要的精神滋养。中华民族优秀文化传统如同藤蔓一般，爬满了由“过去、现代与未来”所构成的时间轴，在传承发展过程中，形成了以伦理道德学说为核心的中华民族血脉，比如，崇礼尚义、“百善孝为先”的道德风尚，“温良恭俭让”的君子风范，“执中守一、不偏不倚”的中庸思维，“民惟邦本、本固邦宁”的治国理念，“大同世界、天下一家”的美好理想，“忧国忧民、先忧后乐”的家国情怀等。中华优秀传统文化让网络文明建设具有了中国传统风格。

中华优秀传统文化中仁、义、礼、智、性、忠、孝等优秀道德品质逐渐构成了相对稳定的，且能够反映民族思想内在特性的共有精神，为网络文明发展提供正确的道德基础，也是网络共有精神家园建设的重要反映；中华优秀传统文化让网络文明具有了中国传统特色。在中华优秀传统文化发展的历史长河中，形成了以多民族共存共荣的文化态势，而包容性就是其最为特色的本质反映，这一点与网络的开放性特征具有一致性；中华优秀传统文化让网络文明具有了中国传统气派。一方面，通过网络文明建设，加强对传统文化的宣传，能够让更多的人发现传统文化，了解传统文化，热爱传统文化，形成文化自觉，提升民族自信。另一方面，网络文明建设能够促进中华优秀传统文化与时俱进，创新发展，能够为传统文化的传承注入更多新鲜血液与活力，例如把中华优秀传统文化融入网络精神文明建设载体，包括网络视频、网络音乐、网络动漫等等，以真、善、美的道德培育为突破口，走民族精品路线，开发弘扬民族精神，反映时代特点，有中国精神、中国气派、现代风格的原创网络文化产品，② 从而引导不同群体把民族精神和时代精神结合起来，更好地传承和保护好中华民族优秀传统文化。

---

① 樊醒民．汇聚指尖上的正能量奏响兰州网络文明好声音［N］．兰州日报，2016-06-24.

② 孙渝莉．让社会主义核心价值观成为网上主流［EB/OL］．中国共产党员新闻网，http://theory.people.com.cn/n/2014/0503/c40531-24967990.html,2014-05-03.

（二）红色革命文化是网络文明建设的最好营养剂

2021年7月1日，中共中央总书记、国家主席、中央军委主席习近平在庆祝中国共产党成立100周年大会上的讲话提道：“一百年前，中国共产党的先驱们创建了中国共产党，形成了坚持真理、坚守理想，践行初心、担当使命，不怕牺牲、英勇斗争，对党忠诚、不负人民的伟大建党精神，这是中国共产党的精神之源。”1921年中国共产党的成立是中国历史上一次开天辟地的大事，标志着中国历史进入新的纪元。在中国革命中所形成的红色革命精神有着社会实践基础，也是时代的宝贵精神财富，引领着中国革命的胜利，红色文化是中国的先进文化，当前虽然革命斗争已经过去，但是实现中华民族伟大复兴的中国梦仍然需要用红色精神引领，凝聚起中国精神和中国力量。[①] 在网络文明建设层面，用红色文化作为引领，体现在应该坚持正确的政治方向、舆论导向、价值取向；体现在要用红色文化加强思想引领，把握正确导向；体现在坚持“互联网＋红色文化”，把红色资源“活水”引入网络，实现红色文化创新性表达和多元化传播，让红色文化成为网络文明建设的最好营养剂。

（三）中国特色社会主义新时代伟大实践与成就丰富了网络文明

在庆祝改革开放40周年大会上，习近平总书记指出：“改革开放40年积累的宝贵经验是党和人民弥足珍贵的精神财富，对新时代坚持和发展中国特色社会主义有着极为重要的指导意义。”习近平总书记强调在新时代中国人民是具有伟大创造精神、奋斗精神、团结精神、梦想精神的人民，“创造”“奋斗”“团结”“梦想”被视为伟大民族精神在新时代的内涵。为此，时代的脉搏在哪里，网络文明建设的重点就要聚焦哪里。国家的繁荣昌盛，个人的努力奋斗，或大或小梦想的实现都是新时代网络文明的重要素材。从中华民族完成了彻底摆脱贫困的人类奇迹，到“一带一路”建设展现出令世界惊叹的能力和效率；从北京展示全球首座“双奥之城”的独特魅力，到“走出去”的中华传统文化在海外备受追捧；从人均GDP突破1.2万美元，超过世界人均GDP水平，到中国人首次进入自己的空间站……观察这个国家“当惊世界殊”的发展历程会发现，互联网都忠实地记录着。现实的成就是我们新时代做强网上正面宣传，营造强大传播声势，汇聚起奋进新征程、建功新时代的磅礴精神力量的重要来源。

为此新时代网络文明建设更应聚焦四个精神：一是伟大的创造精神。没有创造就没有中国的未来，当天宫、蛟龙、天眼、悟空、墨子、大飞机、复兴号等一大批中国创造亮相世界，当新“四大发明”走进中国百姓生活，中华民族的创造精神前所未有地迸发了出来，中国之所以能在半个多世纪中创造从站起来、富起来到强起来的奇迹，莫不与中国人民的伟大创造精神紧密相关。创造精神于中华民族而言，不但是推动其发展和进步的重要

---

① 张文．红色文化与共产党人的精神家园培育探究［J］．社会科学家，2016（04）：31-35.

动力和源泉，对于新时代的中国而言，更是其实现伟大梦想的重要依托。二是伟大的奋斗精神。幸福生活都是奋斗出来的，这一句话已成为新时代中华民族儿女的共识，新时代更加需要奋斗，为了实现中华民族伟大复兴的中国梦，全体中华民族儿女就必须以奋斗的姿态站在世界的前沿，以“实干”成就“梦想”，以“实干”创造“幸福”。三是伟大的团结精神。党的十八大以来，以习近平同志为核心的党中央站在民族融通、文明交汇、共同发展的战略高度，强调“中华民族一家亲，同心共筑中国梦，这是全体中华儿女的共同心愿，也是全国各族人民的共同目标”，唱响了新时代促进各民族交往交流交融、推动民族团结进步事业不断发展的主旋律。四是伟大的梦想精神。中国近代以来的民族梦想就是要实现“中华民族伟大复兴”。如今，中国人民比历史上任何时期都更接近、更有信心和能力实现中华民族伟大复兴。实现伟大梦想就必须要进行伟大斗争、必须要推进伟大事业、必须要建设伟大工程，尤其是要把坚持党的领导作为根本，凝聚起中华民族伟大复兴中国梦的强大力量，这是新时代中国特色社会主义伟大实践最本质的特征。

二、网络文明独特的文化属性

网络文化是一种新型的文化形式，是“随着信息技术的发展而形成的社会亚文化”。① 同时也是人们在社会活动中依赖于以“信息、网络技术以及网络资源为支点的网络活动而创造的物质财富和精神财富的总和”。② 如前所述，网络文化是随着计算机互联网而产生的一种文化现象，它以计算机的硬件设备为物质载体，以上网者为主要对象，以虚拟的网络空间为主要传播领域，以数字化为基本技术手段，为人类创造出一种全新的生存方式、活动方式和思维方式。可见，网络文化的产生与网络载体是密不可分的。随着计算机的发展，人们开始试着将计算机连接起来，大家共同交流信息享用资源。这样，在联结起来的网络中，人们利用网络载体创造思想、道德、艺术、科学、教育等精神与物质财富，但是“个人只有在与他人的互动中才需要文化，才能接受文化，才能影响文化”。③ 网络的兴起重塑了个人与组织之间的关系模式，由于网络是以一种“去中心化”的方式组织起来的，因此网民在网络之中的交往能以一种不同于现实生活中的方式进行，从而建构一种全新的开放式的组织模式，也正是通过在网络社会中的这种交往方式，网络文化逐渐得到丰富和发展。网络文化作为一种文化形态，除了具有文化的一般特征外，还有一些自己独有的特点，主要体现在其产生的阶段——网络交往的过程中。

（一）交往行为的快捷性

网络使人与人交往的距离变短，同时也使整个世界变小，人们传播和交流信息的方式

① 黄李凤，温雪．网络文化适应研究述评［J］．开放教育研究，2008（4）：55.

② 杨向明．网络文化现状和发展趋势［J］．情报资料工作，2002（05）：21.

③ 郑杭生．社会学概论新修（第三版）［M］．北京：中国人民大学出版社，2007：67.

彻底打破了时间上和空间上的限制。网络信息是按电子运行速度来传递的，一种文化现象，或一个观点、一个大家感兴趣的东西可以在瞬间到达网络世界的各个角落。由于它的传播不受时间、地点和空间的限制，不受印刷品等因素的制约，不论在地球的任何位置，只要你能上网，你就可以在网上尽情地浏览、下载、冲浪，可谓“一网在手，我便拥有了整个世界”。

（二）交往语言的公共性

公共性主要是指在网络交往中语言文本使用的公共性，语言是文化的载体，离开语言表达的文化形态是不完整的形态。网络语言的形态是多样的，如符号、图文、视频、声音、网络特有词汇等。网络语言让网络成为一种独特的精神存在。它以数字化为基本技术手段，为人类创造出一种新的语言表达方式，是人类传统文化、传统道德的延伸和多样化的展现，在网络中又体现为网络主体的思维方式、思想、情感和价值观念等文化心理。

（三）交往范围的开放性

网络文化是没有屏障的开放型文化，“它不是为某一种需求设计的，而是一种可以接受任何新的需求的总的基础结构，它允许在今后增加任何新的服务，而不是限制它”[①] 由于信息技术的高速发展，计算机的成本越来越低，上网的费用也越来越被普通人所接受，文化参与和信息获取成本的降低，使人人参与成为可能。网络推动了不同文化的网民用网络语言进行交流，突破了民族之间的文化界限，不仅增进了相互的了解，也赋予人们更大的包容性，实现了真正意义上的文化共融。

三、影响网络文明形成的其他要素

（一）“舆论领袖”对网络文明建设的影响

“舆论领袖”是网络传播中最有影响力的传播者，他可以是直接的信息传播者，也可以是间接的信息传播推动者。所谓“舆论领袖”也被称为“意见领袖”，他是网络传播中最为重要的理论之一，是指能够非正式地影响别人的态度或者一定程度上改变别人行为的个人。[②] 网络中也存在“舆论领袖”，这类人在网络舆情发展的过程中起到了重要的作用。网络中的“舆论领袖”是非常活跃的信息传播者和接受者，他在很大程度上能够左右网民对待某件事或者某个舆论的态度和看法。如果在网络文明建设过程中能够很好地运用“舆论领袖”的影响力，那么势必会有利于网络文明的发展；相反，如果“舆论领袖”被网络中的别有用心之人所掌控，那么一方面不利于网络社会的稳定与健康发展，另外一方面对

① 陈仲元，周治国．网络文化与高校学生思想政治工作［J］．高教研究与探索，2001（02）：44.

② 尚俊杰，霍晓丹，孙也程．高校网络舆论领袖的作用及其引导策略［J］．中国青年研究，2010（08）：89-92.

网络文明的创建也会带来不利影响。

（二）网民信息选择与接受偏好对网络文明建设的影响

网民是网络传播的信息终端，是信息的接收者和接受者，但是并非所有经过网络传播的信息都能够被受众所接受。信息接收和信息接受，除了两者在字面意义上不同外，他们还有着不同的性质，信息接收只是网络受众对信息的观看或下载，而信息接受则更多表明的是网络受众对信息的认同，这种信息认同又可以分为价值认同和情感认同。网络中受众是具有不同个性的个体，而他们的个性化需求对网络文明建设也有一定的影响，网络受众个性是多样化的：如自尊心较强的网络受众，不易被他人所劝说；固执己见的人，则不愿意接受他人的意见；情商高的人则容易被感人事例所打动；文化水平较低的网络受众，对较为深奥的理论则置若罔闻。因此这就是网络文明建设必须解决的问题，在尽可能满足受众个性化需求的过程中，实现网络文明建设的引导价值。

（三）平台建设也是网络文明的重要影响因素

数字化、智能化、信息化的网络已成为当今网络平台的趋势和优势，在此基础上所形成的“高互动性语境”中，图像符号得到了广泛的应用，让人们进入了以看为主的读图时代，各类视觉符号成为网络文化中的主要元素。相比文字传播，图像文化更有较强的表现力，它一方面可以将文字所要传播的内容进行直观、感性再造，另外一方面图像符号可以突破地域和语言的限制，相对优于单一的文字传播。图像式传播方式已然成为当前网络传播的主要方式之一，面对这些变化，运用好图像资源传播网络文明既是时代要求，也是网络文明增强自身吸引力、影响力的要求，网络文明建设要坚持守正创新，在立足现实的基础上，创新思考对策和表达形式。

后记　网络谣言及其治理的未来变化猜想

通过“行政＋法治＋教育”的综合治理，只能大大压缩网络谣言滋生的空间，但有传播就可能有谣言，有热点事件就可能会有谣言，有经济利益的追逐就可能会有谣言，谣言将会伴随社会发展长期存在，要想完全杜绝、遏制谣言是很难的，随着人工智能、虚拟现实等技术的发展，网络谣言可能更加难以辨识。网络作为新兴发展的“舆论场”，其每分每秒都在进行着无数信息的交换，其发展尚不足半个世纪，便实现了从计算机到智能媒体的过渡与融合，发展势不可当。网络的快速发展让人们对于信息传播、诉求表达、社会交往、思维习惯等都产生了新的变化。

一、网络谣言可能会变得更“智能化”

AI 技术正在被广泛运用到互联网之中，其中“AI 换脸”“AI 写作”等最具代表性。无论是在手机应用下载程序之中，还是在各类社交平台、短视频平台，都能看到与“AI 换脸”相关服务的 App 和小程序的各类信息，有的 App 和小程序非常智能，只需用户上传一张照片，就能替换相应视频中人物的头像，可以是用户本人，也可以是别人。

“AI 换脸”技术使用了计算机视觉和机器学习算法来分析和模拟人脸的特征，解决了电影、电视剧拍摄中的一些问题，比如《流浪地球》系列电影中就有“AI 换脸”技术的参与，以展示电影中角色从年轻到衰老的面部特征，有助于提升角色的真实感和画面观感。在一些视频平台上，不少网友以 AI 换脸作为寻找乐趣的手段，殊不知，“AI 换脸”可以实现面部的深度伪造，也有可能成为伪造视频和虚假信息的工具，成为某些别有用心之人破坏网络文明的罪恶之剑，成为诈骗、诬陷、诽谤等违法犯罪的工具，给个人权益、社会和谐以及网络生态带来严重威胁。利用“AI 换脸”技术造谣，尤其是用在公众人物身上较多。2021 年 8 月，某演员工作室报警，称网络上有网友利用“AI 换脸”技术传播带有侮辱性的视频、截图，同时还有存在诽谤言论的聊天记录。[①] 按照《民法典》规定，任何组织或者个人不得以丑化、污损，或者利用信息技术手段伪造等方式侵害他人肖像

① 知名男星深夜声明：影响恶劣，已报警！［N］. 新晚报，2021-08-28.

权，“AI 换脸”用于违法犯罪，可追究相关人员的法律责任。

与“AI 换脸”存在同样法律风险行为的技术还有“AI 写作”。“AI 写作”即智能写作系统，可以让用户轻松生成包括回答问题、文章、诗歌、故事等各种作品，甚至 AI 可以生成复杂的点评信息以及看似可信的假新闻，而这些虚假的点评、新闻等不仅机器无法检测出来，就连某些专业工作者可能也分辨不出来。央视财经频道 2019 年 2 月 19 日报道，人工智能组织 OpenAI 发布了高级语言人工智能模型 GPT2，只要为它提供一小段文字，它就能根据自己的理解来编写余下的内容，小说、新闻，甚至代码都不在话下，一些外媒认为这项技术可能会成为假新闻制造器，并引起了广泛争议，称这项技术是“潘多拉魔盒”。[①]

二、网络谣言发布者可能会“数字化”

在 2022 年高考期间，“数字人考生”成了热搜话题，由这名“数字人考生”作答的《本手、妙手、俗手》的作文被刷屏。该名“数字人考生”由百度推出，名为度晓晓，根据第一财经发布的资料显示：“经过阅卷，某知名语文老师对‘数字人考生’度晓晓的作文给出了 48 分的成绩，作文分数已赶超当年约 75%高考考生……‘数字人考生’度晓晓凭借着人工智能自动生产内容（AIGC）能够 40 秒写 40 篇作文，可以实现以十分之一的成本、以百倍千倍的生产速度，创造出有独特价值、独立视角的内容，将颠覆现有的内容生产模式。”[②]“数字人”度晓晓并不是第一次在公众面前亮相了，在 2022 年 3 月，全国两会期间，“数字人”度晓晓化身《工人日报》主播，在《两会晓晓说》新媒体栏目中进行播报，引起全国广泛关注，成了一道独特的风景线。“数字人”正在成为未来网络技术应用的发展趋势。AIGC，即 AI Generated Content，是指利用人工智能技术来生成内容，AIGC 也被认为是继 UGC、PGC 之后的新型内容生产方式，AI 绘画、AI 写作等都属于 AIGC 的分支。[③] 目前，数字人主播播报属于 AIGC 能力应用的场景之一。除了度晓晓之外，洛天依、AYAYI、雅妮等均为虚拟主播，它们被广泛地运用到了演唱会、商业代言、电商带货、医疗、教育服务等各领域，虚拟数字人正在渗透进我们的生活。2022 年，更加具有立体感的腾讯 3D 手语数智人“聆语”上线央视频，根据资料显示：“通过整合多模态交互技术、3D 数字人建模、机器翻译、语音识别和自然语言理解等技术，让‘聆语’的手语表达能力接近真人。腾讯 3D 手语数智人‘聆语’词汇和语句覆盖量超过 160 万，并针对体育赛事做了大量定向优化，手语可懂度 90%以上，技术水准行业领先。‘聆语’手语准确、清晰易懂，冬奥会期间共完成手语手势 2 000 个，服务人次超 216 万，实现金

---

① 中国财经报道．反对“假新闻制造器”马斯克退出人工智能组织 OpenAI［EB/OL］．央视网，https://tv.cctv.com/2019/02/19/VIDE9cdh37NKDR5ecUXOA5ak190219.shtml,2019-02-19.

② 陈思彤．李彦宏：“AI 考生”40 秒写 40 篇高考作文 得分超 75%考生［EB/OL］．第一财经，https://m.yicai.com/news/101524271.html,2022-09-01.

③ 詹新惠．AIGC 意味着什么［J］．青年记者，2022（24）：125.

牌赛事100%覆盖，达到行业首次大型赛事翻译的圆满成功。”①

（图片来源：工人日报客户端、央广网）

数字人度晓晓、聆语播报新闻

虚拟数字人是典型的多技术综合产物，近些年，数字人在随着元宇宙的概念而崛起，成为网络经济发展的新产业。随着科技的成熟，相信在未来，数字人在外表、行为、交互行为等方面会以更加高度拟人化的方式出现，也会越来越多地走进人们的日常生活，如进行交互式搜索和对话，在交流中学习人类的思维，传递丰富的知识，以各种职业身份与人类社会产生交互，与用户建立更强的情感连接。通过智能头盔设备，人们将意识与虚拟世界连接，操纵着代表自己的虚拟人物进行体验，听觉、嗅觉等各种感知都很真实等，这些都可能会从理论走进现实、从个别走向普遍。在《2021年虚拟数字人深度产业报告》中对虚拟数字人给出了一个简单的界定：“存在于非物理世界中，由计算机图形学、图形渲染、动作捕捉、深度学习、语音合成等计算机手段创造及使用，并具有多重人类特征（外貌特征、人类表演能力、人类交互能力等）的综合产物。市面上也多将其称为虚拟形象、虚拟人、数字人等，代表性的细分应用包括虚拟助手、虚拟客服、虚拟偶像或主播等。预

① 腾讯3D手语数智人“聆语”上线央视频，见证中国队获2000米混合接力冠军［EB/OL］．央广网，http://tech.cnr.cn/techph/20220206/t20220206_525734198.shtml,2022-02-06.

计到 2030 年中国虚拟数字人整体市场规模将达到 2 700 亿元。”①

现有资料显示，以打造面向未来的，且具有差异化的虚拟人、虚拟物应用产品的科技企业越来越多地出现在了网络科技市场领域，如相芯科技、亚马逊云科技、融云。回看人类历史上每一次技术跨越，生产力变革永远不会缺席，随着新的科技的普遍应用，那么未来，网络虚假信息和网络谣言的传播有可能就会出现在“元宇宙”、出现在“虚拟人”“虚拟物”当中，值得警惕。

三、网络谣言治理会越发“协同”

习近平总书记指出：“互联网的治理必须从单向管理转向双向互动，从线下转向线上线下融合，从单纯的政府监管向更加注重社会协同治理转变。”② 在网络信息管控方面，政府除了应从自身建立相关信息发布机制之外，更应该发动网络运营商，社会组织、网民等力量，强化对网络谣言的协同管控。网络运营商可以通过技术手段，如通过“敏感词设置”“AI 信息校真”“大数据”等方式，构建预警与监控机制，对疑似虚假或谣言信息转入人工审核，进行二次分析，以减少网络谣言的产生；社会组织是线下阻断网络谣言传播的重要团体，要充分发挥好社区、社团、单位组织作用，开展科普宣传、讲座等活动，对公民、职工进行正确的舆论引导，做到不信谣，不传谣。

网民是网络治理的重要主体，网民媒介素养和法治意识是阻断网络谣言生成和传播的基础。在管网治网中，坚持从网民中来、到网民中去成为共识，依靠网民，提高网民的谣言信息“免疫力”会成为辟谣的主要渠道，打一场网络谣言治理的“人民战争”会成为趋势。人是网络生态文明建设的主体，同样也是被改造的对象，网络生态文明建设必须坚持以服务人、发展人、培养人、塑造人作为基本原则，树立以人为本的理念，实现网络文明建设对人的价值诉求。正如马克思所说：“每个人是手段同时又是目的，而且只有成为他人的手段才能达到自己的目的，并且只有达到自己的目的才能成为他人的手段。”③ 因此，人作为主体在网络文明建设中不仅要主动传播积极、健康、文明的网络信息，在满足与帮助网络其他使用者的同时，也是对自己主观世界与客观世界改造的重要方法。以人为本，引导为主，利用先进的网络技术和舆论引导手段为网民提供一个积极、健康、向上的网络环境。

随着网络强国和网络文明建设的逐步推进，“网络命运共同体”意识会成为普遍共识，网络谣言治理会呈现出以技术为核心，以法治为保障，以教育为辅助，以公众参与为主的新协同治理结构。行政主管部门、网络平台、网络用户等不同主体在网络谣言治理中的义务与责任更加清晰，其中，伴随着全民数字化适应力、胜任力、创造力显著提升，数字道

---

① 2021 年虚拟数字人深度产业报告［EB/OL］. 网经社，http://www.100ec.cn/index/detail--6604822.html，2021-12-15.

② 习近平. 加快推进网络信息技术自主创新朝着建设网络强国目标不懈努力［J］. 紫光阁，2016（11）：1-7.

③ 马克思恩格斯全集（第 46 卷）［M］. 北京：人民出版社，1980：473.

德伦理水平大幅提升，网民更加理性，对网络谣言具备了较为科学的判断力和鉴别力，公众参与会成为谣言治理的直接动力，“平台—用户—技术”三位一体的网络谣言协同打击机制更健全；行业自律规则中纠纷解决机制与成员约束机制更加行之有效，平台内部治理机制运转更加顺畅，涉及事后的追责与救济、事前预防与事中监督的网络谣言法律法规会更加完善和细化，行业自律＋法律体系双向发力，合力铲除网络谣言生存土壤；针对AI智能、数字人、数字物等数字产品的管理和专章规定会被加强和完善，针对网络谣言的教育手段会日益丰富，相关网络辟谣平台会更加普及，谣言智能提示系统和辟谣系统会为人们文明上网保驾护航；权威部门辟谣更加高效，网民积极对网络违法行为和有害网络信息进行举报和监督更加便捷，打击“网络谣言和虚假信息”专项行动会持续发力，网络谣言的源头打击更快、更精准、更有力，日常状态和应急状态相融合的网络谣言管控模式基本形成，网络空间更加清朗。

各类热点事件的“模糊性”在全流程化的跟踪管理过程中，能够得到及时有效的控制，从点击量，留言情况，发布消息后的公众舆论、情绪和行为反应情况及时调整信息发布频率、覆盖面、信息完整度等，继而使得官方主渠道信息发布与民众需求之间的矛盾能够得到及时解决，官方媒体的公信力在这过程中会得到有效提升，正如习近平总书记在网络安全和信息化工作座谈会上的讲话时所指出的：“网民大多数是普通群众，来自四面八方，各自经历不同，观点和想法肯定是五花八门的，不能要求他们对所有问题都看得那么准、说得那么对。要多一些包容和耐心，对建设性意见要及时吸纳，对困难要及时帮助，对不了解情况的要及时宣介，对模糊认识要及时廓清，对怨气怨言要及时化解，对错误看法要及时引导和纠正，让互联网成为我们同群众交流沟通的新平台，成为了解群众、贴近群众、为群众排忧解难的新途径，成为发扬人民民主、接受人民监督的新渠道。”①

---

① 习近平：在网络安全和信息化工作座谈会上的讲话［EB/OL］. 中央纪委监察部网站客户端，http://m.ccdi.gov.cn/content/93/d9/9727.html,2016-04-25.

参考文献

著作类

［1］习近平. 习近平谈治国理政（第四卷）［M］. 北京：外文出版社，2022：319.

［2］习近平. 高举中国特色社会主义伟大旗帜 为全面建设社会主义现代化国家而团结奋斗——在中国共产党第二十次全国代表大会上的报告［M］. 北京：人民出版社，2022：26，34，44.

［3］中共中央宣传部，中央国家安全委员会办公室. 总体国家安全观学习纲要［M］. 北京：人民出版社，2022：37.

［4］中共中央文献研究室. 习近平关于青少年和共青团工作论述摘编［M］. 北京：中央文献出版社，2017：21，26，66.

［5］中共中央党史和文献研究院. 习近平关于网络强国论述摘编［M］. 北京：中央文献出版社，2021：73.

［6］马克思恩格斯全集（第 46 卷）下册［M］. 北京：人民出版社，1980：473.

［7］马克思恩格斯选集（第 1 卷）［M］. 北京：人民出版社，1995：92.

［8］饶传平. 网络法律制度［M］. 北京：人民法院出版社，2005：2-3.

［9］郑杭生. 社会学概论新修（第三版）［M］. 北京：中国人民大学出版社，2007：67.

［10］吴克明. 网络文明教育论［M］. 长沙：湖南师范大学出版社，2005：41.

［11］刘建明，王泰玄，等. 宣传舆论学大辞典［M］. 北京：经济日报出版社，1993：03.

［12］汉语大辞典（缩印本）［M］. 上海：汉语大词典出版社，1997：6668.

［13］李河. 得乐园·失乐园：网络与文明的传说［M］. 北京：中国人民大学出版社，1997：118.

［14］周裕琼. 真实的谎言：抵制家乐福事件中的新媒体谣言分析［M］. 北京：中国人民大学出版社，2011：1000.

［15］胡钰. 大众传播效果：问题与对策［M］. 北京：新华出版社，2000：114-115.

[16]［法］卡普费雷. 谣言：世界最古老的传媒［M］. 郑若麟，译. 上海：上海人民出版社，2008：8.

[17]［美］凯斯·桑斯坦. 谣言［M］. 张楠迪扬，译. 北京：中信出版社，2010.

[18] 巢峰. 辞海［M］. 上海：上海辞书出版社. 1999：1158.

[19]［美］赛弗林·J. W. 坦卡德. 传播学起源、研究与应用［M］. 福州：福建人民出版社，1985.

[20]［美］奥尔波特著. 谣言心理学［M］. 刘水平，梁元元，黄鹂，译. 沈阳：辽宁教育出版社，2003.

[21]［加］麦克卢汉著. 理解媒介——论人的延伸［M］. 何道宽，译. 南京：译林出版社，2011：71，115.

[22]［法］勒庞. 乌合之众［M］. 戴光年，译. 武汉：武汉出版社，2012.

[23]［德］埃利亚斯·卡内提. 群众与权力［M］. 冯文光，刘敏，张毅，译. 北京：中央编译出版社，2003：66.

[24]［美］凯斯·桑斯坦. 信息乌托邦［M］. 毕竟悦，译. 北京：法律出版社，2008：8.

[25]［美］尼尔·波兹曼. 娱乐至死［M］. 桂林：广西师范大学出版社，2004：4.

[26]［美］尼葛洛庞帝著. 数字化生存［M］. 胡泳，译. 海口：海南出版社，1997：269.

[27]［德］黑格尔. 逻辑学［M］. 北京：商务印书馆，1981：232.

[28]［德］恩格斯. 反杜林论［M］. 北京：人民出版社，1970：112.

[29]［美］布罗姆列. 经济利益与经济制度［M］. 上海：上海三联书店，1996：55.

[30] American library association presidential committee on information literacy：final report［M］. Chicago，ALA，1989.

[31] Information Power：Building Partnerships for Learning. Chicago，ALA，1998.

[32] 严耕，陆俊，孙伟平. 网络伦理［M］. 北京：北京出版社，1998：13.

[33] 司马云杰. 文化价值论［M］. 昆明：云南人民出版社，2005：203.

论文类

[1] 习近平. 加快推进网络信息技术自主创新朝着建设网络强国目标不懈努力［J］. 紫光阁，2016（11）：1-7.

[2] 殷贤彬. 追踪"中国第一个网上葬礼"——一则假新闻的曝光始末［J］. 新闻记者，1999（06）：24-26.

[3] 殷贤彬. 慎待"网络新闻"［J］. 新闻通讯，2000（06）：49.

[4] 张涛甫. 十年百条虚假新闻的样本分析——《新闻记者》"年度十大假新闻"评

选十年分析报告之一［J］. 新闻记者，2011（05）：4-9.

［5］雷霞. 谣言：概念演变与发展［J］. 新闻与传播研究，2016，23（09）：113.

［6］巢乃鹏，黄娴. 网络传播中的"谣言"现象研究［J］. 情报理论与实践，2004（06）：586-589，575.

［7］顾晓燕. 网络谣言与网络流言：因模糊性而凸显出审慎应对的重要性［J］. 新闻界，2012（08）：38-41.

［8］姚喜君. 传播与意义的构建——关于"传播"定义的再思考［J］. 当代传播，2009（02）：22.

［9］蔡骐，曹慧丹. 变迁中的传播赋权——网络意见领袖崛起原因探析［J］. 武汉科技大学学报（社会科学版），2015（4）：161-166.

［10］王长潇，王丹敏，张冰君. 网络短视频社区的空间生产与身份认同［J］. 教育传媒研究，2022（01）：20-25.

［11］敬菊花. 论网络谣言与网络舆情的耦合关系［J］. 学校党建与思想教育，2017（04）：52.

［12］李一聪，李静. 网络谣言中的"沉默的螺旋"效应［J］. 神州，2013（34）：262，264.

［13］赵志朋. 以网络谣言的传播观察从众心理的发展趋势——基于疫情期间的讨论［J］. 牡丹江师范学院学报，2020（05）：74-84.

［14］安萌. 网络辟谣的文本构成与表达特征分析——基于微指数筛选鉴定的1400＋辟谣文本分析［J］. 新闻研究导刊，2020，11（20）：71.

［15］解迎春. 谣言中的社会负面情绪与理由给定探究——以微信朋友圈为例［J］. 今传媒，2021，29（06）：23.

［16］成伯清. 从嫉妒到怨恨———论中国社会情绪氛围的一个侧面［J］. 探索与争鸣，2009（10）：49.

［17］崔福凯. 新媒体时代"吃瓜群众"的舆论效力与引导路径［J］. 焦作师范高等专科学校学报，2022，38（03）：43-46.

［18］姚媛. 网络围观下的"吃瓜"乱象及治理［J］. 网络安全技术与应用，2022，264（12）：117-118.

［19］张文. 红色文化与共产党人的精神家园培育探究［J］. 社会科学家，2016（04）：31-35.

［20］黄李凤，温雪. 网络文化适应研究述评［J］. 开放教育研究，2008（4）：55.

［21］杨向明. 网络文化现状和发展趋势［J］. 情报资料工作，2002（05）：21.

［22］陈仲元，周治国．网络文化与高校学生思想政治工作［J］．高教研究与探索，2001（02）：44.

［23］詹新惠．AIGC意味着什么［J］．青年记者，2022（24）：125.

［24］刘彤，许志强．网络“正能量谣言”的生成与治理［J］．中国出版，2018（08）：34.

［25］李一，汪昊天．“网络恶搞”的现象分析与省思应对［J］．青少年研究与实践，2021，36（01）：16-21.

［26］李德智，朱诗尧．大数据时代下的城市精细化管理［J］．现代管理科学，2018（12)：30-32.

［27］陈艳芳．大学生数字素养教育的价值、目标与实践路径［J］．数据，2022（04）：72-74.

［28］中国学生发展核心素养［J］．新教育，2019（17）：39.

［29］庞敬文，赵琳．大数据下数字化学习环境的变革与趋势［J］．中国信息技术教育，2015（20）：86.

［30］王玉龙．数字化时代高职院校教材建设的逻辑、特征与策略［J］．职教论坛，2022，38（08）：46.

［31］岳汉景，朱莹．大学生网络谣言辨识力提升探析［J］．重庆邮电大学学报（社会科学版），2021，33（03）：89-96.

［32］庄亚楠．基于建构主义的教师教育探究［J］．基础教育，2009（02）：53.

［33］赵惜群．德育生活化路径新探［J］．马克思主义与现实，2008（06）：177.

［34］尚俊杰，霍晓丹，孙也程．高校网络舆论领袖的作用及其引导策略［J］．中国青年研究，2010（08）：89-92.

［35］彭楠．话语权释放：自媒体中公益短视频真实性的迷思及治理［J］．新媒体研究，2022，8（19）：47.

［36］赵惜群．论网络文化对人的发展要素的促动［J］．马克思主义与现实，2008（04）：193.

［37］张琼，高盛楠，李玉纯．大数据技术赋能高校精准思政的重要价值与实践进路［J］．思想教育研究，2022（06）：142.

［38］卢岚，李双胜．数字时代思想政治教育方法创新的三维审视［J］．思想政治教育研究，2022（03）：30.

［39］赵建东．网络谣言图像化传播的形式和特点研究［J］．传播力研究，2018，2（23）：247.

［40］朱飞虎，焦庆争．微信平台“旧谣新传”现象的分析与治理［J］．齐齐哈尔大学学报（哲学社会科学版），2019（06）：48-50.

［41］蔡立媛，张金海．蝴蝶效应：微信谣言的传播机制［J］．当代传播，2016（06）：72-75.

［42］刘梦．浅谈网络传播情境中中国网民的需求［J］．文艺生活·文海艺苑，2015（07）:246.

［43］白月．高校网络舆情的类型、特点及应对研究［J］．河南社会科学，2020，28（07）:120-124.

［44］何阳，叶柯柯．基于“北邮人论坛”的北京邮电大学校园网络舆情分析报告［J］．北京邮电大学学报（社会科学版），2012，14（02）：22.

［45］冯刚，黄渊林．大学生网络舆情群体极化的成因与表征［J］．思想教育研究，2021（09）：94.

［46］潘树琼．辟谣积极履责净化精神家园［J］．网络传播，2017（08）：41.

［47］何昭红．计算机文化对思想政治教育的影响初探［J］．思想教育研究，1997（03）:18.

网络类

［1］习近平：在网络安全和信息化工作座谈会上的讲话［EB/OL］．中央纪委监察部网站客户端，http://m.ccdi.gov.cn/content/93/d9/9727.html,2016-04-25.

［2］中国网信网．中央网信办深入开展网络辟谣标签工作［EB/OL］．中华人民共和国国家互联网信息办公室，http://www.cac.gov.cn/2022-09/29/c_1665989811481850.htm,2022-09-29.

［3］中央网信办通报首发谣言典型案例，5400余个账号被处置［EB/OL］．澎湃新闻，https://m.thepaper.cn/baijiahao_20891004,2022-11-25.

［4］提升全民数字素养与技能专家系列解读｜加强数字素养评估 推进数字文明建设［EB/OL］．中华人民共和国国家互联网信息化办公室，http://www.cac.gov.cn/2022-08/18/c_1662448159534739.htm,2022-8-18.

［5］提升全民数字素养与技能行动纲要［EB/OL］．中华人民共和国国家互联网信息办公室，http://www.cac.gov.cn/2021-11/05/c_1637708867754305.htm,2021-12-08.

［6］浙江开展“清朗·‘饭圈’乱象整治”专项行动［EB/OL］．中华人民共和国国家互联网信息办公室，http://www.cac.gov.cn/2021-06/30/c_1626639177482348.htm?from=singlemessage,2021-06-30.

[7] 未成年人互联网普及率达96.8% 城乡网络素养鸿沟仍待弥补 [EB/OL]. 中华人民共和国国家互联网信息办公室，http://www.cac.gov.cn/2022-12/19/c_1673088230837502.htm,2022-12-29.

[8] 教育部教材局.《大中小学国家安全教育指导纲要》主要考虑与要求 [EB/OL]. 教育部，http://www.moe.gov.cn/fbh/live/2021/53640/sfcl/202108/t20210824_553663.html,2021-8-24.

[9] 人民资讯. 以溯源机制有效治理网络谣言——法治网 [EB/OL]. https://baijiahao.baidu.com/s? id=1728074020505395080&wfr=spider&for=pc,2022-3-23.

[10] 人民资讯. 深入整治网络乱象！2022年"清朗"系列专项行动来了 [EB/OL]. 百度，https://baijiahao.baidu.com/s? id=1727540242882176428&wfr=spider&for=pc,2022-3-17.

[11] 用法治扼住网络谣言命脉 [EB/OL]. 央广网，http://m.cnr.cn/news/20151031/t20151031_520345983.html,2015-10-31.

[12] 最高法：大学生因受蛊惑或欺骗参与帮信犯罪的，该从宽的依法从宽 [EB/OL]. 光明网，https://m.gmw.cn/baijia/2022-09/06/36007419.html,2022-09-06.

[13] 社交新形式走红校园 警惕网络"表白"虚假信息横飞 [EB/OL]. 人民网，https://baijiahao.baidu.com/s? id=1647147526040887204&wfr=spider&for=pc,2019-10-12.

[14] 87.6%受访者感到在假期刷短视频比平时多 [EB/OL]. 中国青年网，http://news.youth.cn/jsxw/202208/t20220825_13947352.htm,2022-08-25.

[15] 第50次《中国互联网络发展状况统计报告》[EB/OL]. 中国互联网络信息中心(CNNIC)，http://www.cac.gov.cn/sjfw/hysj/A091601index_1.htm,2022-08-31.

[16] 2022年度微博辟谣数据报告 [EB/OL]. 新浪微博，https://weibo.com/1866405545/MoICtozcu? type=comment#_rnd1674816381133. 2013-1-17.

[17] 上海网信办：累计封停78个涉疫谣言网络群组 [EB/OL]. 百度，https://baijiahao.baidu.com/s? id=1733078026322147426&wfr=spider&for=pc,2022-5-17.

[18] 记者调查：泰安"为爱冲锋的勇士"是场闹剧！当事人开直播道歉 [EB/OL]. 齐鲁壹点，https://baijiahao.baidu.com/s? id=1750532003795101193&wfr=spider&for=pc,2022-11-26.

[19] "为爱冲锋的勇士"直播道歉：没有炒作没有带货 [EB/OL]. 齐鲁晚报，https://www.qlwb.com.cn/videoDetail/20412642.html,2022-11-25.

[20] 中国互联网的25年 [EB/OL]. 中华人民共和国国家互联网信息化办公室，http://www.cac.gov.cn/2019-10/19/c_1573013728702836.htm,2019-10-19.

[21] 网络名人秦火火案今宣判 公诉方认为可从轻处罚［EB/OL］. 中华人民共和国国务院新闻办公室，http://www.scio.gov.cn/m/zhzc/8/5/Document/1368484/1368484.htm,2014-4-17.

[22] 金融界. 呈现数据背后的温情，《2022 抖音热点数据报告》出炉［EB/OL］. 百度，https://baijiahao.baidu.com/s?id=1752969974953213311&wfr=spider&for=pc,2022-12-23.

[23] 短视频从登场到“称王”的十年变迁［EB/OL］. 澎湃，https://m.thepaper.cn/baijiahao_20345197,2022-10-18.

[24] 布衣说事. “水泥西施”一次扛四袋水泥，骗局被揭穿，丈夫顶不住舆论离婚!［EB/OL］腾讯新闻，https://view.inews.qq.com/a/20220121A051KR00,2022-1-21.

[25] 孝金波，王晨羽. 这些是近期最大的谣言! 第一条被搜索了 3.6 亿次［EB/OL］. 保定网警巡查执法，https://baijiahao.baidu.com/s?id=1606955435188794134&wfr=spider&for=pc,2018-7-25.

[26] 上海辟谣平台. 快评丨引爆全网的高价彩礼谣言背后，又是一场流量的狂欢［EB/OL］. 百度，https://baijiahao.baidu.com/s?id=1754961315415236698&wfr=spider&for=pc,2023-1-13.

[27] 5 个常见网络谣言传播惯用伎俩［EB/OL］. 澎湃新闻，https://m.thepaper.cn/baijiahao_20589191,2022-11-03.

[28] 谣滚丨离大谱，一眼假! 为抹黑中国，他们竟编出这些谎言……［EB/OL］. 新华社，https://baijiahao.baidu.com/s?id=1755450782545921073&wfr=spider&for=pc,2023-1-19.

[29]《这就是中国》第 141 期：俄乌冲突中的网络信息战［EB/OL］. 百度，https://baijiahao.baidu.com/s?id=1732215558577613905&wfr=spider&for=pc,2022-5-8.

[30] 锦州网警巡查执法. 60 种通信网络诈骗手段大合集!［EB/OL］. 百度，https://baijiahao.baidu.com/s?id=1746442081146215129&wfr=spider&for=pc,2022-10-12.

[31] 孟威. 辨识网络谣言：“有图”未必“有真相”［EB/OL］. 环球网，https://society.huanqiu.com/article/9CaKrnJW177,2016-6-20.

[32] 有人恶意 P 图假冒媒体发布不实言论［EB/OL］. 腾讯网，https://new.qq.com/rain/a/20221201A06SYE00,2022-12-01.

[33] 为何你总是被这种“网络谣言 2.0 版本”忽悠?［EB/OL］. 澎湃，https://www.thepaper.cn/newsDetail_forward_16969131,2022-3-4.

[34] 转发微博参加抽奖的诈骗手段，你中招了吗？[EB/OL]. 扬州网警，https://mp.weixin.qq.com/s?__biz=MzIyMTAyODc2Nw==&mid=2652209449&idx=3&sn=6e3cc00c770752099169f1030f0458e3&chksm=8c2229d9bb55a0cf7a47667205e04bed28a4d6bd09cac15f1e488ce8901f4bda30beca8efba9&scene=27,2018-4-17.

[35] 有团伙专门“偷小孩”“挖内脏”？谣言！[EB/OL]. 济宁市全媒体辟谣平台，http://www.sdjubao.cn/slyybgt/7354.html,2022-11-22.

[36] 有网民在网上传播一则所谓的“警告”内容 长沙警方辟谣 [EB/OL]. https://baijiahao.baidu.com/s?id=1707226013177302000&wfr=spider&for=pc,2021-8-5.

[37] 陈俊余. 2022 年度“十大网络流行语”新鲜出炉 [EB/OL]. 光明网，https://m.gmw.cn/baijia/2022-12/17/1303227341.html,2022-12-17.

[38]“粉丝文化”与青少年网络言论失范问题研究报告 [EB/OL]. https://m.thepaper.cn/baijiahao_5292496,2019-12-19.

[39] 陈世华，熊孟元. 网络表情包的传播特征与社会影响 [EB/OL]. 人民网，http://media.people.com.cn/n1/2017/0824/c414002-29491875.html,2017-08-24.

[40] 昭德心理. 为什么谣言总是深得人心 [EB/OL]. 百度，https://baijiahao.baidu.com/s?id=1703897450594235593&wfr=spider&for=pc,2021-6-29.

[41] 毛锦伟. 上半年收到举报 280 万条：微信圈群已成为谣言传播重灾区 [EB/OL]. 上观新闻，https://www.shobserver.com/staticsg/res/html/web/newsDetail.html?id=285965&sid=67,2020-9-2.

[42] 焦点访谈：哗众取宠、敲诈勒索、屡教不改？网信办出手了！[EB/OL]. 百度，https://baijiahao.baidu.com/s?id=1679008990817652932&wfr=spider&for=pc,2020-9-28.

[43]“净网 2021”专项行动重拳打击网上突出违法犯罪 [EB/OL]. 新华社，http://www.gov.cn/xinwen/2022-01/15/content_5668293.htm,2022-01-15.

[44] 公安机关 2022 年侦办“网络水军”相关案件 550 余起 [EB/OL]. 中国新闻网，http://www.chinanews.com.cn/gn/2023/01-13/9934446.shtml,2023-1-13.

[45] 李磊. 这些账号长得太像媒体了！起名别打擦边球！[EB/OL]. 新浪微博，https://weibo.com/ttarticle/p/show?id=2309404785103128888067,2022-6-27.

[46] 家庭群里辟谣，你不能这么说 [EB/OL]. 澎湃，https://m.thepaper.cn/baijiahao_4895228,2019-11-7.

[47] 为什么老年人喜欢转发谣言？[EB/OL]. 易读心理，https://www.yiadc.com/i/25898.html,2022-2-21.

［48］樊朔，王帝，周婉娇．拿什么拯救被谣言蛊惑的父母？［EB/OL］．人民网，http://media.people.com.cn/BIG5/n1/2017/0505/c40606-29255099.html，2017-5-5.

［49］浙江 BOLE 品牌管理．终于有一个不拖后腿的数据了，你上网超过人均时长了吗？［EB/OL］．百度，https://baijiahao.baidu.com/s?id=1742762384219719958&wfr=spider&for=pc，2022-9-2.

［50］警方回应“人贩子偷小孩”传言：系男子接女网友被对方家长发现驾车逼停并报警［EB/OL］．新浪网，https://news.sina.com.cn/c/2023-01-14/doc-imyaahwz9058674.shtml，2023-1-13.

［51］袁秀月．“女孩考上清华跪谢父母”系摆拍，“正能量谣言”危害甚矣！［EB/OL］．中国互联网联合辟谣平台，https://www.piyao.org.cn/2020-07/29/c_1210725501.htm，2020-7-29.

［52］抖音今年已处理 319 万条不实信息 希望“主动跑过谣言”［EB/OL］．中国青年报，https://baijiahao.baidu.com/s?id=1741397500931907822&wfr=spider&for=pc，2022-8-17.

［53］咸宁一男子为吸粉发布涉疫谣言信息被行政拘留［EB/OL］．咸宁网警巡查执法，https://baijiahao.baidu.com/s?id=1750271468342281301&wfr=spider&for=pc，2022-11-23.

［54］李诺一．虚假信息蔓延、流量经济驱使 乌镇热议：网络谣言怎么治？［EB/OL］．中国青年报客户端，http://news.cyol.com/gb/xwzt/articles/2021-09/29/content_6vzXVt7WE.html，2021-9-29.

［55］抖音、快手、小红书等平台将显示 IP 属地［EB/OL］．网易，https://www.163.com/dy/article/H5ABVO850514CA4V.html，2022-4-19.

［56］北京市公安局网络安全保卫总队．都辟谣 85 年了，“食物相克”还有人相信！［EB/OL］．https://baijiahao.baidu.com/s?id=1684949436949658575&wfr=spider&for=pc，首都网警，2020-12-2.

［57］我说“车库里有条喷火龙”，谁能证明我在说谎？［EB/OL］．上海辟谣，http://piyao.jfdaily.com:1801/py_4/lAwjEXzJbJp8MpVOEV/rYZvFcdECbhrPRMUuRm/t6ViQR402s+94+8DZfygLrK8zAeDygp/GLs2ECG9wcGog，2017-4-11.

［58］菏泽中院．杜撰虚假事实发布网络，一网络写手获刑 9 个月［EB/OL］．澎湃，https://m.thepaper.cn/baijiahao_18992373，2022-7-13.

［59］胡一峰．治理网络营销号须打破流量崇拜［EB/OL］．人民网，http://finance.people.com.cn/n1/2021/0308/c1004-32045345.html，2021-3-8.

［60］开局一张图，剩下全靠编！“通稿式造谣”的营销号就得连锅端！［EB/OL］. 中国青年网，https://t. m. youth. cn/transfer/toutiao/url/3g. youth. cn/rmtj/202112/t20211214_13352220. htm? log_from＝e0786db04f8c7_1639482489597，2021-12-14.

［61］“吃瓜”变“吃人”? 从种瓜、传瓜到吃瓜，有条黑色产业链［EB/OL］. 新浪网，http://k. sina. com. cn/article_1893892941_70e2834d0200170vz. html，2022-3-20.

［62］大数据［EB/OL］. 百度百科，https://baike. baidu. com/item/%E5%A4%A7%E6%95%B0%E6%8D%AE/1356941，2022-12-29.

［63］新华网. 社交网络让“偏见”更偏［EB/OL］. 百度，https://baijiahao. baidu. com/s? id＝1610537043253899629&wfr＝spider&for＝pc，2018-09-03.

［64］8 月谣言盘点 | 网传“双减”政策落地，教育机构将面临“团灭”……［EB/OL］. 微博辟谣，https://weibo. com/ttarticle/p/show? id＝2309404678727568326819&sudaref＝www. baidu. com，201-9-7.

［65］高考高招谣言多为诈骗 擦亮双眼谨防上当——涉高考高招辟谣榜综述［EB/OL］. 澎湃，https://m. thepaper. cn/baijiahao_19431295，2022-8-12.

［66］最高检点名“老夫少妻”恶搞事件：一夜之间遭遇“社会性死亡”，是“天大的事”！［EB/OL］. 澎湃，https://m. thepaper. cn/baijiahao_17047891，2022-3-9.

［67］95 后照片被盗用，因染发遭网暴！照顾爷爷被造谣！［EB/OL］. 澎湃，https://m. thepaper. cn/baijiahao_19196153，2022-7-27.

［68］微信又推出逆天功能［EB/OL］. 搜狐网，https://www. sohu. com/a/149082489_120702，2017-6-15.

［69］治理不实信息，抖音联合多方共建辟谣平台［EB/OL］. 百度，https://baijiahao. baidu. com/s? id＝1741317002613426595&wfr＝spider&for＝pc，2022-8-16.

［70］快手发起谣言治理专项行动，已处理 44.6 万条不实信息［EB/OL］. 北青网，https://t. ynet. cn/baijia/33265691. html，2022-8-26.

［71］钟焕伟. 图片照妖镜 JPEGsnoop［EB/OL］. 微信公众号，https://mp. weixin. qq. com/s? __biz＝Mzg3MjE1NjQ0NA＝＝&mid＝2247494309&idx＝1&sn＝7493c620833351474c5380b451de8662&chksm＝cef136d6f986bfc0b71f9ba0b372434b6b652f0a8a9cfb7e5c6c6fa9a744ebaf971e9c72b2fd&scene＝126&sessionid＝1646639110&key＝129f32db6ad111a363545cea41e43a36115366b5a7ecac089741100b85af09a771df59c8fbd24bc24a2b5ec289de5060f07c7d137e8e4096a5c52abc1ecbff290321e1c941c846f858ac146dbcbed589cef2f00710772c7defc956b8c4a0e31f62100bab0c785352b15b2a93a3a11358f7e699d6a7ee6522dd9b4bca5be13f39&ascene＝1&uin＝NTY2NTA4NjQ%3D&devicetype＝Windows＋Server＋2016＋

x64&version=6304051b&lang=zh_CN&exportkey=A35wtAx27Bzh6Mrr%,2022-3-7.

[72] 用完这个识别照骗的网站，我感觉看破了一切［EB/OL］. 澎湃，https://m.thepaper.cn/baijiahao_12134286,2021-4-10.

[73] 欺负咱不会辨别？小编教你视频造假一眼看清！［EB/OL］. 科技新生活，http://m.cfan.com.cn/pcarticle/126493,2016-6-13.

[74] “净网”集中行动共清理网络有害信息1000余万条［EB/OL］. 央广网，http://tech.cnr.cn/techyw/technews/20211227/t20211227_525699863.shtml,2021-12-27.

[75] 李润泽子. AI时代的算法治理：呼唤多领域规则供给，注重分类分级治理机制落地［EB/OL］. 腾讯网，https://new.qq.com/rain/a/20230118A040FW00,2023-1-18.

[76] 为什么数据分析师需要懂算法？［EB/OL］. 腾讯网，https://new.qq.com/rain/a/20210221A05MUA00,2021-2-21.

[77] 梁姊. 从“算法选择”到“选择算法”：我国网络空间治理进入新阶段［EB/OL］. 新华网，http://www.news.cn/2022-08/30/c_1128962925.htm,2022-8-30.

[78] 互联网信息服务算法推荐管理规定［EB/OL］. 中华人民共和国中央人民政府，http://www.gov.cn/zhengce/2022-11/26/content_5728941.htm,2022-11-26.

[79] 关于开展“清朗·2022年算法综合治理”专项行动的通知［EB/OL］. 中华人民共和国国家互联网信息办公室，http://www.cac.gov.cn/2022-04/08/c_1651028524542025.htm,2022-4-8.

[80] 人民日报：依法治理网络虚假流量［EB/OL］. 百度，https://baijiahao.baidu.com/s?id=1690630707057031458&wfr=spider&for=pc,2021-2-3.

[81] 邵鲁文，郑生竹. 质量差、退货难、数据假“网红带货”乱象值得警惕［EB/OL］. 人民网，http://xiaofei.people.com.cn/n1/2020/0429/c425315-31692288.html,2020-4-29.

[82] 爱奇艺：我们不要虚假视频播放数据 法院：刷数据属不正当竞争行为［EB/OL］. 上海知识产权法院，http://www.shzcfy.gov.cn/detail.jhtml?id=10013607,2023-1-31.

[83] 人民资讯. “清朗”行动晒成绩单：网络谣言、流量造假、黑公关成今年重点打击对象［EB/OL］. 百度，https://baijiahao.baidu.com/s?id=1727541139950145791&wfr=spider&for=pc,2022-3-17.

[84] 微博大V辱骂“冰雕连”，被刑拘！被封号！［EB/OL］. 澎湃，https://m.thepaper.cn/baijiahao_14824285,2021-10-8.

[85] 2022年上半年度中国手机安全状况报告［EB/OL］. 360安全中心，https://

www. 360. cn/n/12353. html,2022-8-24.

[86]《关于办理利用信息网络实施诽谤等刑事案件适用法律若干问题的解释》的理解与适用［EB/OL］. 哈尔滨市道外区法院网，http://hebdw. hljcourt. gov. cn/public/detail. php? id=1818,2014-1-4.

[87] 张杰. 认清网络谣言传播新特点［EB/OL］. 光明网，https://m. gmw. cn/baijia/2022-05/06/35713087. html,2022-05-06.

[88] 网络谣言治理要靠技术赋能，智慧治谣［EB/OL］. 人民中科，https://baijiahao. baidu. com/s? id=1740138334269048599&wfr=spider&for=pc,2022-08-03.

[89] 抖音发布首份大学生数据报告 大学生创作视频播放量超 311 万亿次［EB/OL］. 人民网，http://capital. people. com. cn/n1/2021/0126/c405954-32012925. html，2021-01-26.

[90] 2022 世界慕课与在线教育大会在线上举行［EB/OL］. 教育部，http://www. moe. gov. cn/jyb_xwfb/gzdt_gzdt/s5987/202212/t20221209_1028748. html,2022-12-09.

[91] 孙渝莉. 让社会主义核心价值观成为网上主流［EB/OL］. 中国共产党员新闻网，http://theory. people. com. cn/n/2014/0503/c40531-24967990. html,2014-05-03.

[92] 中国财经报道. 反对"假新闻制造器"马斯克退出人工智能组织 OpenAI［EB/OL］. 央视网，https://tv. cctv. com/2019/02/19/VIDE9cdh37NKDR5ecUXOA5ak190219. shtml,2019-2-19.

[93] 陈思彤. 李彦宏："AI 考生"40 秒写 40 篇高考作文 得分超 75%考生［EB/OL］. 第一财经，https://m. yicai. com/news/101524271. html,2022-9-1.

[94] 腾讯 3D 手语数智人"聆语"上线央视频，见证中国队获 2000 米混合接力冠军［EB/OL］. 央广网，http://tech. cnr. cn/techph/20220206/t20220206_525734198. shtml，2022-2-6.

[95] 2021 年虚拟数字人深度产业报告［EB/OL］. 网经社，http://www. 100ec. cn/index/detail--6604822. html,2021-12-15.

其他类

[1] 徐静. 数据显示 83%网络谣言由男性制造 女性更愿传谣［N］. 广州日报，2015-04-02.

[2] 邢妍妍. 要有不被谣言带乱节奏的定力［N］. 光明日报，2021-11-07.

[3] 雷昊霖. 网络媒介模糊化传导与谣言治理［N］. 中国社会科学报，2020-07-16(1968).

［4］赵云霄．微博群体极化现象的生成、扩散与规制［D］．济南：山东师范大学，2021．

［5］2014年度人民法院十大刑事案件［N］．人民法院报，2015-01-06．

［6］须警惕政治谣言：一些人不仅惑众更欲祸国［N］．人民日报，2014-08-11．

［7］“塑料紫菜”谣言使紫菜销售、加工和养殖受影响［N］．工人日报，2017-06-27．

［8］察言观社｜“震惊体”是典型“低级红高级黑”［N］．深圳特区报，2021-11-08．

［9］王硕．互联网用户账号名称管理规定6年后修订　网络实名制规定趋严趋细［N］．法治日报，2021-11-11．

［10］樊醒民．汇聚指尖上的正能量奏响兰州网络文明好声音［N］．兰州日报，2016-06-24．

［11］知名男星深夜声明：影响恶劣，已报警！［N］．新晚报，2021-08-28．

［12］刘彤．揭开网络“正能量谣言”的画皮［N］．光明日报，2014-12-27（10）．

［13］伊利谣言案已有6人被控制 执行总裁曝幕后黑手：雇网络写手造谣［N］．新京报，2018-04-05．

［14］刘艳．携手构建网络空间命运共同体白皮书发布［N］．科技日报，2022-11-08．

［15］焦扬．网络谣言研究［D］．成都：四川省社会科学院，2014．

［16］田惠凤．网络谣言的社会危害及治理对策研究［D］．石家庄：河北师范大学，2012．

［17］疫情期连环诈骗上升9%，90后竟成受骗“重灾区”？［N］．经济日报，2020-3-20．